関正生の

The Rules

英語長文

問題集

4 入試最難関

別冊 問題編

旺文社

大学入試

関正生の
The Rules
英語長文
問題集
4
入試最難関
別冊 問題編

Contents

問題編 目次

Lesson 1

「死」の定義とは?

Lesson 1からいきなり重い内容ですが,最難関レベルでは避けられないテーマです(実際,今回の英文は名古屋大学の「全学部(医学部だけではない)」で出題されました)。

難しいかもしれませんが,本書で紹介する「ルール」を駆使して確実に得点できるようになるためのとてもよい素材で,これ1つを乗り越えるだけでも大きな実力がつくはずです。

目標
⇒「倒置」「強調構文」を正しく把握し,解法の原則をマスターする!

語数:731語　　出題校:名古屋大学

Lesson 1

次の英文を読み，設問に答えなさい。

　　Ontario Superior Court Justice Lucille Shaw released her long overdue decision this week in the case of a young woman pronounced dead in September, 2017, six months after closing arguments ended. Shaw concluded that the woman, 27, is in fact dead, rejecting (1) arguments presented by her family that she was
5 alive and had the right to continuing mechanical life support.

　　Justice Shaw determined that this woman died last September when doctors determined her brain had irreversibly ceased to function. While the wait was painful for everyone, Justice Shaw's decision was clear: People need and deserve to know with simplicity, clarity and consistency when their family member is
10 dead. (2) At the heart of this ruling is the principle that identifying death has to be carried out in the same manner for all people in society, even if people choose to understand life in different ways.

　　Why do we need a common definition of death, if we might have different ideas about the nature of life? (**あ**)_____ cultures believe that the essence of life
15 is in the air moving in and out of our lungs; others believe that our soul resides in our heart; and still others believe that we exist by (**い**)_____ of our brain's ability to interact with the world.

　　If individuals can choose their own understanding of life, then why must they accept a common understanding of death? Justice Shaw answered this
20 question clearly: With modern critical care, a line must be drawn (**う**)_____ death is objectively determined.

---

(3)

A. Almost all of our bodily functions can at some point be supported, and even replaced by medicines and technology.

B. Critical care has achieved increasing success in its mission to keep
25 people alive.

C. For example, dialysis machines replace the key functions of our kidneys, while potent medications can keep fledgling hearts beating.

D. In fact, many people are living having received transplantation of these organs.

4

30 　E.　The nurses, doctors and caregivers who work in critical care units cherish life.

　　F.　Whether by machine or transplantation, when these organs are replaced, bodily functions can continue indefinitely.

　　　　But at the core of this intensive support is the preservation of the brain.
35 When brain death occurs, there is no blood and oxygen going to it. The brain ceases all function. There are no functions left to be lost. This means there is the irreversible loss of any ability to have thoughts or feelings or memories. There is the irreversible loss of brain-stem functions such as blinking, coughing, and breathing. (4) In this situation, to support or replace the functions of other vital
40 organs, such as the lungs, would lead to a never-ending loop of biochemical reactions without purpose, and the pursuit of organ replacement activities only because they are possible to do.

　　　　The tragedy is that the person, their identity and their agency will never return; but （え）＿＿＿＿ a clear and uniform definition of death, we would be
45 unable to ever say that they have died. (5) It is the permanent loss of the person through the irreversible loss of all brain function that we collectively define as death, and determining this is well established in science.

　　　　We know that we can donate organs after death, and the function of these organs persists in others' bodies. We know we can keep blood cells alive and
50 other tissues functioning, well after a person has died. While we can say that a person's legacy or tissues "live on," (6) this is not to be confused with the recognition that the person has died.

　　　　None of us, family or caregivers, wants people to die. But all of us want to know when death has occurred. With the availability of modern critical care,
55 brain death has become the ultimate definition of death (7)(allows, families, focus, grieving, that, their, to, to, turn) . Many are more accepting of a stopped heart signifying death; this is congruent with this definition, as brain death will quickly follow cardiac death from a lack of circulating oxygenated blood.

　　　　The critical-care community is thankful for Justice Shaw's decision, because
60 people deserve to know when death occurs. Death 　ア　 is 　イ　 certainty, and to remove 　ウ　 certainty of when 　エ　 occurs is simply 　オ　 perpetuate the avoidance of 　カ　 reality. Critical care advances have saved many lives, but we cannot tolerate the existence of technological care to prevent us （お）＿＿＿＿ knowing when someone has died. Modern medicine requires that we understand

its limits together.

> 〔出典：Dhanani, S. (2018, July 6). Why we need a clear definition of when death occurs. *The Globe and Mail*. 出題の都合上，原文の一部に変更を加えている。〕

問1 下線部（1）の内容を40〜50字の日本語でわかりやすくまとめなさい。

問2 下線部（2）を日本語に訳しなさい。

問3 ［（3）］の段落を構成するA〜Fの文を文脈にもっとも適した順に並べ替えなさい。解答は以下の①から⑥より選びなさい。
① A⇒B⇒C⇒F⇒D⇒E　　　　② A⇒D⇒C⇒F⇒E⇒B
③ B⇒C⇒D⇒E⇒A⇒F　　　　④ B⇒E⇒A⇒C⇒D⇒F
⑤ E⇒B⇒F⇒D⇒C⇒A　　　　⑥ E⇒F⇒D⇒C⇒A⇒B

問4 下線部（4）の状況では，著者は何をしないほうがよいと考えているか，40〜50字の日本語で説明しなさい。ただし，「…しないほうがよい。」という形式で文を終えること。

問5 下線部（5）を日本語に訳しなさい。

問6 下線部（6）の内容を25〜35字の日本語でわかりやすくまとめなさい。

問7 （7）の括弧内の単語を文脈に合う正しい英文になるように並べ替えなさい。ただし，括弧内のすべての単語を一回ずつ使うこと。

問8 空欄［ ア ］〜［ カ ］に入るもっとも適切な単語を以下の①から⑥より選び，記号で答えなさい。各記号は一回のみ使用することができる。
① a　② it　③ its　④ itself　⑤ the　⑥ to

問9 空欄（あ）〜（お）に入るもっとも適切な単語を以下の①から⑩より選び，記号で答えなさい。各記号は一回のみ使用することができる。ただし，本文中では大文字で始まる単語も，以下の選択肢ではすべて小文字で表記してある。
① against　② although　③ from　④ some　⑤ order
⑥ virtue　⑦ where　⑧ which　⑨ with　⑩ without

Lesson 2

漁業と補助金の関係

今回は「漁業」に関する英文です。マイナーな話題に思えるかもしれませんが，SDGs（Sustainable Development Goals「持続可能な開発目標」の略称）の目標の1つにも関連し，実は国際問題にも発展している非常に重要なテーマなのです。以前は日本でもマグロの漁獲量の制限について，カナダでは乱獲による漁師の失業についてニュースで取り上げられました。各国の漁獲量や海の環境など，絶えず世界中で議論されているテーマです。

英文では「因果関係を示す表現」が1つのポイントになります。大学，つまり学問の世界では，「原因と結果」を正しく把握できることが不可欠な力なので，大学入試では「因果表現」がほぼ間違いなく狙われるのです。さらに，「andの考え方」やLesson 1で学んだ「強調構文」など，一見地味に見える構文把握の力を，慶應義塾大学レベルの英文読解にも使えるようになりましょう。

目標
⇒入試超頻出の「因果表現」をマスターする！

語数：947語　　　　**出題校：慶應義塾大学**

Lesson 2

試験本番での
目標時間
18 分

この本での
目標時間
25 分

▶解答・解説 本冊 p.39

Read the following article, and answer the questions as indicated.

"Caught in their own traps? Governments, subsidies, and fish"
by M. T. Nettes (2018)

1　In every ocean, fish numbers are rapidly declining. Fishing subsidies, usually in the form of financial assistance, are one of the key factors behind this collapse. As far back as 2009, these subsidies were estimated by the Canadian researcher Rashid Sumaila to total about $35 billion globally, and they create incentives for fishermen around the world to increase their catch. Though Asia is the region where subsidies are highest, three countries alone — Japan, China, and the USA — were each accountable for nearly 20% of global subsidies. Nevertheless, as regards Japan and the USA at least, their share of the world's total catch has been steadily dropping since the 1960s as various players 〔　1　〕 the global market.

2　Current world fish consumption has risen to an all-time high of about 20 kilos a year per person. To be sure, global fish production and trade have grown remarkably since the 1970s, rising from 70 million tons to over 170 million in 2016. But almost all the recent gains in production have been 〔　2　〕 to farmed fish. Aquaculture, especially in China, has grown amazingly in the past decades: indeed, farmed fish now account for over half of all the fish that people eat worldwide. In some ways this has helped, but it does not mean that the pressure on the open seas has eased.

3　Based on a 2018 assessment by the UN Food and Agriculture Organization (FAO), world ocean fish stocks within biologically sustainable levels declined from 90% in 1974 to 66% in 2015. By 2018, 33% of the world's fishing areas were estimated to be exploited at a biologically unsustainable level, and therefore classified as over-exploited. While the rate of decrease has slowed since 2008, little progress has been made towards making ocean fishing truly sustainable. The FAO further reported that 87% of the world's marine fishing areas are either fully exploited or over-exploited. Indeed, at least one global study has predicted that, given these trends, commercial fisheries worldwide might collapse by 2050. 〔　3　〕

4　What lies behind the numbers is this: new technologies have made fishing

much more efficient. Modern nets have improved catches, even though a large
30 percentage of any fishing take is likely to be bycatch — that is, unwanted sea
creatures including turtles and dolphins, which are killed and then simply thrown
back into the sea. Major damage is also done to marine life simply by fishing out
the biggest fish: some species like Bluefin Tuna or the Patagonian Toothfish are
regularly caught at rates well above the limits that have legally been set in
35 international agreements. Subsidies given by governments to the fishing industry
have directly impacted the marine environment, by keeping the numbers of boats
at sea artificially high, by providing them with modern infrastructure, and by
keeping prices for fish deliberately low. 〔　4　〕

5　 Why do governments pay such attention to what is, economically speaking,
40 a minor industry? One reason is simply history. In the past, fisheries were far
more valuable than today, before manufacturing and the digital economy became
dominant. Another is political: fishing tends to employ people in remoter rural
areas, where unemployment and social decline might otherwise be more serious.
However, these reasons alone 〔　5　〕 account for today's continuing subsidies.
45 Rather, it is the competitive nature of fishing which draws in governments: they
are competing for "free" resources (fish), which, being mobile, belong to no
nation. Furthermore, the sending of boats out to open ocean zones is a 〔　6　〕
act, signaling interest in, even if not sovereignty over, those areas.

6　 A subsidy 〔　7　〕. Money can be provided for fresh equipment, such as
50 sonar or GPS. Or it might be a tax break, indirectly easing access to insurance or
loans. Grants that improve port infrastructure and fish processing facilities are
also effective. However, subsidies are not limited to the domestic economy:
often, richer nations buy rights for their fishermen in the waters surrounding
underdeveloped countries; for example, a Chinese company purchased fishing
55 rights from several Namibian companies and then overfished the area. Such
bargains are often unfair and usually take no account of how sustainable the
situation might be for the poorer country in the long run. Furthermore, to escape
international quota agreements, many governments encourage their vessels to
register abroad, funding them despite this apparent contradiction.

60 7　 It is easy to understand how national pride, the desire to project power and
influence into the world's oceans, the competitive urge to take one's fair 〔　8　〕,
the maintenance of employment, or of traditions and cultures can influence
governments. Yet they are not sufficient reasons in themselves to justify the
current situation. The economist Garrett Hardin has labeled what we are

witnessing as "The Tragedy of the Commons": it illustrates how humans fail to cooperate intelligently when dealing with shared 〔 9 〕. It need not be that way. Greater international cooperation, through mechanisms such as the TPP or international agreements on various fishing 〔 10 〕 or fish stocks, is urgently needed. This is one issue where the political call to national strength would be a mistake. Only cooperation can secure the future.

8 There is little doubt that the short-term "race to fish" is threatening the long-term environmental, social, and economic security that fisheries offer us all. In some countries, such as France, Spain, Japan, and the USA, subsidies to the fishing industry are, as a proportion of the value earned by domestic catches, over 20%. In others, such as Norway, Iceland, and New Zealand, they stand 〔 11 〕. With fish under such pressure across the globe, surely it is the latter examples that we need to follow. Subsidies are a trap from which we ourselves need to escape.

Answer questions 〔 1 〕— 〔 13 〕 as indicated.

1. Which of the following would best fill the gap at 〔 1 〕 in Paragraph **1** ?
   ① abandoned　　② competed　　③ entered　　④ totaled

2. Which of the following would best fill the gap at 〔 2 〕 in Paragraph **2** ?
   ① attributed　　② comprised　　③ likened　　④ pointed

3. Based on Paragraph **3**, approximately what percentage of the world's fishing areas were fully rather than over-exploited in 2018?
   ① 33%　　② 54%　　③ 67%　　④ 87%

4. Which of the following would best fill the gap at 〔 4 〕 in Paragraph **4** ?
   ① All three policies are simply unsustainable.
   ② Both of these impacts are responsible for these problems.
   ③ These technologies are endangering large fish species.
   ④ The whole situation has continued since fishing began.

5. Which of the following would best fill the gap at 〔 5 〕 in Paragraph **5**?
   ① are sufficient to
   ② do not take into
   ③ will as a matter of policy
   ④ would probably not

6. Which of the following would best fill the gap at 〔 6 〕 in Paragraph **5**?
   ① commercial   ② formal   ③ military   ④ political

7. Which of the following fills the gap at 〔 7 〕, and best introduces Paragraph **6**?
   ① can improve fishing vessels
   ② can take many forms
   ③ is generally a direct cash gift
   ④ is applied domestically

8. 9. 10. Place three of the words below into the most suitable of the gaps marked 〔 8 〕, 〔 9 〕, and 〔 10 〕 in Paragraph **7**. <u>Each word may be used only once.</u>
   ① areas   ② finances   ③ pride   ④ profit
   ⑤ resources   ⑥ share   ⑦ treaties

11. Which of the following would best fill the gap at 〔 11 〕 in Paragraph **8**?
   ① at least 50% higher
   ② at less than 10%
   ③ at more or less the same level
   ④ at more than 30%

12. 13. Read the two statements below. Then, <u>based on the article as a whole,</u> under the corresponding number **12** and **13** select the statement that best reflects the author's opinion.

12. Countries give subsidies mainly for economic reasons.
   ① The author most likely agrees with this statement.
   ② The author most likely disagrees with this statement.
   ③ The author does not express an opinion about this statement.

13. Fish farming has largely removed pressure on the world's oceans.
   ① The author most likely agrees with this statement.
   ② The author most likely disagrees with this statement.
   ③ The author does not express an opinion about this statement.

Lesson 3

子供を褒めるのは
本当にいいこと?

教育論は国公立大学入試で超頻出のテーマです。(特に地方の)国公立大では教員志望者が多いためですが,決して地方国公立に限らず,(文学部・教育学部がないので教員志望者がほかより少ない)一橋大学でも今回のように扱われるので,受験生ならばしっかり読み込んで慣れておくと有利でしょう。

Lesson 3には超重要ルールが盛り込まれており,例えば多くの受験生が「butのあとには主張がくる」と教えられます。しかし,現実にはbutは消えることが多く,そのときにどうやって「消えたbut」に気づくのか,というルールなどを習得していきます。

目標
⇒記述問題を攻略しよう!

語数:834語　　　出題校:一橋大学

Lesson 3

次の英文を読み，設問に答えなさい。

Nowadays, we praise our children. Praise, self-confidence and academic performance, it is commonly believed, rise and fall together. But current research suggests (1) otherwise — over the past decade, a number of studies on self-esteem have come to the conclusion that praising a child as 'clever' may not help her at
5 school. In fact, it might cause her not to try her best. Often a child will react to praise by quitting — why make a new drawing if you have already made 'the best'? Or a child may simply repeat the same work — why draw something new, or in a new way, if the old way always gets applause?

In a now famous 1998 study of children aged ten and eleven, psychologists
10 Carol Dweck and Claudia Mueller asked 128 children to solve a series of mathematical problems. After completing the first set of simple exercises, the researchers gave each child just one sentence of praise. Some were praised for their (A) — 'You did really well, you're so clever'; others for their hard work — 'You did really well, you must have tried really hard.' Then the researchers
15 had the children try a more challenging set of problems. The results were dramatic. The students who were praised for their (B) showed a greater willingness to work out new approaches. They also showed more resilience[1] and tended to attribute their failures to insufficient effort, not to a lack of intelligence. The children who had been praised for their cleverness worried
20 more about failure, tended to choose tasks that confirmed what they already knew, and displayed less tenacity[2] when the problems got harder. Ultimately, the thrill created by being told 'You're so clever' gave way to an increase in anxiety and a drop in self-esteem, motivation and performance. When asked by the researchers to write to children in another school, recounting their experience,
25 some of the 'clever' children lied, inflating their scores. (2) In short, all it took to knock these youngsters' confidence, to make them so unhappy that they lied, was one sentence of praise.

(3) Why are we so committed to praising our children? In part, we do it to demonstrate that we're different from our parents. In *Making Babies*, a memoir
30 about becoming a mother, Anne Enright observes, 'In the old days — as we call the 1970s, in Ireland — a mother would dispraise her child automatically. "She's

a monkey," a mother might say, or "Street angel, home devil." It was all part of growing up in a country where praise of any sort was taboo.' Of course, this wasn't the case in Ireland alone.

35　　Now, wherever there are small children, you will hear the background music of praise: 'Good boy,' 'Good girl,' 'You're the best.' Admiring our children may temporarily lift our self-esteem by signaling to those around us what fantastic parents we are and what terrific kids we have — but it isn't doing much for a child's sense of self. In trying so hard to be different from our parents, we're
40 actually (4) <u>doing much the same thing</u> — giving out empty praise the way an earlier generation gave out thoughtless criticism. If we do it to avoid thinking about our child and her world, and about what our child feels, then praise, just like criticism, is ultimately expressing our indifference.

　　Which brings me to a problem — (5) <u>if praise doesn't build a child's</u>
45 <u>confidence, what does?</u>

　　Shortly after qualifying as a psychoanalyst*3, I discussed all this with an eighty-year-old woman named Charlotte Stiglitz. Charlotte taught remedial reading*4 in northwestern Indiana for many years. 'I don't praise a small child for doing what they ought to be able to do,' she told me. 'I praise them when they do
50 something really difficult — like sharing a toy or showing patience. I also think it is important to say "thank you." When I'm slow in getting a snack for a child, or slow to help them and they have been patient, I thank them. But I wouldn't praise a child who is playing or reading.'

　　I once watched Charlotte with a four-year-old boy, who was drawing. When
55 he stopped and looked up at her — perhaps expecting praise — she smiled and said, 'There is a lot of blue in your picture.' He replied, 'It's the pond near my grandmother's house — there is a bridge.' He picked up a brown crayon, and said, 'I'll show you.' Unhurried, she talked to the child, but more importantly she observed, she listened. She was present.

60　　Being present builds a child's confidence because it lets the child know that she is worth thinking about. Without this, a child might come to believe that her activity is just a means to gain praise, rather than an end in itself. How can we expect a child to be attentive, if we've not been attentive to her?

　　Being present, whether with children, with friends, or even with oneself, is
65 always hard work. But isn't this attentiveness — the feeling that someone is trying to think about us — something we want more than praise?

⇒設問は次ページにあります。

語注 ＊1 resilience 立ち直りの早さ　　＊2 tenacity 粘り強さ
　　　＊3 psychoanalyst 精神分析医
　　　＊4 remedial reading 読書力を補強するための指導

問1　下線部（**1**）の指す内容を日本語で説明しなさい。

問2　下線部（**2**）を和訳しなさい。

問3　下線部（**3**）の問いに対して筆者はどのような答えを提示しているか。70字以内の日本語（句読点を含む）で説明しなさい。

問4　下線部（**4**）の指す内容を日本語で説明しなさい。

問5　下線部（**5**）の問いの答えとなる英単語1語を本文から探して書きなさい。また，それが答えとなる理由を50字以内の日本語（句読点を含む）で説明しなさい。

問6　空欄（　**A**　），（　**B**　）に入れる語の組み合わせとして最も適切なものを以下の選択肢①〜④から一つ選びなさい。

（　**A**　）—（　**B**　）
① confidence — intellect
② effort　　　— motivation
③ intellect　 — effort
④ motivation — confidence

Lesson 4

IQ の差を生み出しているのは?

新型コロナウイルスの感染が拡大した 2020 年以前にも，人類は歴史上何度も「伝染病」の脅威にさらされてきました。そのためか，最難関大学の入試では「伝染病」をテーマにした英文がよく扱われます。新型コロナ以前に SARS によるパンデミックを経験した台湾やシンガポールは，他国と比べて新型コロナ感染拡大の抑え込みにかなり成功しましたが，これは過去の事例に学ぶことの大切さを示したと言えるでしょう。

Lesson 4 では，あえて少し古い英文（2010 年に発表された記事をベースにした入試問題）を採用しました。「伝染病」そのものについてではなく，「教育」とのかかわりに言及した英文ですが，「こういった内容は以前から出ている／今後の前提知識として重要」という意味合いがあるからです。

さらに今回は，「解法」でも役立つルールを習得し，「内容一致問題」の対策をしていきます。

....

目標
⇒「内容一致問題の解法」「過去と現在の対比」
　「イコール表現」をマスターしよう！

....

語数：1139 語　　　　**出題校：早稲田大学**

....

Lesson 4

試験本番での
目標時間

この本での
目標時間

20 分 30 分   ▶解答・解説 本冊 p.77

Answer the questions below after reading the following passage.

Human intelligence is a puzzle. Although using IQ scores as a measurement of intelligence is controversial, some scientists believe we can use them to argue that intelligence is higher, on average, in some places than in others. And it seems to have been rising in recent decades. Why these two things should be true
5 is also controversial. Recently, however, a group of researchers at the University of New Mexico have suggested the same explanation for both: the effect of infectious disease*1. If they are right, it suggests that the control of such diseases is crucial to a country's development in a way that had not been understood before. Countries that have a lot of parasites*2 and pathogens*3 not only suffer
10 the weakening effects of disease on their workforces, but also on the personal development of individuals.

Christopher Eppig and his colleagues make their suggestion in the *Proceedings of the Royal Society*. They note that the brains of newly-born children require 87% of those children's metabolic*4 energy. In five-year-olds the
15 figure is still 44% and even in adults the brain − a mere 2% of the body's weight − uses about a quarter of the body's energy. Any competition for this energy is likely to damage the brain's development, and parasites and pathogens compete for it in various ways. Some feed on the host's body directly to reproduce. Some, particularly those that live in the stomach, can prevent a person absorbing food.
20 And all parasites and pathogens provoke the host's immune system*5 into activity, which prevents valuable energy from being used for more productive purposes.

There is a clear relationship between a country's disease burden and the average IQ scores of its people. The higher the country's disease burden, the lower the average IQ scores of its people. This is an example of an inverse
25 correlation. To calculate the disease burden, the researchers used data from the World Health Organization (WHO). The WHO has developed the concept of a "disability-adjusted life year" (DALY), which is a measure of overall disease burden. The DALY measures not only potential years of life lost due to early death, but also years of healthy life lost by a person as a result of their being in a
30 condition of poor health or disability.

The WHO is able to calculate the DALYs which are lost as a result of the

impact of 28 infectious diseases. These data exist for 192 countries. The IQ
scores came from work carried out earlier this decade by Richard Lynn, a British
psychologist, and Tatu Vanhanen, a Finnish political scientist, who analyzed IQ
35 studies from 113 countries, and from subsequent work by Jelte Wicherts, a Dutch
psychologist.

At the bottom of the list of average IQ scores is Equatorial Guinea, followed
by St Lucia. Cameroon, Mozambique and Gabon tie at third from bottom. These
countries are also among those that have the highest infectious disease burden.
40 At the top of the list of countries with the highest average IQ score is Singapore,
followed by South Korea. China and Japan tie in third place. These countries all
have relatively low levels of disease. America, Britain and a number of European
countries follow behind the leaders.

The correlation between disease burden and lower IQ scores is about 67%,
45 and the possibility that this strong statistical relationship occurred by chance is
less than one in 10,000. Researchers are always trying to identify strong statistical
correlations. They then hope to be able to explain the cause of these correlations.
There may be many different possible causes, and researchers have to examine
as many possible causes as they can, to give themselves a better chance of
50 identifying the real cause correctly. As scientists say, "correlation is not causation"
– identifying a statistical relationship does not explain why that relationship
exists – so Mr. Eppig and his colleagues tried to eliminate other possible
explanations.

Previous research teams have tried to suggest that income, education, low
55 levels of agricultural labor (which is replaced by more mentally stimulating
jobs), and climate (the challenge of surviving extreme weather might provoke
the evolution of intelligence) could all be explanations for national differences in
IQ scores. However, most of these possible causes are also likely to be linked to
disease. By careful statistical analysis, Mr. Eppig and his colleagues show that
60 all of these alternative possible causes of the correlation either disappear or are
reduced to a small effect, when the consequences of disease are taken into
account.

Importantly, there is also clear evidence that infections and parasites, such
as malaria*[6] and intestinal worms*[7], have a negative effect on the development
65 of the brain. A study of children in Kenya who survived the version of malaria
that occurs in the brain suggests that one-eighth of them suffer long-term damage.
In the view of Mr. Eppig and his colleagues, diarrhea*[8] is the biggest threat.

Diarrhea strikes children hard. It accounts for one-sixth of infant deaths, and even in those it does not kill, it prevents the absorption of food at a time when the 70 brain is growing and developing rapidly.

The researchers predict that one type of health problem will increase with rising intelligence. Asthma*9 and other allergies are thought by many experts to be rising in frequency because the immune systems of young children, unchallenged by infection, are turning *against* the cells of the body that they are 75 supposed to protect. Some studies already suggest a correlation between a country's allergy levels and its average IQ. Mr. Eppig and his colleagues predict that future work will confirm this relationship.

The other prediction, of course, is that as countries conquer disease, the intelligence of their citizens will rise. A rise in IQ scores over the decades has 80 already been noticed in rich countries. It is called the "Flynn effect" after James Flynn, who discovered it. Its cause, however, has been mysterious － until now. If Mr. Eppig is right, the almost complete absence of serious infections in rich countries, as a result of vaccination*10, clean water and the proper treatment of human waste, may explain much if not all of the Flynn effect.

85 When Dr. Lynn and Dr. Vanhanen originally published their IQ data, they used them to suggest that national differences in intelligence were the main reason for different levels of economic development. This new study reaches the opposite conclusion. It is actually lack of development, and the many health problems this brings, which explains the difference in IQ scores. No doubt, in a 90 vicious circle, those differences help to keep poor countries poor. But the new theory offers a way to break the circle. If further work by researchers supports the ideas of Mr. Eppig and his colleagues, they will have done enormous good by providing policymakers with yet another reason why the elimination of disease should be one of the main aims of development.

[Adapted from an article in *The Economist*, July 1st 2010]

語注 ＊1 infectious disease：伝染病　　＊2 parasites：寄生虫　　＊3 pathogens：病原菌
　　＊4 metabolic：(新陳)代謝の　　＊5 immune system：免疫システム
　　＊6 malaria：マラリア　　＊7 intestinal worms：回虫　　＊8 diarrhea：下痢
　　＊9 asthma：ぜん息　　＊10 vaccination：予防接種

A **Choose the best way to answer each of the questions in accordance with the content of the passage.**

1. Why are researchers especially concerned about the effects of parasites and pathogens on young children?
   ① Their developing brains require more energy than those of adults.
   ② Their immune systems are not yet as developed as those of adults.
   ③ They have a higher rate of infection than adults do.
   ④ They have a lower rate of recovery than adults do.
   ⑤ None of the above

2. What was the concept of the DALY (disability-adjusted life year) developed to measure?
   ① The adjusted average life expectancy
   ② The daily rate of parasite infections in developing countries
   ③ The inverse correlation between disability and health
   ④ The potential years of active life lost as a result of death or illness
   ⑤ None of the above

3. How does Japan's DALY score compare to other countries' scores?
   ① As high as Singapore   ② As low as Cameroon
   ③ Equivalent to that of South Korea   ④ Higher than that of China
   ⑤ None of the above

4. Which of the following was NOT used by previous researchers to explain national differences in IQ?
   ① Climate   ② Education   ③ Ethnicity
   ④ Income   ⑤ None of the above

5. What is true of diarrhea according to the passage?
   ① It causes brain damage in one-eighth of children in Kenya.
   ② It increases with intelligence.
   ③ It kills 25% of all babies.
   ④ It prevents the absorption of food among children.
   ⑤ None of the above

6. According to the study by Mr. Eppig and his colleagues, what is the correct sequence of cause and effect?
   ① Lack of development together with health problems leads to low national IQ scores.
   ② Low levels of income and education lead to low national IQ scores.
   ③ Low national intelligence leads to lack of development and health problems.
   ④ The challenge of an extreme climate leads to high national IQ scores.
   ⑤ None of the above

B   Which of the following statements agree with what is written in the text? Write "T" for true and "F" for false.

1. An inverse correlation means that as *X* increases, *Y* decreases, or vice versa.
2. A number of studies suggest that there is a positive correlation between the frequency of asthma in a country and that country's average IQ scores.
3. The "disease burden" of a country refers to the cost of providing medical care to people who are ill.
4. The research of Eppig and his colleagues helps to explain why IQ has been rising in rich countries.
5. The research of Eppig and his colleagues largely supports the conclusions of earlier research by Lynn and Vanhanen.
6. The research of Eppig and his colleagues shows that lack of education is an important factor in explaining the national differences in IQ.

Lesson 5

科学と人間の関係

今回は「名詞構文」や「無生物主語構文」など，構文
重視の和訳問題の対策をします。

「自然な日本語訳を作るには国語力が必要」などという
意見は，言う指導者はラクでしょうが，言われた受験
生は何をすればいいのかわからず，困りますよね。こ
こでは，自然な和訳を作るための「正しい英語の発想」
を伝えていきます。英文の内容は京大らしい抽象的で
高度なものですが，今回紹介する英語のルールを利用
して取り組めば，確実に攻略できます。

志望大学の入試で和訳問題が出題されないという人も，
必ず取り組んでください。得るものがたくさんあるは
ずです。

目標
⇒ 構文重視の和訳問題対策（名詞構文を中心に）

語数：395語　　　出題校：京都大学

次の英文の下線をほどこした部分（**1**），（**2**），（**3**）を和訳しなさい。

(1) The gap between robots in imagination and in reality is my starting point, for it shows the first step we must take in knowing ourselves: appreciating the fantastically complex design behind activities of mental life we take for granted. The reason there are no human-like robots is not that the very idea of a mechanical

5　mind is misguided. It is that the engineering problems that we humans solve as we see and walk and plan and make it through the day are far more challenging than landing on the moon or reading DNA. Nature has found ingenious solutions that human engineers cannot yet duplicate. When Hamlet says, "What a piece of work is a man! How noble in reason! How infinite in faculty! In form and moving

10　how express*1 and admirable!" we should direct our awe not at Shakespeare or Mozart or Einstein but at a four-year-old carrying out a request to put a toy on a shelf.

In a well-designed system, the components are black boxes that perform their functions as if by magic. (2) That is no less true of the mind. The faculty with

15　which we ponder the world has no ability to peer inside itself to see its own mechanism. That makes us the victims of an illusion: that our own psychology comes from some divine force or almighty principle. In the Jewish legend of the Golem, a clay figure was animated when it was fed an inscription of the name of God. The Golem image is echoed in many robot stories. Its modern versions

20　appear in some of the less fanciful stories of science. All of human psychology is said to be explained by a single, omnipotent cause: a large brain, culture, language, socialization, learning, complexity, self-organization, neural-network dynamics.

I want to convince you that our minds are not animated by some godly vapor or single wonder principle. The mind, like the Apollo spacecraft, is designed to

25　solve many engineering problems, and thus is packed with high-tech systems each contrived to overcome its own obstacles. (3) I believe that the discovery by computer science of the technical challenges overcome by our everyday mental activity is one of the great revelations of science, an awakening of the imagination comparable to learning that the universe is made up of billions of galaxies or that

30　a drop of pond water is full of microscopic life.

語注　＊1 express：well made

24

Lesson 6

「容認発音」にまつわる変遷

大阪大学の入試レベルを考えると，今回の英文は難しいものではありません。しかし，確固たる方針を持って臨まないと，「記述答案の完成度」では大きく差がついてしまいます。この英文は，記述問題のルールを学ぶのにすばらしい素材です。これまで学んできたルールも活用して，できる限り洗練された答案を目指してください。

ちなみに，今回のテーマとなる「容認発音」はあまり聞き慣れない言葉かもしれませんが，英語の発音を本格的に学べば必ず出てくる用語で，世界中でたびたび話題になり，他大学の入試でも出題されている重要テーマなのです。

目標
⇒これまでのルールを駆使して，記述問題で合格答案を作る

語数：1372語　　出題校：大阪大学

次の英文を読み，設問に答えなさい。

Around the beginning of the nineteenth century, something remarkable happened in Great Britain. All over the country, people at the top of society began to change the way they spoke: they began to adopt the speech patterns of the upper classes in the London area.

5　Before (1) this, there had been greater diversity of speech among Britain's social elite. But the London area model steadily became established as uniquely respectable, or 'received'. By 1869, the phonetician Alexander Ellis could write of 'a received pronunciation all over the country, not widely different in any particular locality, and admitting of a certain degree of variety. It may be especially considered as the educated pronunciation of the metropolis, of the court, the pulpit, and the bar.'

This Received Pronunciation (RP) included fashions that had only recently arisen in the South. The word *after*, for example, was pronounced with a new broad *a*, and without its final *r*. In America, which had been settled earlier, the traditional unbroadened *a* and final *r* were preserved.

Why and how did upper class people all over Britain 'clone' the speech of the social elite in and around the capital?

The answers are related to the vast empire which Britain built up in the wake of its industrial revolution. With the loss of the American colonies and the defeat of Napoleon, Britain threw its energies into colonizing Africa and Asia. For a century and a half, Britain ruled over an enormous part of the world's territory and population, its economic domination extending ever further, over countries such as China and Argentina. (2) This era was also the era of RP.

A small country like Britain could only control a planetary empire through a strict hierarchy of power and authority. The Crown and the London court naturally sat at the top, and colonial subjects were at the bottom. Stratification and rank were vital, and this included ways of speaking. In addition, Britain's industrial powerhouse, fed by materials from the colonies, was generating a new class of people with wealth. It was important for the ambitious and aspirational to acquire the manners of those at the top, and therefore to conceal regional and social markers.

Schooling was a key element in the maintenance of both the empire and RP. The empire required a large proportion of Britain's ruling class to live abroad; they left their sons in boarding schools (known misleadingly as 'public schools') where they were conditioned to behave with the manners of those in authority, and in terms of speech this meant RP. 'Public School Pronunciation' was the name proposed for RP by Daniel Jones, the founding Professor of Phonetics at University College London.

Of course, the great majority of Britons never spoke RP, and in an age before radio many of them hardly even heard it. It was necessary to produce guides to this scarce but important commodity. Jones was pre-eminent among describers of RP, producing (3) *An English Pronouncing Dictionary* (1917) and *An Outline of English Phonetics* (1918). Jones was also a real-life model for 'Professor Higgins' in George Bernard Shaw's play *Pygmalion* (1913), on which the musical *My Fair Lady* was later based. The play mocks the injustice of a society which condemns an intelligent woman to the gutter unless she can conceal her origins with RP, a commodity she can't afford. (Higgins teaches her as a bet.)

(4) Things were very different in the United States. There, geographical and social origins mattered less, and the newly wealthy felt no need to ape aristocratic manners. Immigrants could emulate the speech of the ordinary Americans they mingled with, something that in Britain would have had socially restrictive consequences. Americans never had quite the same need that was felt in Britain for manuals and dictionaries showing the 'received' way to speak. And in time, America naturally came to adopt as its standard the pronunciation of the majority, a family of closely-related accents known as General American.

The twentieth century brought mass communication and culture. At first, this acted in RP's favour. RP dominated BBC radio for fifty years. 'It was no accident that RP became synonymous between the wars with the term "BBC English", for the BBC consciously adopted this type of pronunciation' (Gimson 1981). The general population were now exposed to RP regularly, and free of charge. Many people modified their speech towards it. To some it seemed that regional and social accents might be lost in RP's steady spread. Instead, the social foundations on which RP stood collapsed.

Victorian notions of social hierarchy faded as the new century progressed. Women won the right to vote and men returning from two world wars demanded greater economic equality, while colonial peoples were deemed worthy of self-government.

The pace of social change accelerated rapidly in the 1960s. Pop culture brought new glamour to Britons from the lower classes, like the Beatles. The
70 once accepted 'superiority' of the upper classes was undermined by political scandals and a new freedom in the media to criticize and satirize. Social privilege was no longer seen as prestigious, but rather as unfair. And, for the first time, the speech patterns of those at the top began to be perceived negatively.

Increasingly, noticeably upper class speech became an object of mockery or
75 resentment, appropriate for snobbish villains on stage and screen. Sociolinguist Peter Trudgill has written, 'RP speakers are perceived, as soon as they start speaking, as haughty and unfriendly by non-RP speakers unless and until they are able to demonstrate the contrary.'

At the same time, it became easier for less privileged people to reach higher
80 levels of attainment and success; all five Prime Ministers from 1964 to 1997 were educated at state schools. Those who rose socially felt less pressure than before to modify their speech, including those in broadcasting. And many of those at the very top, consciously or otherwise, modified their speech towards that of the middle or lower classes.

85 (5) The stigmatization of noticeably upper class speech, together with the growing numbers of people from ordinary backgrounds in positions of influence, meant that it became ever less possible to talk of a 'received' accent defined by reference to the social elite.

Daniel Jones, the first UCL Professor of Phonetics, referred to RP in 1918 as
90 the pronunciation 'of Southern Englishmen who have been educated at the great public boarding schools'. John Wells, the last UCL Professor of Phonetics, referred to it in 1982 as typically spoken by 'families whose menfolk were or are pupils at one of the "public schools"'. This conception, established in the nineteenth century, meaningful to Jones during the First World War and to Wells
95 in the era of Margaret Thatcher, has in the subsequent decades become part of history.

In contemporary Britain, diversity is celebrated. Prominent figures in business, politics, academia and the media exhibit a range of accents. But London and the South are still dominant in wealth, power and influence. Accents of the
100 South, particularly middle and upper-middle class accents, are heard more often than others in public life, and in the TV programmes and films that are seen internationally. Southern speech of this type is a natural teaching standard for 'British English' today; the abbreviation SSB is used for this Standard Southern

British pronunciation. Some call it '₍₆₎General British', but it's socially and
regionally far less general than General American is in North America. It's an
accent of England, and certainly not representative of Scotland, Ireland, or the
former British colonies, where pronunciation is substantially different.

Although the pace of socio-phonetic change has been rapid in recent decades,
there was no overnight revolution in speech patterns; modern pronunciation has
much in common with RP. Indeed, some phoneticians have made efforts to keep
the term 'RP' for the modern standard, by redefining it. But the term is linked in
many people's minds with the past and with the upper classes. Nowadays
journalists and actors will often refer to RP with precisely ₍₇₎these connotations
in mind.

A line was finally drawn under the British Empire over twenty years ago,
with the handover of Hong Kong in 1997. The turn of the twenty-first century
might be taken as a convenient point from which RP can be referred to in the past
tense.

問1　下線部（1）が指す内容を日本語で具体的に説明しなさい。

問2　下線部（2）が指す内容を日本語で具体的に説明しなさい。

問3　当時の社会的背景を踏まえて，Daniel Jones が下線部（3）の2冊の本を著
　　した理由を日本語で説明しなさい。

問4　下線部（4）の内容を日本語で具体的に説明しなさい。

問5　下線部（5）の意味を日本語で表しなさい。

問6　下線部（6）の名称について筆者がどのように考えているかを日本語で具
　　体的に説明しなさい。

問7　下線部（7）が指す内容を日本語で説明しなさい。

Lesson 7

「食品ロス」を
減らすためには?

今回の英文は「食品ロス」という時事的なテーマを扱っていますが，慶應義塾大学の入試レベルを考えると難しいものではなく，本番ではほぼパーフェクトな解答が求められます。しかし，どれほど精密な読解と答案が求められるのかは，普通に勉強しているだけではなかなかわからないでしょう。そこで今回はこの英文を素材にして，長文の読み方や記述問題の答案の作り方の「精密さ」を高めていきます。

また，今回は新しいルールよりも，本書が後半戦を迎えるに当たり，今までのルールの復習となる，大事な英文と言えます。

目標
⇒ 空所補充問題／和訳・説明問題／英文中の英作
文問題をマスターする！

語数：633語　　　出題校：慶應義塾大学

Lesson 7

試験本番での
目標時間

この本での
目標時間

20 分 30 分 ▶解答・解説 本冊 p.141

次の英文を読み，設問に答えなさい。

Compared with constitutional revision, the economy, celebrity gossip, and Japan's role in the geopolitical changes （ a ） place in East Asia, (あ)日本のメ ディアと政治家は最近まで環境問題をそれほど重視してこなかった。Suddenly, though, the environment is back on the agenda. A record-hot summer and natural
5 disasters in western Japan, including the flooding of Kansai International Airport, drove home the importance of dealing with climate change. But in cities like Kyoto, where international tourism drives large sectors of the local economy, the problem of waste and garbage and the environmental challenges it （ b ） are the more urgent problems.

10 Japan's ubiquitous*¹ use of plastic and the environmental problems associated with it have long been noted by those from countries with strict local ordinances*² or national legislation to control the use of plastic. (い)Related to the plastic waste problem is one that shocks visitors from countries where food shortages and starvation remain issues: Japan's huge volume of wasted food, which often
15 （ c ） in plastic containers. The Environment Ministry estimated food loss at about 6.46 million tons in 2015. (う)That's more than double the nearly 3.2 million tons of food assistance that was distributed worldwide in 2014, according to the United Nations' World Food Programme.

Local governments around the country are （ d ） efforts to reduce food
20 loss and food waste, and (え)京都は食品ロスを減らすことを最優先とすると最近 発表した。Earlier this month, Mayor Daisaku Kadokawa cited the 6.46-million- ton food loss figure in announcing new efforts. The city's calculations are that food loss in Kyoto, with a population of 1.4 million, is about 64,000 tons annually — 1 percent of Japan's total. Kyoto's goal is to reduce food loss to 50,000 tons by
25 2020. To achieve that goal means pressuring food sellers and distributors to revise the so-called one-third rule, whereby the period from when a food product is produced to its designated "consume-by" date is divided into three shorter periods. The first is the time it takes food manufacturers to get the food to retailers. (お)2つ目は小売業者が製品を販売することとした期間である。The third
30 is by when consumers are recommended to eat it. (か)Missing one of these arbitrary "deadlines" can mean food is thrown away, despite the fact that it

remains safe to eat.

Some supermarkets in Kyoto have responded to efforts to change the rules, and Kadokawa says they have the backing of most Kyoto residents. _(き) But the tougher problem, not limited to Kyoto, is getting convenience stores to rethink the way they operate so as to reduce food loss. There were more than 55,000 convenience stores nationwide as of August, according to data from the Japan Franchise Association. Kyoto Prefecture had just over 1,000, and unofficial estimates from Kyoto-based environmental activists say the city of Kyoto has at least 600 convenience stores.

Aware that Kyoto's international reputation could take a serious hit if environmentally conscious customers, regardless of nationality, don't see more efforts to combat food loss in restaurants, supermarkets, and convenience stores — which is increasing due to the tourist boom — _(く) Kyoto at least recognizes that food loss reduction is now an immediate economic, political, and public relations issue, as well as an environmental one.

What Kyoto needs to do next is to impose even tougher legal requirements of the kind found in other countries on food suppliers and retailers to control food and plastic waste. Japan's convenience stores have (e) from the tourism boom in Kyoto and elsewhere. They are politically powerful and will fight hard to ensure reduction policies are as voluntary as possible. However, if Kyoto is serious about becoming a role model for the rest of the nation in reducing food loss, the mayor and the city know that it's now time to take _(け) that next step.

語注　＊1 ubiquitous：widespread　＊2 ordinance：an official rule or order

問1　（ a ）～（ e ）に入れるのにふさわしい動詞を選択肢から選び，この場所に
　　　ふさわしい形にして入れなさい。一つの動詞を複数回使ってはならない。
　　　benefit　　challenge　　come　　make　　play　　present　　take

問2　下線部（**あ**）を英語に訳しなさい。

問3　下線部（**い**）を日本語に訳しなさい。

問4　that の内容を明らかにして，下線部（**う**）を日本語に訳しなさい。

問5　下線部（**え**）を英語に訳しなさい。

問6　下線部（**お**）の日本文の意味を表すように，次の単語を並び替え，6番目と10番目に入る単語を解答欄に記しなさい。

are　　in　　is　　period　　product　　retailers　　second
sell　　supposed　　the　　the　　the　　to　　which

問7　下線部（**か**）を日本語に訳しなさい。

問8　下線部（**き**）を日本語に訳しなさい。

問9　下線部（**く**）で述べられている内容の理由を，日本語75字以内でまとめなさい。

問10　下線部（**け**）のthat next stepとはどのようなものか，日本語75字以内で説明しなさい。

Lesson 8

「夢」の不思議

Lesson 5 では，京都大学の入試問題で「構文重視の和訳問題」を扱いました。今回も京都大学ですが，こちらは応用として「意訳型の和訳問題」を扱います。

長文読解の授業では，「これは前に出てきた単語の置き換え」のような解説がよく出てきますが，その置き換えが「言われたらわかる」のではなく，置き換えに「自分で気づく」実力を養成する必要があります。今回の英文は，その「語彙の置き換え」を理解するための最高の素材です。

また，「語彙の置き換え」は和訳問題に役立つのはもちろんですが，高度で難解な英文を理解するためには絶対に必要な発想なので，習得すれば必ずどの大学の英文に対しても大活躍するはずです。

目標
⇒「語彙の置き換え」に気づき，自然な和訳を作る！

語数：403語　　　　出題校：京都大学

次の英文の下線をほどこした部分（1），（2）を和訳しなさい。

　There are various ways of accounting for dreams. Some claim that they are mysterious experiences in which the soul travels out of the body. Others assert that they are the reflections of hidden desires or socially unacceptable urges. Still others are inclined to think that they do not conceal any deep significance.

5　Some dreams are little more than traces of recent experiences. If, for instance, we spend the day driving across the country, it would not be unusual to dream about driving down a highway. While such dreams are reasonably straightforward, many others appear disconnected and nonsensical. The fact that most dreams have a surrealistic quality — a quality that causes them to be highly
10 resistant to interpretation — has influenced many people to dismiss dreams as altogether meaningless.

　According to one scientific theory, here roughly sketched, dreams are the result of the forebrain's attempts to understand the random electrical signals that are generated by the hindbrain during sleep. (1) In normal waking consciousness,
15 the forebrain sorts through various kinds of internal and external sensory data to construct a meaningful view of the world. Faced with a flood of disconnected, random inputs generated by more primitive areas of the brain during sleep, the higher mental centers attempt to impose order on the incoming signals, creating whatever narrative structure dreams have. Many dreams that are just clusters of
20 incoherent images represent incoming groups of signals that the forebrain was simply not able to synthesize.

　Not all dreams are, however, utterly senseless. Take, for example, those we have all seen at one time or another in which we are falling, flying, or appearing naked in public. Dreams of this kind most likely have their bases in experiences
25 and anxieties shared by all human beings.

　Falling is a good example of a shared dream motif. Psychologists speculate that falling dreams are rooted in our early experiences as toddlers taking our first steps. (2) If this hypothesis is correct, then childhood experiences must have left deep imprints in the brain that are somehow activated in adult life during periods
30 of high anxiety. Some sociobiologists have further speculated that the fear of falling ultimately derives from an inherited instinct or reflex handed down by

our prehistoric ancestors, who could fall out of trees during their sleep.

Where all dreams come from is still uncertain, but one can hope for the day when an explanation of their origins is no longer a dream.

Lesson 9

よい議論のために
必要なこととは?

最近はネットなどで「論破」という言葉が非常に軽々しく使われていますが，そんな姿勢では建設的な議論ができないことを今回の英文は指摘しています。SNSが発達し，誰もが簡単に情報を発信できる時代だからこそ，この英文で述べられているような姿勢がより大切になるでしょう。

Lesson 9では，precedeなどの語句を正確に理解しているかを1つのポイントとして学習します。これらの語句は，単に訳語が言えるだけでは最難関レベルでは通用しません。特に今回のような抽象的な英文では，なおさら正確な理解が求められます。

今回も，Lesson 7と同様に細かいルールが登場します。また，これまで学んできたルールの復習を行う上でも大事なLessonとなります。

目標
⇒ちょっとした語句を正しく理解する！

語数：814語　　　　出題校：慶應義塾大学

次の英文を読み，各設問について最も適切なものを選択肢①〜④から選びなさい。

I want to see more good arguments in which logical and emotional elements fuse together. A good argument is like a well-written mathematical paper, as it has a fully watertight logical proof, but it also has a good explanation in which the ideas are sketched out ⬚1⬚ we humans can feel our way through the
5 ideas as well as understand the logic step by step. A good discussion also addresses apparent inconsistencies in which the logic seemingly contradicts our intuition.

If we disagree with each other in an argument, the important first step is to find the true root of disagreement. We should do this by following long chains of
10 logic on both sides of the argument. Next, we should build some sort of bridge between our different positions. We should use our ability to see things in the abstract to try and understand that we are really just at different parts of a gray area on the same principle. We should then engage our emotions to grasp where we are emotionally and try and edge slowly to where we all can meet.

15 I think a good argument, at root, is one in which our main aim is to understand everyone. How often is that actually the case? Unfortunately, most of the time, people argue with the goal of defeating others — most individuals are trying to prove that they are right and ⬚2⬚ is wrong. I don't think this is productive as a primary purpose. I used to be guilty of this as much as anyone, but I have
20 come to realize that discussions really don't have to be competitions. We must first grasp the obvious truth that it is not necessarily the case of one person being right and the other being wrong. Rather, when people disagree, it is often a reflection of differing (4) belief systems. Their opinions may contradict each other but they usually have their own internal logic. That said, this does not
25 prevent people from holding inconsistent opinions within their own belief systems.

Too many arguments turn into a cycle of attack and counterattack. In a good argument, however, nobody feels attacked. People don't feel threatened by a different opinion or a different point of view. All those participating in a given
30 discussion should be responsible for creating this kind of safe environment. I tell myself as much as possible in any potentially divisive situation, "It's not a

competition." And, [3], it almost never is a competition.

A good argument does invoke emotions, but not for intimidation or belittlement. It invokes emotions to make connections with people, to create a path for logic to enter people's hearts, not just their minds. This takes longer than throwing sarcastic comments at each other and trying to fire the "killer shot" that will end the discussion. Logic is slow and can fail us when we need to make a quick decision. When we are not in an emergency, however, we should have slow arguments. Unfortunately, the world tends to drive things faster and faster, with shorter and shorter attention spans meaning that we are under pressure to convince people in 280 letters, or in a brief comment accompanying an amusing picture, or in a clever one-liner — correct or otherwise — so someone can declare "mind=blown" or "mic drop." But this leaves little room for nuance or investigation, or for understanding how we agree and disagree. It leaves no time for building bridges.

I would like us all to build bridges to connect us to people with whom we disagree. But what about people who don't want bridges? People who really want to disagree? Here we have a (6) meta problem. In other words, we first have to persuade people to want those bridges, before we have any hope at all of building them.

As humans in a community, our connections with each other are really all we have. If we were all hermits living in isolation, humanity would not have reached the place it has. Human connections are usually thought of as being emotional, and logic is usually thought of as being removed from emotions and thus removed from humanity. But I firmly believe that logic, used in conjunction with emotions, can help us build better and more compassionate connections between humans. And we must do it in a nuanced way. Black-and-white arguments cause division and extreme viewpoints. The division between logic and emotions, or that between different opinions, is artificial and misleading.

We should not place ourselves in futile battles against other humans with whom we are trying to coexist on this earth. And we should not let logic battle against emotions. A good argument is not a battle. It's not a competition. It's a collaborative art. With logic and emotions working together, we will achieve better thinking, and thus the greatest possible understanding of the world and of each other.

[Adapted from a book by Eugenia Cheng]

⇒設問は次ページにあります。

A **In the context of this passage, choose the most suitable expression to fill in each blank.**

1. The answer is: | 1 |.
    ① aiming to   ② resulting in   ③ so that   ④ such as

2. The answer is: | 2 |.
    ① most of them   ② everyone else
    ③ other people   ④ a few opponents

3. The answer is: | 3 |.
    ① in fact   ② nevertheless   ③ in case   ④ what is worse

B **In the context of this passage, choose the best answer for each question.**

4. Which one of the following is in agreement with the author's thoughts regarding (4) belief systems?
    The answer is: | 4 |.
    ① People's belief systems are inherently inconsistent
    ② Differences in belief systems are essential to reaching consensus
    ③ People can hold contradictory opinions within their own belief systems
    ④ Determining whose belief system is right is critical to a fruitful discussion

5. In the fifth paragraph, the author makes all of the following points EXCEPT:
    | 5 |.
    ① We live in a world that tends to prioritize speed over logical process
    ② Subtle details and implications are often neglected in a hasty discussion
    ③ Emotions can make the logic of a discussion more accessible to the listeners
    ④ Sophisticated logical arguments usually accelerate emergency management

6. Which one of the following best describes the (6)meta problem referred to in the sixth paragraph?

The answer is: [6].

① The question of whether we need bridges precedes that of how we build them

② The question of how to build bridges precedes that of whether we need them

③ Building a bridge benefits most people when its significance is unquestionable

④ Building a bridge benefits only a few people when its significance is questionable

7. Which one of the following is consistent with the author's perspective on connecting people with different views? The answer is: [7].

① People who do not want to be bothered by others should be allowed to live in self-imposed isolation

② Emotions are not as useful as logic for cultivating connections with those with whom we disagree

③ The supposed "divisions" between people are often illusions that are formed by black-and-white thinking

④ Logic is about figuring out right versus wrong, not understanding many inconsistent viewpoints

8. Which one of the following best summarizes the author's argument? The answer is: [8].

① Logic conceals the subtleties of our everyday experiences and pushes us towards resolutions

② Logic and emotions together help us understand the complexities of human reality and communicate effectively

③ If we prioritize logic over emotions, we can eliminate errors in a discussion between two opposing groups

④ Our discussions need to be firmly based on our own belief systems so that we are not incoherent or illogical

Lesson 10

作家と音楽の関係

世間では「東大の英語は教科書に即した内容」「基本があれば解ける」などと言われることが多いのですが，ボクはまったくそう思いません。易しいか難しいかで言えば，圧倒的に難しいです。

今回は，「構文を把握する力」「意訳する力」に加えて「思考力」が求められる和訳問題を扱います。日本最高峰の大学の入試問題で求められる力を，ここで養成していきます。決して下線部だけを読むのではなく，英文全体を，持てる力を総動員して読んでください。その努力に見合った十分なリターンが感じられる，よい素材ですよ。

目標
⇒思考力を必要とする和訳問題を攻略する！

語数：357 語　　出題校：東京大学

次の英文は，ある作家が小説家 Kazuo Ishiguro（=Ish）にインタビューしたあとで書いた文章の一部です。下線部（1），（2），（3）を和訳しなさい。ただし，下線部（2）については，it が何を指すか明らかにすること。

It's perhaps not much known that Ish has a musical side. I was only dimly aware of it, if at all, when I made this interview with him, though I'd known him by then for several years — (1) a good example of how he doesn't give much away. Ish plays the piano and the guitar, both well. I'm not sure how many different
5 guitars he now actually possesses, but I wouldn't be surprised if it's in double figures. His wife, Lorna, sings and plays; so does his daughter. Evenings of musical entertainment in the Ishiguro household can't be at all uncommon.

One of the few regrets of my life is that I have no formal grounding in music. I never had a musical education or came from the sort of 'musical home' that
10 would have made this possible or probable, though I was born at a time when an upright piano was still a common piece of living-room furniture. I need to be a little careful about what I'm saying. I never came from a 'writerly' home either: I didn't feel that was a barrier, and if I'd got involved in music at an early age, might it only have thwarted my stirrings as a writer? Or just left me with bad
15 memories of piano lessons?

The fact is, I grew up very appreciative of music, but with no ability to make it, no knowledge of it from the inside, and always rather readily assuming that music was what those other, 'musical' people did. (2) I've never felt, on the other hand, though a great many people who've grown up and read books have perhaps
20 felt it, that writing is what those other, 'writerly' people do.

This dichotomy is strange, since increasingly I feel that a lot of my instincts and intuitions about writing are in fact musical, and I don't think that writing and music are fundamentally so far apart. The basic elements of narrative — timing, pacing, flow, recapitulation, tension and release — are musical ones too. And
25 (3) where would writing be without rhythm, the large rhythms that shape a story, or the small ones that shape a paragraph?

編集部からの注　入試問題出題時の英文は原典から変更されていましたが，著作権処理の関係上，本書では変更箇所を原典の英文に戻して使用しています。

Lesson 11

不安を取り除くための新たな方法

本書も残すところあと2題となりましたが，最後の2題は，東大や早慶で見られる（しかし，英語長文の問題集では取り上げられることがほとんどない）特殊な形式の問題を扱います。

Lesson 11では「文の順番・段落の順番を正しく並べ替える問題」です。一風変わった形式の問題であっても，取り組んでみればこれまでに習得したルールが役立つことを実感できるはずです。英文が難しく，抽象的なときほど，本書で学んだルールを最大限に駆使して考えてみてください。

目標
⇒「文整序・段落整序問題」をすばやく効率的に
　解く！

語数：466語　　　　出題校：早稲田大学

Lesson 11

The five paragraphs **A** – **E** given below make up a passage but are not properly ordered. Moreover, the five sentences (1) – (5) in paragraph **A** are not properly ordered, either. Read the passage and choose the best option from ① – ④ for **1** and **2**.

A (1) This means that we're accepting anxiety into our world, not turning it away.

(2) What is interesting about this approach is that one doesn't suppress the anxiety, or try to turn it into something else.

(3) A number of studies have shown mindfulness meditation to be an effective treatment for anxiety disorders.

(4) The key to these forms of assistive technologies seems to be then to allow ourselves to experience a certain amount of anxiety without it becoming debilitating.

(5) Rather, one simply notices the anxiety, acknowledges it, labels it, and then turns the focus elsewhere.

B Another powerful technology, this one using only breath and awareness, is mindfulness meditation practice (also useful for depression). The practitioner sits in a comfortable position in a chair or on a pillow with feet flat on the floor and back straight. Then, for a period of twenty to thirty minutes or more, she trains her attention on the breath. Perhaps focusing on the rising or falling of the belly, or on the rush of air through the nostrils, she stays in the "now" with the incoming and outgoing of breath.

C There is a range of assistive technologies that can help people cope with anxiety. One form of assistive technology is available to help individuals with specific phobia or post-traumatic stress disorder (PTSD). This technology uses virtual-reality computer hardware and software to help desensitize users to their fears by providing them with a gradual exposure to the feared object.

D If the mind should wander, the practitioner simply notices what she is experiencing and then returns her attention to the breath. For example, if her mind thinks about some shopping she needs to do later, she would simply notice what she is thinking and perhaps say to herself, "planning, planning," and then return her focus to the breath. For people who are highly anxious, using this

technique gives them an opportunity to gain some distance from their experience.
30 If they start to worry about some future event, they can simply label what they're
experiencing ("worrying, worrying"), and then go back to being aware of their
breathing. The breath serves as an anchor for awareness, and pure awareness is
ultimately free of anxiety.

E Using a platform and a headset, the person is immersed in a computer-
35 generated environment (both audio and visual) designed to reproduce the real-
world setting (e.g., an airplane for fear of flying, an elevator for fear of heights, a
combat situation for a person with PTSD). Then the individual is gradually
exposed to stimuli from the setting until they get used to that level of stimulation,
after which the level is increased in a series of steps. Eventually, the user becomes
40 habituated to the stimuli so that they can take a plane flight or maintain their
calm in a hectic environment without triggering PTSD symptoms.

⌈ Adapted from Armstrong, T. (2010) *The Power of Neurodiversity*, ⌉
⌊ Cambridge, MA: Da Capo Press. ⌋

1. Which of the following shows the best (most coherent) sentence order for
   paragraph **A**?
   ① (1)−(5)−(3)−(4)−(2)
   ② (2)−(3)−(4)−(1)−(5)
   ③ (3)−(2)−(5)−(1)−(4)
   ④ (4)−(3)−(5)−(2)−(1)

2. Which of the following shows the best (most coherent) paragraph order for
   the passage?
   ① A − C − D − B − E
   ② B − C − D − E − A
   ③ C − E − B − D − A
   ④ D − C − E − A − B

Lesson 11

Lesson 12

本の移り変わり

最後のLessonは，非常に特殊な「1文要約」問題です。ちょっと変わった形式ですが，要約問題の解法を学ぶのには最適な素材ですし，ここで出てくるルールはどんな問題形式に対しても役立つ汎用性の高いものです。英文のテーマと内容は，一見するとどこの入試にでも出てくるようなものに思えますが，そう簡単ではないのがさすが早稲田大学の入試英文です。解答を考えるとき，「これでいいかな」と一度思っても，そこで「もしかしたら，もっと深い内容が隠れているのかもしれない」ともう一段階考えを深めて英文を読み込み，答案作りに臨んでください。

目標
⇒「要約問題」の解法をマスターする！

語数：208語　　　**出題校：早稲田大学**

Lesson 12

Read the following passage and write an English summary in one sentence in your own words in the space provided on the separate answer sheet.

We are in the middle of a revolution. Not since the invention of typography, or letterpress printing technique, by Johannes Gutenberg in the 15th century have there been so many changes in the way we read. In the 21st century, electronic books, or 'e-books' as they are commonly known, have become
5 increasingly popular. There is no doubt that they have certain advantages over conventional books: they are cheap to produce, and easy to store on a computer or electronic reading platforms; the font size can be changed; and above all, they do not deteriorate like paper books. However, despite their current popularity, the fact remains that many people prefer the reading experience that real books
10 provide. In recognition of this, electronic books have been developed to imitate 'real' books as closely as possible: they have 'turnable' pages, front covers, bookmarks and even virtual bookcases. This imitation is similar to the way that the first printed books mirrored the format style of manuscript books written by monastic scholars in the Middle Ages. Think about it for a while. Perhaps you
15 are the last generation who will encounter paper books except in museums, and tomorrow's classics will never have to be printed on paper. Their existence will only be virtual.

| 編集部からの注 | 解答欄は 160mm × 4行

MEMO

出典一覧

Lesson 1：Why we need a clear definition of when death occurs © 2018, Sonny Dhanani, The Globe and Mail　Lesson 2：慶應義塾大学　Lesson 3：From The EXAMINED LIFE by Stephen Grosz. Copyright © 2013 by Stephen Grosz. Used by permission of W. W. Norton & Company, Inc.　Lesson 4：Mens sana in corpore sano © 2010, The Economist Group Limited　Lesson 5：From HOW THE MIND WORKS by Steven Pinker. Copyright © 1997 by Steven Pinker. Used by permission of W. W. Norton & Company, Inc. Lesson 6：English After RP: Standard British Pronunciation Today © 2019, Geoff Lindsey, Springer Nature BV. Reproduced with permission of the Licensor through PLSclear.　Lesson 7：For Kyoto, a Chance to Lead Japan in Fight Against Food Loss © October 20, 2018, staff writer, The Japan Times　Lesson 8：From *THE DREAM ENCYCLOPEDIA* by James R. Lewis and Evelyn Dorothy Oliver, copyright © 2009 Visible Ink Press®, Reprinted by permission of Visible Ink Press.　Lesson 9：The Art of Logic: How to Make Sense in a World that Doesn't © 2019, Eugenia Cheng, Profile Books Ltd.　Lesson 10：Excerpt(s) from MAKING AN ELEPHANT: WRITING FROM WITHIN by Graham Swift, copyright © 2009 by Graham Swift. Used by permission of Alfred A. Knopf, an imprint of the Knopf Doubleday Publishing Group, a division of Penguin Random House LLC. All rights reserved.　Lesson 11：The Power of Neurodiversity: Unleashing the Advantages of Your Differently Wired Brain © 2011, Thomas Armstrong, Da Capo Lifelong books　Lesson 12：早稲田大学

Obunsha

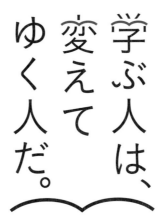

学ぶ人は、
変えて
ゆく人だ。

目の前にある問題はもちろん、

人生の問いや、

社会の課題を自ら見つけ、

挑み続けるために、人は学ぶ。

「学び」で、

少しずつ世界は変えてゆける。

いつでも、どこでも、誰でも、

学ぶことができる世の中へ。

旺文社

関正生の
The Rules
英語長文
問題集
4 入試最難関

はじめに

長文読解に必要な3つの力をルールにまとめました

　大学入試の長文読解には，3つの知的作業が求められると考えます。一文をしっかり把握する「構文力」，英文の展開を理解する「読解力」，設問の狙いを見抜いて解く「解法力」です。この3つの力は目新しいものではありません。しかしながらこの3つの力に関して，明確な手順・ルールに従って「読み・解き進めている」受験生はかなり少ないと思います。その場しのぎの作業で乗り切ってしまっているのではないでしょうか。

　そういった場当たり的な勉強では，「英語力の経験値」が蓄積されないので，そのままでは，世間でよく聞く「たくさん長文やってるんだけど，どうも伸びない」という状態になってしまうのです。

　「なんとなく読み解く」の対極が，「確固たるルールに基づいて読み解く」ことです。この本では，大学入試に出る長文対策として，僕の30年ほどの英語講師としての経験から練り上げ，極限まで洗練させた法則を "RULE" としてまとめました。

　本書のタイトルで使われている，The Rules は〈the＋複数形〉の形で，これを英文法の観点から解説すると，〈the＋複数形〉は「特定集団」を表すと言えます。昔はバンド名などによく使われました（The Beatles など）。また，the United States of America「アメリカ合衆国」は「（50の州が集まった）特定集団」ですし，the United Arab Emirates「アラブ首長国連邦（UAE）」は「ドバイなどの首長国が集まった特定集団」です。

　本書のルールはその場しのぎのものではなく，僕自身が30年前から洗練させてきたものです。採用した英文は大半が執筆時点で直近2年以内のものでありながら，このレベル4に限り，あえて古い問題や，問題集では採用されることがほとんどない段落整序の問題や一文要約の問題も採用しました。本書のルールが，最新の問題を中心にしながら，時代を超え，特殊な問題形式の枠を超えて通用する普遍的なルールであることを解説で証明していきます。「厳選された，強力なルールの特定集団」，それが The Rules なのです。

関 正生

Contents

関 正生 せき・まさお

1975年東京生まれ。埼玉県立浦和高校, 慶應義塾大学文学部 (英米文学専攻) 卒業。TOEIC®
L&Rテスト990点満点取得。現在はオンライン予備校『スタディサプリ』講師として, 毎年,
全国の中高生・大学受験生140万人以上に授業, 全国放送CMで「英語の授業」を行う。著
書に『英単語Stock3000』(文英堂),『英語長文ポラリス』(KADOKAWA),『サバイバル英
文法』(NHK出版),『東大英語の核心』(研究社) など100冊以上。

編集協力：日本アイアール株式会社

校正：株式会社シナップス, 合同会社ア・プリオリ,
　　　大磯 巖, Jason A. Chau

組版：日新印刷株式会社

録音：ユニバ合同会社

ナレーション：Ann Slater, Guy Perryman

装幀・本文デザイン：相馬敬徳 (Rafters)

装幀写真撮影：曳野若菜

編集担当：上原 英

本書の特長

● どのレベルでも使える長文読解のための「ルール」

学んだことは，試験本番で「再現」できないと意味がありません。本書で扱うルールは，大学や英文のレベル・問題形式を問わず再現性が高い，一生モノのルールです。

● わかりやすい圧倒的な解説力

本書をスムーズに進めるために，そして入試問題を解く上で必要十分な解説を施しました。これは実際に解説を読んでいただければすぐに実感できると思います。

● 解説でも英語力を高められる

解説中では，できるだけ本文から「英文」を引用していますので，本文に戻らずスムーズに解説を読めます。また，本シリーズ4つのうちレベル1・2では「英文と共に和訳」を入れますが（基礎力完成を目指す段階なので），レベル3・4では「英文のみ」です。これによって日本語を読んで理解した気になることがなくなり，「英語で考える」習慣が養成されます。

●「思考力問題」対策も万全

具体的に「どういった思考を要するのか」を「ここが思考力！」のコーナーで解説しています（⇒「思考力を問う問題」について詳細はp.5）。

● 全文の「文構造の分析」と「音読用白文」

英文すべてに構文の解析をつけてありますので，精読の練習としても使えます。また，音読用の白文も用意しました（⇒音読と音声についての詳細はp.10・11）。

● 記述問題も豊富に収録

記述問題も多く採用しています。「自分の志望校には記述問題はないから」という受験生も，ぜひトライしてみてください。どれも「英語の実力」をつけるのに効果的なものばかりで，記述の力をつけておくと，マーク問題の精度も格段に上がります。

本書の使い方

❶ まずは目標時間を意識して　問題にトライ！

「この本での目標時間」を目指して問題を解いてみてください。その後，時間を気にせず気になるところ，辞書で確認したいところなどにじっくり取り組むのも実力養成になります。

❷解説をじっくりと読み，ルールを身につける！

　正解した問題も，解説を読むことで，正しい考え方・解き方・補足事項などが身につきます。解説中に出てくる長文読解のルール（⇒詳細はp.7）を自分のものにしていきましょう。

> **思考力**……「思考力を問う問題」に付しています。
>
> **難易度★★★**……設問ごとの難易度を，★～★★★の3段階で表示しています。
>
> ※難易度はあくまでそれぞれのレベルでターゲットとする大学を基準にしています。

❸「文構造の分析」で構文と語句をチェック！

　わからない英文は，ここでじっくりと確認してください。

> 〈　〉……名詞句・節
> [　]……形容詞句・節
> (　)……副詞句・節
> Ｓ Ｖ Ｏ Ｃ ……主節の要素
> Ｓ′ Ｖ′ Ｏ′ Ｃ′ ……従属節の要素
> (S)(V)(O)(C) ……節中のさらなる細かい
> 　　　　　　　　　　要素
> ☐……従属接続詞　▨……相関表現
> ⬚……等位接続詞　{　}……省略可能
> φ……関係詞節内で目的語が欠ける場所
> 　　（名詞が本来ある場所）

❹「音読」で仕上げ！

　英文の仕上げは音読です。まず音声を聞いて，正しい発音・英文のリズムなどを確認し，声に出して読みましょう。英文を読むスピードアップや理解力の向上につながります（⇒詳細はp.10）。

> //……必ず切りたい
> /　……切ってもOK

採用した英文について

●「語数」にこだわらず，レベルに応じた「優れた英文」を採用

語数と難易度は関係ない

「短いから易しい」「長いから難しい」というのは思い込みです。東京大・大阪大・早稲田大では必ず短い文章が出ますが，難易度はかなり高いです。本書では長さにとらわれることなく「優れた英文・設問」を採用しました。

中堅大学であっても，長文はすごく「長い」

基礎・標準レベルの問題集は，とにかく短めの文章を採用しがちですが，志望校が決まっていれば，ぜひその過去問を見てください。想像以上に「長い」ことがほとんどだと思います。本書はあくまで実際の入試に沿っているので，結果的に他の問題集よりも長い文章が多くなりますが，それは現実を踏まえた結果だと考えています。

●英文の掲載順について

ルールを習得するために，一番効率的な順番に載せています。最初は「読む」が中心になるため，どうしても難しい英文が前半にきます（難しい英文でも「読める」ルールを解説するため）。その後，「解く」や「細かいこと」を扱うルールが増えるため，後半のほうに易しい英文がくることもありますが，それは本文が全体で1つの授業，1つのストーリーになっていることの結果です。

※そもそも同レベルの大学の問題を収めているので，不都合なほど差が出ることはありません。

「思考力を問う問題」について

これからの入試で重要となる「思考力を問う問題」には 思考力 マークを付けています。ただし，本書では「要約問題」や「タイトル選択問題」などの「形式」だけで「思考力を要する問題」だと判断することこそ思考力の欠如とみなしており，たとえ普通の四択問題であっても，そこに複雑な思考を要するものは ここが 思考力 として補足説明をしています。具体的には,「暗記事項を当てはめるとミスするもの／受験生の知識レベルを超えているもの，英文の構造や文脈から考えれば解答を導けるもの／単純な直訳では対応できないもの」などに「どんな思考が求められるのか」という解説を追加しています。

> **補足** 近年（特に2019年以降）の入試問題は，英字新聞・ネット記事などからの出題が増えており，「情報を提供する」英文が主流をなしています（早稲田大・慶應大などを中心に）。そういった英文はそもそも要約に向かないので，大学側も設問として出題していません。そこに無理やり要約問題を追加したり，英文の展開図を示すことは，受験生をいたずらに惑わせることになると思います。
> ※決して「要約問題なんていらない」ということではなく，「要約に向かない英文を（出題者の意図を無視して）要約させることは効果的な勉強とは言えない」ということです。

「ルール」について

●3種類のルール

本書に出てくるルールは，大きく次の3種類に分類できます。

> **読解** 読解ルール……「英文の主張・具体例などをつかむ」ための，英文のつながり・展開などに関するルール
>
> **解法** 解法ルール……「読めても解けない状態を解消する」ための，設問解法のルール
>
> **構文** 構文ルール……「一文をしっかり読む」ための，構造把握に必要な文法・構文に関するルール

●1冊の中で同じルールが何度も出てくる

この1冊の中で，何度も出てくるルールもあります。その理由と目的は以下のとおりです。

> ●その解法がさまざまな問題で使えることを実際の入試問題の中で実感できる
> ●大事なルールの復習になる
> ●入試の「偏っている現実」がわかる：例えば固有名詞は「具体例」の合図！（**Rule 12**）や，〈this＋名詞〉はまとめを作る！（**Rule 4**）は，ものすごくたくさんの入試問題で使えるルールです。そのようなルールは，本書の中でも何度も出てくるので「入試の現実」を体感できます。

※ちなみに，ルールが最初に出てきたときに「詳しくは後ほど」と言う場合もあります。これは「そこで扱うと冗長になる／あとのLessonで扱うほうがそのルールを詳しく解説できる」などの理由で，常にルールを最大限に効率よくマスターするためです。

●レベルが違っても同じルールが出てくる

本シリーズは4レベルありますが，ルールはどのレベルの英文にも通用するものなので，レベル1に出てきたルールがレベル2，3，4（のいずれか，もしくはすべて）に出てくることも多々あります。

他のレベルでも同じルールが出てくるメリットは次のとおりです。

> ●どんなレベルの入試問題でも，同じルールが通用する（その場限りのルールではない）ことを実感できる。
> ●1冊を終えて次のレベルの本に進んだときにも同じルールが使えることで復習にもなる。

● 本書に収録されているルールは色文字で示されているものです。(⇒ L00) は掲載Lessonを示しています。
● **1** **2** **3** **4** はそれぞれ次の本を表しています。**1**：1入試基礎，**2**：2入試標準，**3**：3入試難関，**4**：4入試最難関。
● 同じルールNo.でも，種類が複数あるものもあります。
　例）Rule 46「過剰」選択肢のパターン…「all系」と「only系」の2種類

Rule 1	読解	消えたbutに気づいて「主張」を発見する! ⇒L3	**1234**
Rule 2	読解	「重要な」という意味の重要単語に注目!⇒L9	**1234**
Rule 3	読解	In factを意識する!⇒L9	**1234**
Rule 4	読解	〈this+名詞〉は「まとめ」を作る!⇒L1	**1234**
Rule 5	読解	「まとめ単語」による言い換えを見抜く!	**1234**
Rule 6	読解	「疑問文」の大事な役割を意識する!⇒L3	**1234**
Rule 7	読解	「クオーテーションマーク」の役割を意識する!⇒L1	**1234**
Rule 8	読解	〈A+名詞〉を見たら「具体例」と考える!	**1234**
Rule 9	読解	Ifを見たら「具体例」と考える!⇒L3	**1234**
Rule 10	読解	命令文は「具体例」の合図!	**1234**
Rule 11	読解	具体物や行動の羅列は「具体例」と考える!	**1234**
Rule 12	読解	固有名詞は「具体例」の合図!	**1234**
Rule 13	読解	数字を見たら「具体例」だと考える!	**1234**
Rule 14	読解	「具体例」を導く表現に反応する!	**1234**
Rule 15	読解	「イコール」関係を作る表現に反応する!⇒L4	**1234**
Rule 16	読解	「因果表現」を正しく把握する!⇒L2,6	**1234**
Rule 17	読解	「前後関係」の表現に注目!⇒L4,9	**1234**
Rule 18	読解	「従属接続詞」に反応する!	**1234**
Rule 19	読解	「総称のyou」の意味に注意!	**1234**
Rule 20	読解	「感情表現」に注目する!	**1234**
Rule 21	読解	「一般論」と「主張」を把握する!	**1234**
Rule 22	読解	「対比」を表す表現に反応する!⇒L4	**1234**
Rule 23	読解	「対比」は繰り返される!	**1234**
Rule 24	読解	過去と現在の「対比」を予測する!⇒L4,12	**1234**
Rule 25	読解	「同じ形」なら「同じ意味」だと考える!	**1234**
Rule 26	読解	「似ている・同じ」と明示する反復表現を意識する!⇒L5	**1234**

音読について

●音読で意識すること

❶文法・構文を意識して10回

文構造を意識しながら，ときには日本語訳を確認しながら10回音読してください。ゆっくりでOKです。

❷内容を意識して10回

「意味・内容が浮かぶように」10回音読してください。これをこなしていくうちに，日本語を介さずに英文を理解できるようになっていきます。その英文が伝える内容が「画像として浮かぶくらい」まで音読できればベストです。内容優先ですから，自分で理解できるスピードでOKです。

❸スピードを意識して10回

「自分が本番で読むときの理想のスピード（自分が理解できる範囲でのマックスのスピード）」に徐々に近づけながら，10回読んでみてください。

●スケジュール

❶目安は1日30分

3か月くらいで効果が出るはずです。ただ読むだけの「ダラダラ音読」は絶対にしないように，集中して取り組みましょう！

❷分配

同じ英文を一気に30回も読む必要はありません。1日5回×6日＝合計30回が目安です。

●音読の「注意点」

音読は必ず声に出してください。黙読だと難しい箇所を無意識のうちに飛ばしてしまうからです。ただし，声の大きさは無関係なので，ボソボソで十分です。ボソボソでも声を出すことによって，息継ぎが必要になります。英文を適切なところで区切るときに息継ぎをすることで，より自然な読み方が身につくようになります。

●音読用白文について

❶2種類のスラッシュ

// ……必ず切りたい	/ ……切ってもOK

❷スラッシュを入れる方針

英文にスラッシュを入れること自体は昔からあるものです。本書でも基本方針は同じですが，従来のものと違うのは次の2点です。

- 英語ネイティブとアメリカで生まれ育った帰国子女の協力により「本物の感覚」でスラッシュを入れたこと。
- 英文を広く捉えるために，スラッシュを「あまり入れすぎない」こと。

　従来は文法的区切り（例えば前置詞の前）に機械的に入れるのが普通でしたが，それだとあまりに区切りが多くなってしまい，むしろ不自然な音読の習慣がついてしまいます。細かい区切りや修飾関係は「文構造の分析」でやることなので，ここでは英文をもう少し大きく捉える訓練も兼ねるという方針でスラッシュを入れています。

音声の利用法

●ウェブサイトで聞く方法

❶パソコンからインターネットで専用サイトにアクセス
（右のQRコードからもアクセスできます）

https://www.obunsha.co.jp/service/rules/

❷お持ちの書籍をクリック
❸パスワード「rules04s」をすべて半角英数字で入力して，音声ファイルをダウンロード
（またはウェブ上で再生）

注意 ●ダウンロードについて：音声ファイルはMP3形式です。ZIP形式で圧縮されていますので，解凍（展開）して，MP3を再生できるデジタルオーディオプレーヤーなどでご活用ください。解凍（展開）せずに利用されると，ご使用の機器やソフトウェアにファイルが認識されないことがあります。デジタルオーディオプレーヤーなどの機器への音声ファイルの転送方法は，各製品の取り扱い説明書などをご覧ください。●スマートフォンやタブレットでは音声をダウンロードできません。●音声を再生する際の通信料にご注意ください。●ご使用機器，音声再生ソフトなどに関する技術的なご質問は，ハードメーカーもしくはソフトメーカーにお願いします。●本サービスは予告なく終了することがあります。

●スマートフォンアプリで聞く方法

　音声をスマートフォンアプリ「英語の友」でも聞くことができます。「英語の友」で検索するか，右のQRコードからアクセスしてください。パスワードを求められたら，上記の❸と同じパスワードを入力してください。

Lesson 1　解答・解説

このLessonで出てくるルール

Rule 28 読解 　本文の前に「タイトル」に目を通す！
Rule 41 解法 　まずは「形」から考える！ ⇒ 問1
Rule 69 構文 　「同格のthat」をとる名詞 ⇒ 問1
Rule 73 構文 　「任意倒置」のパターン ⇒ 問2
Rule 4 読解 　〈this＋ 名詞 〉は「まとめ」を作る！ ⇒ 問2
Rule 75 構文 　「強調構文」の必殺即断パターン ⇒ 問5
Rule 7 読解 　「クオーテーションマーク」の役割を意識する！ ⇒ 問6
Rule 59 解法 　空所補充問題の解法 ⇒ 問8

解答

問1 死亡宣告をされた女性はまだ生きており，生命維持装置を使い続ける権利があるとする女性の遺族の主張。（48字）

※「生命維持装置」は内容が伝われば別の言い方でもOK／「遺族」は「家族」でもOK

問2 この裁定の核心にあるのは，たとえ人々が生に対してさまざまな解釈をするにしても，死の判定は社会のすべての人にとって同じように行われなければならないという原則である。

問3 ④

問4 （脳死のあとに）肺などの脳以外の（生命にとって）重要な臓器の機能を（人工的に）維持したり，取り換えたりしないほうがよい。

※（　）内の表現はあってもなくてもOKなので，40〜50字になるように字数調整に利用してください

問5 私たちが総じて死と定義するのは，実は（ほかの何ものでもなく），脳のすべての機能を失うと二度と取り戻せないので［永久に失うことにより］，その人を永遠に失ってしまうことなのであり，この定義は，科学において十分に確立されているのである。

問6 臓器，血液細胞やその他の組織が人の死後も他人の体内で機能し続けること。（35字）

問7 that allows families to turn their focus to grieving

問8 ア ④　　**イ** ①　　**ウ** ⑤　　**エ** ②　　**オ** ⑥　　**カ** ③

問9 あ ④　　**い** ⑥　　**う** ⑦　　**え** ⑩　　**お** ③

12

■ はじめに

>>> *Rule 28* 読解 本文の前に「タイトル」に目を通す！

> やること **本番では「長文を読む前」に，出典にある「タイトル」をチェック！**
>
> 昔の入試と違って著作権を尊重する風潮から，英文の出典を示す大学がほとんどです（示さない大学も一部ありますが）。もし出典があれば，必ずタイトルをチェックしてください。
>
> 理由 **長文のテーマが一発でわかるかも**
>
> たまにですが，タイトルから「長文の展開・流れ・大枠」がわかったり，ときに「オチ」まで見えてしまったりすることさえあるのです。特に最新の入試問題では，イントロで具体的なエピソードやまったく関係ないように思える話をしておいて，それを1つの事例として本題に入るパターンがよくあります。そんなときにテーマがわかっていると，かなりの強みになります。仮にタイトルが意味不明だったとしても，失うのは数秒にすぎませんよね。

今回は英文の最後に Why we need a clear definition of when death occurs. *The Globe and Mail*. と出典の記載があります（斜体になっているのは本や雑誌そのもののタイトル）。ここから，今回の英文が「死の定義」に関する話だとわかります。必ずしもそれだけの話とは限りませんが，**本番でこれを頭に入れて読むのとそうでないのとでは，大きな違いになり得ます**。特に最難関レベルの英文では，最初に突拍子もないエピソードから始まることもあるので，そういったことに振り回されにくくなるわけです。

問1 難易度 ★☆☆

下線部の内容説明問題です。内容をまとめる問題になると，すぐに「文脈から訳して」解答を作ろうとしてしまう受験生が多いのですが，入試問題はどんな問題であれ「まずは形から解く」という発想を徹底してください。

>>> *Rule 41* 解法 まずは「形」から考える！

> 空所補充問題などでは，多くの受験生が「適切な訳・自然な意味になるもの」を最初に考えますが，それだと「訳すのに時間がかかる」「知らない単語がある→訳せない→解けない」ことになってしまいます。
>
> **英語は「形」が大事な言語です**。「形」とは「品詞・語順・文型・語法」な

どを指しますが，中でも「品詞」を考えることが大事です。出題者も「普段から品詞を意識して読んでいますか？」と言わんばかりに，品詞の理解を問うてきます。英文中に空所がある場合，**どんな品詞が入るのか**を必ず考える習慣をつけましょう。

■ まずは形から考える

今回は空所補充問題ではありませんが，「形から考える」という鉄則は変わりません。まず，下線部を含む英文全体を確認します。

Shaw concluded 〈that the woman, 27, is in fact dead〉, (rejecting arguments [presented by her family] 〈that she was alive and had the right [to continuing mechanical life support]〉).

rejecting 〜 は分詞構文になっています。今回のように分詞構文が主節の「後ろ」にきている場合は「そして〜／〜しながら」と訳すのが便利です（***Rule 72***⇒p.148）。「ショーは〜と結論づけ，そして…を棄却した」とすればOKです。

■ 同格のthatがポイント

修飾部分（presented以下）で説明されていると考えて，presented by her family that she was alive and had the right to continuing mechanical life support をそのまま訳せば解答になります。このthatは「同格のthat」なので，ここがいちばん大事な内容ではあるものの，presented 〜 も分詞による修飾なので，当然ここもargumentsの説明として訳出します（記述の解答はとにかく「丁寧に」が基本です）。

■ 代名詞を明示する

代名詞が指すものは必ずしも明示する必要はありませんが，今回は設問文に「内容を／わかりやすくまとめなさい」とある以上，「**her・sheが何を指しているか**」を示す必要があります。つまり「彼女」のままの答案は減点で，「死亡宣告された女性」「亡くなったと判断された女性」などとする必要があります。

また，right to 〜「〜の権利」も重要です。the right to continuing 〜「〜を使い続ける権利」となります（このtoは前置詞で，「〜に対する」の意味）。

以上から該当箇所を訳し，**最後は「〜という主張・言い分」とまとめればOK**です。下線部argumentsの説明が求められているので，そのまま argumentsの訳

語（主張・言い分）で終えれば，締まりのよい答案になるのです（この発想を「文末オウム返し」と呼び，**Rule 61** ⇒ p.57 で詳しく説明します）。

今回は名詞 argument が「同格の that」をとるのがポイントでした。「同格の that」をとる名詞は fact などが代表的ですが，難関・最難関レベルでは少し難しめの単語までチェックしておく必要があります。

》》 *Rule 69* 構文 「同格の that」をとる名詞

「同格の that」をとる名詞は主に**事実・認識系**です。ムリに暗記する必要はありませんが，一度チェックしておくといいでしょう（以下，基礎的なものはカットしてあります）。

「同格の that」をとる名詞

（1）難関・最難関レベルの長文で重要なもの

☐ effect 結果，効果　※to the effect that 〜「〜という趣旨で」　　☐ evidence 証拠

☐ ground 理由　※on (the) ground(s) that 〜「〜という理由で」

☐ report 報告　　☐ saying ことわざ　　☐ sign 証拠，兆候，目印

☐ agreement 同意　　☐ anxiety 不安，熱望　※*be* anxious to 原形「〜したい」から派生

☐ argument 主張　　☐ assertion 主張　　☐ claim 主張

☐ complaint 不満　　☐ certainty 確信　　☐ conviction 確信

☐ view 考え　　☐ fear 心配　　☐ chance 可能性

☐ condition 条件　　☐ question 疑問　　☐ theory 説

☐ probability 可能性　　☐ prospect 予想　　☐ principle 原則

（2）発展的な単語（単語は簡単だが，同格の that をとるイメージがうすいもの）

☐ decision 決定　　☐ determination 決定　　☐ exception 例外

☐ failure 失敗　　☐ statement 声明　　☐ desire 願望　　☐ excuse 言い訳

☐ point 主張点　　☐ supposition 推測　　☐ assumption 仮定

ちなみに，〈事実・認識系の名詞＋ that〉の後ろは完全文（S や O が欠けていない文）になるのも大切なことです（「同格の that」は接続詞です）。

問2 難易度 ★★☆

■「倒置」を見抜く

今回の問題では「倒置（第1文型の倒置 "MVS"）」がポイントとなります。

> (At the heart of this ruling) is the principle ⟨that identifying death has to be carried out (in the same manner for all people in society), (even if people choose to understand life (in different ways))⟩.
>
> (M の下に M、is の下に V、the principle の下に S)

>>> *Rule 73* 構文 「任意倒置」のパターン

英語を勉強していると，文法・読解問わず「倒置」という言葉が頻繁に出てきますが，一口に「倒置」といっても，大きく分けて2種類の「倒置」があります。

> **(1) 任意倒置** 文型によってパターンが決まっている
> **(2) 強制倒置** 文頭に否定語がきたら倒置（疑問文の語順に）

「強制倒置」は文法書には必ず載っていますが，「任意倒置」は文法問題でほとんど出てこないのできちんと説明されることがありません。しかし，長文では頻出事項なので，しっかりチェックしておきましょう。
　任意倒置は「カードをシャッフルするイメージ（英単語の順番が入れ替わるだけ）」で，文型ごとにパターンが決まっています。

> **任意倒置：文型ごとのパターン**
> 第1文型　SVM　　→ **MVS**（Mは場所・方向を示す副詞（句））
> 　　　　　　　　　　　　　　※Mが前に出て，SVが入れ替わる
> 第2文型　SVC　　→ **CVS**　　※S＝Cの左右が入れ替わるだけ
> 第3文型　SVO　　→ **OSV**　　※Oが文頭に出るだけ
> 第4文型　SVO$_1$O$_2$ → **O$_2$SVO$_1$**　※O$_2$が文頭に出るだけ
> 第5文型　SVOC　→ **OSVC**　　※Oが文頭に出るだけ
> 　　　　　　　　　→ **SVCO**　　※O＝Cの左右が入れ替わるだけ
> ※訳すときは「元の形に戻して訳す」でも「英文と同じ語順で訳す」でも，どちらでもOKです（きちんと構文を理解できていることをアピールできそうなほうを優先してください）。

　今回の英文では，倒置が起きる前はThe principle that ~ is at the heart of this ruling.（SVM）の語順ですが，**任意倒置が起きてAt the heart of this ruling is the principle that ~.（MVS）になっている**わけです。元の形（SVM）に戻して「~という原則が，この裁定の核心にある」と訳してもOKですが，今回は倒置が起きた英文（MVS）の順番通りに「この裁定の核心にあるのは，~という原則である」と訳した方が自然でしょう。ちなみに，at the heart of ~ は「~の中

心に，〜の核心に」です。

■ rulingをどう処理するか？

　構文の次は，語句をチェックしていきます。**ruling**「**裁定，判決，（裁判官などの）決定**」は，動詞rule「支配する」→「（裁判官などがその場を支配して）裁定する，判決を下す」の名詞形です（慶應義塾大学でも出題された，今後要注目の単語）。

　ただ，もしrulingの意味がわからなくても，今回は〈this ＋ 名詞〉に注目することで意味をとらえることができます。

≫≫ *Rule 4* 読解 〈this ＋ 名詞〉は「まとめ」を作る！

> 　英文中の〈this ＋ 名詞〉には，**その直前の内容を「まとめる」働き**があります。筆者が何かしらのことを説明したあと，そこまでの内容を一旦整理する目的で，〈this ＋ 名詞〉を使うわけです。
>
> 　thisの後ろの「名詞」には，そこまでの内容を1語にギュッと凝縮した単語が使われます。つまり，英文を読んでいて〈this ＋ 名詞〉が出てきたら，次のようなことがわかるわけです。
>
> **(1) 難しい内容のあとに 〈this ＋ 名詞〉が出てくる場合**
> 　　⇒例えば難しい内容のあとに this experiment「この実験」があれば，その前の長々とした内容はexperiment「実験」のことなんだとわかる。
>
> **(2) thisの後ろの名詞を知らない場合**
> 　　⇒どうせ「前に述べたことのまとめ」なので，「（今言った）このこと」と考えれば，文意をつかむことができる。
>
> 　〈these ＋ 名詞〉もまったく同じ発想です。ちなみに〈this ＋ 名詞〉は入試の設問で超頻出事項です。

　今回はthis rulingとなっており，仮にrulingを知らなくても「（今言った）このこと」で逃げ切ることができるのです。さらに，この文の前は「裁判官が判決を出した」といった内容なので，this ruling ＝「この判決」といった意味だと推測することもできます（8行目Justice Shaw's decision was clear.とのつながりを考え，decision ≒ rulingだと考えられますね）。

補足 ここで倒置が起きてMが文頭にあるのは，Mの内容が**旧情報**だからです。情報が伝えら

れるとき，「旧情報（すでに知っていること）→ 新情報（まだ知らない情報）」の流れが自然です。〈this + 名詞〉は直前の内容をまとめている，つまり旧情報なので，At the heart of this ruling を前に出した方が自然につながります。

■ 重要語句

the principle that 〜 の that は「同格」で，「〜という原則」となります。

identify は「特定する，判定する」です。訳しづらい単語ですが，「何であるかわかる，誰だかハッキリする」というイメージを持つといいでしょう。ちなみに，名詞形は identity で「自分らしさ，正体」といった意味になります（43行目に出てきます）。「たくさんの人ごみに埋もれている中で1人だけ目立って・区別されて，スッと浮かび上がるような感覚」と押さえておきましょう。

manner は「方法」で，in the same manner「同じ方法で」となっています。

多義語 manner 核心「ふるまう方法」
① 方法
② 態度
③ 行儀（通例，複数形 manners で） ※「食事などの方法」と考える
④ 風習（通例，複数形 manners で）

ちなみに，今回は in the same manner が文末の in different ways と対比されているため，manner は way「方法」と同じ意味だと判断できます。

■ understand life in different ways をどう意訳するか？

直訳「違った方法で生を理解する」でも許容範囲ですが，本書で学ぶみなさんであれば，さらに自然な意訳を目指したいところです。先ほど触れた in the same manner との対比もヒントになりますが，2つの言い換え部分が参考になります。

13〜14行目 Why do we need a common definition of death, if we might have different ideas about the nature of life? も，**前半で common「共通の」，if 以下では different** が使われており，下線部と同じく対比の関係になっています。

さらに14〜17行目 Some cultures believe that the essence of life is in the air moving in and out of our lungs; others believe that our soul resides in our heart; and still others believe that we exist by virtue of our brain's ability to interact with the world. では，**in different ways** の具体例が羅列されています。

以上を参考に，直訳「違った方法で生を理解する」→「生に対してさまざまな解釈をする」などと訳せれば完璧です（ここでの understand は，definition という「客観」との対比になるので，「主観的に理解する」→「解釈する」のように考

えられます）。

■ 別解
　今回は１文が長いので，thatの前で区切って「この裁定の核心にあるのは，次のような原則である。それは，たとえ人々が〜同じように行われなければならないというもの［原則］だ」と訳してもよいでしょう。**「英文が長いときは2つの文に分割して訳す」という発想**は，難しい英文のときほど重宝します。

問3　難易度 ★★☆　　思考力

■ 基本方針
　文整序問題の解法はLesson 11（**Rule 63**⇒p.203）でじっくりと扱いますが，ここでは重要なポイントを２つだけチェックしておきましょう。

> **（1）選択肢を利用する**
> 　選択肢を見れば，最初にくる候補が絞れることがある。
> **（2）ディスコースマーカー（howeverやfor example）に頼りすぎない**
> 　それだけで解ける問題は最難関レベルではほぼ出ないし，むしろひっかけで使われることが多い。

　今回は**選択肢からA・B・Eが最初にくる候補**になります。

■ 前段落の内容をチェックして，最初がBだと考える
　前段落（第4段落）の内容は「死のラインを客観的に示さないといけない」です（ちなみにこれは出典のWhy we need a clear definition of when death occurs.と一致する内容です）。
　これを考えると，A・Eとはつながりが悪い（唐突に話が変わる）のですが，**Critical care**で始まる**B**とはつながりがよいと判断できます。前段落の最終文にもcritical careが出てきますね。
　これで答えはBから始まる選択肢③か④に絞れました。2文目はCとEのどちらが適切か見ていきます。

■ B→E
　Bの次はEとなります。B. Critical care has achieved increasing success in its mission to keep people alive.の内容について，さらに具体的にかかわる人を述べたのが，E. The nurses, doctors and caregivers who work in critical care units

19

cherish life.です。この時点で答えは④だとわかりますが，続きも確認してみましょう。

■ A→C→D→F

まず，A→Cとつながることを確認してみます。

A. Almost all of our bodily functions can at some point be supported, and even replaced by <u>medicines</u> and <u>technology.</u>の最後にあるtechnologyがCではmachinesに，medicinesがpotent medicationsという具体的な表現になっています。また，Aにあるour bodily functionsの具体例として，Cではkidneysやheartsがあるのも適切です。

さらに，Cのkidneysやheartsを，Dではthese organsで受け，最後にFの最初（Whether by machine or transplantation）でまとめられています。

ちなみに，次の段落（整序に関係ない箇所）の最初でもBut at the core of <u>this intensive support</u> is the preservation of the brain. と，〈this + 名詞〉（**Rule 4**⇒p.17）の形で言い換えられています（ちなみにこの文は**問2**と同じMVSの構文ですね）。

ここが　思考力　▶ **ディスコースマーカーに頼りすぎない**

　この問題はB→Cの流れに飛びついて③を選んでしまいがちです。CはFor exampleで始まるので，誰もが「この文は具体例になるので，この前にはもっと抽象的なものがくるだろう」と考えます。これ自体は正しい発想なのですが，それに頼り切ってほかの選択肢との比較検討をおこたると，B→Cの流れがそれほど悪く見えないので，「まあこれでいいかな」と思って間違ってしまうのです。

　for exampleなどのディスコースマーカーがあると安心してしまう受験生が多いのですが，それを利用して鮮やかに問題が解けるケースは現実には少ないのです（特に本書が目指す最難関レベルであればなおさら）。そういった語句を見たら「ひっかけでは？」と疑うくらいでちょうどよく，できれば「ほかの選択肢と比較検討する」余裕を持ってください。問3でも，すぐにB→Cに飛びつかず，一旦保留してA→Cのつながりを検討できれば，解答は③ではなく④だと気づくことができます（③は最後のA→Fのつながりが明らかに不自然です）。

　「ディスコースマーカーで解く」というより「自力で解答を出したときの，確認としてディスコースマーカーを利用する」くらいの考えでいたほうがうまくいくことが多いのです。

問4 難易度 ★★☆

下線部 In this situation は，前文までの内容である「**脳死が起きたときの状況**」を示しています。下線部直後の構文は，to ～ would lead to ... の形です。

lead to ... は〈原因 lead to 結果〉の関係になりますが，こういった因果関係を示す表現は **Rule 16**（⇒p.40）で詳しくまとめます。

■ 全体の意味

〈to 原形〉には「未来志向（これから～する）」のニュアンスが含まれます（例えば My dream is to be a vet.「私の夢は獣医になることです」では，to be の代わりに being は使えません）。この発想を利用して，「**（もし）～すれば，…という結果に行きつくだろう**」と表現すると，きわめて自然な和訳になります。

■ 答案作成

この文の意味をざっくりとらえると「この状況では，『to ～』すれば，『悪い結果』になる」なので，設問で問われている「下線部（4）の状況では，著者は何をしないほうがよいと考えているか」に対しては，「『to ～』しないほうがよい」とまとめられるわけです。つまり，この**主語の部分を訳せばOK**です（『悪い結果』は a never-ending loop of ～ without purpose からわかります）。

ちなみに，設問文には「ただし，『…しないほうがよい。』という形式で文を終えること」という但し書きがあります。これはまさに，問1で解説した「文末オウム返し」の発想を名古屋大学が求めていることの証拠とも言えます（**Rule 61**⇒p.57）。

■ 重要語句

replace は「再び（re）置く（place）」→「取り換える」の意味で重要な長文単語でもあります（**Rule 35**⇒p.221）。

vital は「致命的な」と覚える受験生が多いのですが，「重要な」という意味を押さえることが大事です（「重要な」を表す重要単語は **Rule 2**（⇒p.178）でまとめます）。「バイタリティ溢れる～」のように使われる vitality は「生命力，活力」のことで，その形容詞が vital「生命に関する」→「重要な」の意味です。vital organ で「生命の維持にかかわる器官，（生命にとって）重要な臓器」を表します。

■構文（前半）

> It is the permanent loss of the person [through the irreversible loss of all
> brain function] that we collectively define φ (as death), and ～

前半は強調構文なので，It is と that で挟まれた部分（the permanent loss of the person through the irreversible loss of all brain function）を強調して訳す必要があります。強調構文だとわかっていることを手っ取り早く採点官にアピールするには，「実は，ほかの何ものでもなく」などを付けるとよいでしょう。

that 以降は，define *A* as *B*「A を B と定義する」の *A* が強調構文で前に出た形です。〈V *A* as *B*〉の形をとる動詞は基本的に「A を B とみなす」という意味で，***A＝B*の関係**になります。

■語句（前半）

the permanent loss of the person は「その人を永久に失うこと」くらいに訳せます。「損失」→「失うこと」という発想は**名詞構文**と呼ばれるものです（詳しくは ***Rule 83*** ⇒ p.105 で）。

through は「～を通して」→「～が原因で」という意味です。the irreversible loss of all brain function も名詞構文で，「脳のすべての機能を永久に失うこと」と訳すと自然です。irreversible の訳し方はこのあとの ここが 思考力 で解説します。

collectively は辞書では「集合的に」で，そのまま訳すか，やや意訳して「まとめて，総じて」くらいにできればさらによいでしょう。

■構文と語句（後半）

and 以降は，determining this「これ[定義]を決めること／この判断・判定」が主語です。established「確立された」は（よく使われるので）もはや形容詞扱いされている単語で，今回のように well established の形でよく使われます。

≫≫ *Rule 75* 構文 「強調構文」の必殺即断パターン

強調構文は「見抜けるかどうかがポイント」としか言われず，肝心の「見抜き方」が説明されません。「It is と that を取り払ってみて文が成立すれば強調構文」という説明がよくなされますが，それは「確認」の方法であって「見抜き方」ではありませんよね。

強調構文には「2者を比べた結果，片方を強調する」働きがあるので，以下の

ように**対比表現とセットで使われる**ことが多いのです。以下のパターンを見たら，まずは強調構文だと考えてみてください。

---

(1) 対比系

☐ It is **not** *A* **but** *B* that 〜. 〜なのは，決してＡではなく，（実は）Ｂだ。

☐ It is **not** *A* that 〜, **but** *B*. 〜なのは，決してＡではなく，（実は）Ｂだ。

☐ It is **not** *A* that 〜. *B* （**肯定文**）. 〜なのは，決してＡではない。Ｂだ。

☐ It is **not only** *A* **but also** *B* that 〜. 〜なのは，実はＡだけでなく，Ｂもだ。
    = It is **not only** *A* that 〜, **but** *B*.／It is *B* **as well as** *A* that 〜.

☐ It is **not so much** *A* **as** *B* that 〜. 〜なのは，実はＡというより，むしろＢだ。
    = It is **not so much** *A* that 〜, **as[but]** *B*. ※ as と but が混同されることもある。

☐ It is *B* **rather than** *A* that 〜. 〜なのは，実はＡというよりむしろＢだ。

☐ It is 比較級を含む語句 that 〜. 〜なのは，実は 比較級を含む語句 だ。

注意 当然ながら，〈It is 形容詞 that 〜〉〈It is p.p. that 〜〉の場合，**It は仮S，that 〜が真S** の構文です。〈It is not 形容詞 that 〜〉の形でも強調構文になることはありません。**強調構文では形容詞を強調することは絶対にない**からです。

---

(2) 限定・強調系

    強調のために **only**「これだけ！」などの強い単語を伴います。

☐ It is **only** *B* that 〜. 〜なのは，実はＢだけだ。

☐ It is **the very** *B* that 〜. 〜なのは，まさにＢだ。

☐ It is **this** *B* that 〜. 〜なのは，まさにこのＢだ。
    ※「あれ」じゃなくて「これ!!」と強調。

☐ It is **really [actually / precisely / in fact]** *B* that 〜. 〜なのは，本当はＢだ。

---

(3) 品詞からの即断パターン

☐ It is 副詞 that 〜. → 強調構文！ ※ 副詞 には副詞句・副詞節も OK。

☐ It is 代名詞 that 〜. → 強調構文！

訳し方 強調構文を訳す問題では，「強調すべきところを日本語で強調する」ことが大事です。It is と that で挟まれたものを少しオーバーなくらい強調することで，「強調構文がわかっています」と採点官にアピールできるのです。簡単な方法としては「**決して**」「**実は**」「**なんと**」などと訳せば OK です。

　今回の英文は即断パターンには当てはまりませんが，文章の流れから「強調構文では？」と推測したうえで，「It is と that を取り払ってみる」という一般的な流れで確認を行うのがベストでしょう。「文章の流れ」とは，「死の定義が明確でなければ，死んだと言うことができないだろう」といった下線部の直前の内容を，下線部後半の we collectively define as death「私たちが総じて死と定義するのは」で受けているので，「死の明確な定義を述べるのでは？」→「当然それは重要な内容なので，強調してもおかしくない」となる考え方のことです。

※入試の英文ではこういった流れで強調構文を使うことがよくあるので，今回の英文を1つのモデルとして読み込んでおくと，知的な文章のリズムが体得できるはずです。なお，この発想は今後も本書の中で出てきます。

ここが 思考力 ▶ ## irreversible をどう訳す？

　irreversible の辞書的な訳は「不可逆的な」なので，irreversible loss の模範解答例としては「不可逆的な損失［失うこと］」と示されるのが普通でしょう。しかし，そもそも irreversible の「不可逆的な」という訳語を知っている受験生はほとんどいないでしょうし，知っていたところで「不可逆的な損失」と直訳しても，本当にその意味がわかっている人がどれだけいるのか疑問です。現実には自然な和訳を作れる受験生がいないため，「直訳できれば合格の基準を満たす」ことになるのでしょうが，ここでもう少し深く単語を見て，出題者の狙いを考えてみましょう。

　irreversible をよく見ると，「リバース（reverse）されることができない（否定の接頭辞 ir）」とわかります。**つまり「一度失ったら，取り返しがつかない」ことを意味する単語だと推測すればいいのです。**「世の中には loss しても取り返せるものもあるが，ここで loss したら irreversible だ」ということだと，その場で「考えてほしい」というのが出題者の本当の狙いだとボクは考えますし，これが本番で辞書を使えない受験生の最善策だと思います。

問6 難易度 ★★☆

　thisの内容をまとめる問題です。このような**「指示語の内容」**は答えが前にあるので前にばかり注目しがちですが，**「後ろにヒントがある」**ということもぜひ利用してください（***Rule 51***⇒p.120で詳しく解説）。

　this is not to be confused with the recognition that the person has diedには，*be confused with* ～「～と混同する」という，「相手を表すwith」を含む表現があります。「thisをwith以下と混同してはいけない」というのであれば，当然「thisはwith以下（the recognition that the person has died）と異なる内容になる」という推測が立ちます。

　ちなみに，ここは*be to*構文が使われています。*be to* ～にはたくさんの訳し方があるとされていますが，「～することになっている」と考えれば大半の場合，うまくいきます（今回は，厳密には「義務（～しなければならない）」と考えられます）。

　さらに，この英文は**While**で始まっているので**対比を表す**ことがわかります。つまり，（While直後の）we can say that a person's legacy or tissues "live on,"がthisの指す内容だということです。あとはここをわかりやすく示すために，legacyは「死後に提供された臓器」（48行目から），tissuesは「血液細胞とその他の組織」（49～50行目から），"live on,"は「機能し続ける」（50行目から）だということに注意して答案を作ればOKです。

　そしてもう1つ，"live on,"に「クオーテーションマーク」がついているのがポイントです。何かしら特別な意味があるとわかるので，「生き続ける」と直訳するのではなく，多少説明したり，置き換えたりする姿勢が求められます。

≫≫ ***Rule 7*** 読解 「クオーテーションマーク」の役割を意識する！

　クオーテーションマークの役割など，普段はあまり気にしないでしょうが，長文を深く理解するためのルールとして整理しておくといいでしょう。最難関レベルではクオーテーションマークの意図が問われることもあります。

「①切り取り」と「②強調」は問題ないでしょう。気をつけたいのは「③特殊な意味」の場合です。**あえてクオーテーションマークをつけることでそこに特別な意味を持たせる**わけです。

③の場合，1つは**比喩的な意味や皮肉を表す表現**として使われることが多いです。和訳のテクニックとしては，"○○"とあったら，「いわゆる，○○」と訳すとうまくいきます。「（本当は違うのだけれど）一般的によく使われている言葉で言うと○○」と言いたいときなどに使われます。「そういう意味でも取れるけど（実際には違うよ）」といった感じで，あとで否定することが多いです。

もう1つは，**その英文中で特別な意味を持たせたいとき**で，この場合は「ある意味，○○」と訳すとうまくいきます。例えば日本語でも，相手の気持ちを考えずに自分の本音をぶちまけた人に対して，「あいつはホントに"素直"だよねえ」と言えば，それは「ある意味，素直」という皮肉ですよね。

ちなみに""（ダブルクオーテーション）と''（シングルクオーテーション）の違いは気にしなくて大丈夫です。

ここの"live on,"も「ある意味，生きている」ということで，「他人の体内で機能し続ける」や「本来の持ち主の生死とは関係なく生き続ける」などとするべきでしょう。

問7 難易度 ★★☆

■ 前後とのつながりを考える

この問題のような**英文中にある整序問題は必ず前後部分とのつながりを考えて**ください。今回は，With 〜, brain death has become the ultimate definition of death というSVCの形で，問題の前部分で英文が完結しています。つまり，問題部分は修飾語句（形容詞か副詞のカタマリ）になるとわかるのです。

■ まずは動詞から考える

整序問題のセオリーは**動詞の語法を考える**ことです。今回はallowsから，

〈allow O to 原形〉の形になると推測してみてください。to 以下には動詞の原形がくるので，focus か turn です。これも動詞の語法を考えると，focus なら on と組むことが多いので，turn を考えます。turn は，turn to ～「～に頼る」，turn *A* to *B*「*A* を *B* に向ける」があるので，あとは名詞を当てはめてみて，組み合わせを考慮する段階に入るわけです。

■that はペア→関係詞・同格の順で考える

　語順整序問題で that がある場合，まずは「ペアになるのでは？」と考えてみてください。so ～ that というペア，It is ～ that というペア（仮主語や強調構文）など，何かしらとペアになることが多いです。ただし，最難関レベルに限れば，そういった安易なパターンでは出題されず，関係詞・同格として使われることもよくあります。今回はペアになりそうな語句がないことから関係詞と考え，問題の前部分につながると推測してみるといいでしょう。

　なお，こういった「下地」を作らず闇雲に組み合わせを考え始めると，当然解答時間が足りなくなります。「前後のつながり／動詞の語法／that の処理」を必ず念頭に置いてください。

問8 難易度 ★☆☆

≫≫ *Rule 59* 解法 空所補充問題の解法

　空所補充問題は，いきなり文脈を考えるのではなく，以下の 3 ステップで考えてください。

（1）選択肢を品詞ごとに分ける

　選択肢の品詞がバラバラなときはラッキーです。**空所の前後から入るべき品詞を絞る**ことで，速く確実に解けるようになります。「意味は通るけど，品詞が違うから NG」というのが典型的なひっかけパターンです。

※難関大学以上になるほど，異なる品詞を選択肢にする問題は出なくなりますが（つまり，選択肢は全部同じ品詞），まずは選択肢をチェックする習慣をつけておいてください。

　また，**品詞分けをやりすぎないことも大事**です。例えば have は一般動詞「持つ」と助動詞（完了形を作る have），besides は前置詞「～のほかに」と副詞「加えて」があります。やっかいな例では can が助動詞ではなく名詞「缶」だった問題もあります。本番では「別の品詞の可能性」も念頭に入れておきましょう。

(2) ペアを疑ってみる

「空所が，前後の単語とペアになるのでは？」と疑ってみてください。特によくセットになるのは，以下の2パターンです。

1. 後ろの前置詞とセットになる

   (a) **直後の前置詞と** ⇒「熟語」 例）(look) for 〜「〜を探す」

   (b) **離れた前置詞と** ⇒「語法」 例）(provide) *A* with *B*「AにBを与える」

2. 直後の名詞とセットになる 例）(waste) time「時間を無駄にする」

(3) 文脈で解く

「形」から考えても解けない場合に初めて「文脈」を考えます。ただし，なんとなく解くのではなく，まずはこのルールを駆使できないか考えてみてください。

ルールに従って，まずは品詞ごとに分けます。

---

① a ※不定冠詞　　② it ※代名詞（主格or目的格）　③ its ※代名詞（所有格）

④ itself ※再帰代名詞　⑤ the ※定冠詞　　　　　⑥ to ※前置詞／to不定詞のto

ア：Death ア is 〜，を見ると，SVがあるので，**この間に入れられるもの（文の要素としてはなくてもOKなもの）が入る**と考えます。再帰代名詞の④ itself を選び Death itself is 〜「死そのものは〜」とすればOKです。再帰代名詞の「主語を強調する」用法で，主語の直後や文末に置かれますが，文の要素としてはなくてもOKなものです。

イとウ：**イとウには共に名詞certaintyの前に入るもの**を選びます。冠詞のaかtheが入ると考えますが，ここでは「a certainty（不特定）→ the certainty of 〜（特定）」という流れが自然です。よって，**イ**には① a，**ウ**には⑤ theが入ると判断します。

エ：when エ occursの形から，**エにはwhen節の主語が入る**と考えます。選択肢の中で，主語になれるのは② itだけです。このitはDeathを受け，when it occurs「それ（＝死）がいつ起きるか」となります。ちなみに，この前（60行目）で，同じ形のwhen death occursが出ていますね。

オ：to remove 〜 is simply オ perpetuateは，**SVCになる**と考えます。直後の動詞の原形**perpetuate**「永続させる」を**is**の補語にできるのは⑥ toだけで

す。to ～ is (simply) to ...「～することは，(単に) …することだ」となります。

カ：of <u>　カ　</u> reality の形に注目して，代名詞の所有格③ its を選びます。〈**前置詞＋所有格＋名詞**〉の形です。「意味」ではなく「形」から考えることで，正確にかつすばやく解答を出すことができますね。

問9 難易度 ★☆☆

　まずは選択肢を品詞ごとに分けます。「名詞」「動詞」などと一つ一つ書くのは時間がかかるので，代表的なものは以下のように線を引いたり，枠で囲んだり，ルールを決めて簡単にチェックすればいいでしょう。

---

① against	② although	③ from	④ some	⑤ 〈order〉
⑥ 〈virtue〉	⑦ where	⑧ which	⑨ with	⑩ without

※下線は動詞，〈　　〉は名詞，囲みは形容詞，二重線は前置詞，波線は接続詞

---

　⑤ order は動詞「命令する」にも，名詞「命令」にもなります。また，⑦ where と⑧ which は疑問詞・関係詞などの可能性がありますが，**こういった単語に関しては品詞分けをしすぎないように**しましょう。

あ：空所には直後の名詞 cultures を修飾する**形容詞**が入ると考えます。選択肢の中で形容詞の働きをするのは④ some だけで，Some cultures believe that ～; others believe that ...; and still others believe that ...「～と考えている文化もあれば，…と考えている文化もある。さらに，…と考えている文化もある」となります。

い：空所前後の by，of に注目すると，空所には**名詞**が入ると判断でき，⑥ virtue を入れて by virtue of ～「～のおかげで」という熟語にします。virtue は「美徳，長所」で，直訳「～という長所によって」→「～によって，～のおかげで」の意味です。

う：直前の a line must be drawn で受動態の文が完成しており，そのあとに（**う**）death is objectively determined と SV のある文が続いています。〈SV 空所 S´V´〉の形なので，空所には**従属接続詞**が入ると推測できます。接続詞として使えるのは② although と⑦ where で，文意が通るのは⑦ where「～するところに」です。「接続詞の where」を知らない人が多いのですが，<u>Where there's a</u>

will, there's a way.「意志があれば，道は見つかる（精神一到何事か成らざらん）」という有名なことわざにも使われています（下線部で韻を踏んでいて，頭で韻を踏むので，「頭韻（とういん）」といいます）。

え：空所直後に名詞のカタマリ（a clear and uniform definition of death）が続いているので，空所には**前置詞**が入ると考えます。選択肢の中で前置詞は，① against／③ from／⑨ with／⑩ without の4つです。「明確で共通の死の定義がなければ，人が死んだと言うことはできないだろう」という流れになると考え，⑩ without を選びます。これは**仮定法過去**になっています。〈Without 〜, S would 原形 .〉「〜がなければ，S は…するだろう」というよくある形です。

お：空所前の prevent に注目して，③ from を入れて〈**prevent 人 from -ing**〉「 人 が〜するのを妨げる」の形にします。念のため意味を確認すると，〜, but we cannot tolerate the existence of technological care to prevent us from knowing when someone has died.「〜だが，私たちは，人がどの時点で死亡したのかを知るのを妨げる（人がどの時点で死亡したのかわからなくなる）ような技術を使った医療の存在を容認することはできない」となり，文意も通ります。

文構造の分析

1 ¹Ontario Superior Court Justice Lucille Shaw released her long overdue decision this week (in the case of a young woman [pronounced dead (in September, 2017)]), six months (after closing arguments ended). ²Shaw concluded ⟨that the woman, 27, is (in fact) dead⟩, (rejecting arguments [presented by her family] ⟨that she was alive and had the right [to continuing mechanical life support]⟩).

限定の副詞句

同格の that

訳 ¹オンタリオ州最高裁判所裁判官のルシール・ショーは，最終弁論終結から6か月経った今週，2017年9月に死亡が宣告された若い女性の裁判事件において，長期間出ていなかった判決を発表した。²ショーは，その27歳の女性は実際に死亡していると結論づけ，彼女は生きており，人工生命維持装置による処置を受け続ける権利があるという家族による主張を棄却した。

語句 ¹superior court 最高裁判所／justice 图 裁判官 ※肩書きでは大文字で始まることもあります。／release 動 発表する／overdue 厖 期限を過ぎた／decision 图 判決，判断／case 图 裁判，訴訟／pronounce 動 宣告する／closing argument 最終弁論（刑事事件の公判で，証拠調べの終了後に行われる弁護人の意見陳述のこと）／²conclude 動 結論づける／reject 動 棄却する，却下する／argument 图 主張／present 動 (法廷に) 持ち出す／right 图 権利／life support 生命維持

文法・構文 ¹six months は，after closing arguments ended「最終弁論終結のあと」の範囲を限定しています。

2 ¹Justice Shaw determined ⟨that this woman died last September (when doctors determined ⟨ her brain had (irreversibly) ceased to function⟩)⟩. ²(While the wait was painful (for everyone)), Justice Shaw's decision was clear: People need and deserve to know (with simplicity, clarity and consistency) ⟨when their family member is dead⟩. ³(At the heart of this ruling) is the principle ⟨that identifying death has to be carried out (in the same manner for all people in society), (even if people choose to understand life (in different ways))⟩.

訳 ¹ショー裁判官は，この女性は昨年9月，彼女の脳が機能を停止し，元に戻ることはないと医師が判断した時点で死亡したのだと判断した。²判決を待つ期間はあらゆる人にとってつらいものだったが，ショー裁判官が下した判決は明確だった。人々は，自分の家族がいつ死亡したのかを，わかりやすく，はっきりと，矛盾なく知る必要があり，また

その資格がある。³この裁定の核心にあるのは，たとえ人々が生に対してさまざまな解釈をするにしても，死の判定は社会のすべての人にとって同じように行われなければならないという原則である。

語句 ¹determine that ～ ～と判断を下す／irreversibly 副 不可逆的に（一度変化したものが，再び元の状態に逆戻りできないこと）／cease to 原形 ～するのをやめる[終える]／function 動 機能する ※名詞「機能」だけでなく，動詞「機能する」も大事です。／²painful 形 つらい／deserve to 原形 ～する資格がある／clarity 名 明確さ／consistency 名 一貫性／³at the heart of ～ ～の中心に／ruling 名 裁定，判決，（裁判官などの）決定／principle 名 原則，方針，考え方／identify 動 確認する／manner 名 方法

文法・構文 ²〈with 抽象名詞〉＝副詞なので，with simplicity, clarity and consistency は simply, clearly and consistently と言い換えることができます。

3 ¹Why do we need a common definition of death, (if we might have different ideas [about the nature of life])? ²Some cultures believe 〈that the essence of life is in the air moving in and out of our lungs〉; others believe 〈that our soul resides (in our heart)〉; and still others believe 〈that we

因果表現

exist (by virtue of our brain's ability [to interact with the world])〉.

訳 ¹私たちが生の本質についてさまざまな考え方を持っているかもしれないなら，どうして死については共通の定義を必要とするのだろうか。²生の本質は空気が私たちの肺を出入りすることにあると考えている文化もあれば，人の魂は心臓の中に存在すると考えている文化もある。さらに，私たちの脳が世界と交信する能力のおかげで私たちが存在していると考えている文化もある。

語句 ¹definition 名 定義／nature 名 性質, 本質／²essence 名 本質／lung 名 肺／reside in ～ ～の中に存在する／by virtue of ～ ～のおかげで

文法・構文 ²some ... , others ～ 「…するものもあれば，～するものもある」という相関表現です（今回は，さらに still others ～ が続いています）。the air moving in and out of our lungs の the air は「動名詞の意味上の S（空気が肺を出入りすること）」と考えるのが自然でしょう。

4 ¹(If individuals can choose their own understanding of life), then why must they accept a common understanding of death? ²Justice Shaw answered this question clearly: (With modern critical care), a line must be drawn (where death is objectively determined).

訳 ¹個々が独自の生に対する解釈を選べるのなら，どうして死については共通の解釈を受け入れないといけないのだろうか。²ショー裁判官はこの問いに対し，明確に答えを出した。現代の集中治療では死を客観的に判定する基準を定めなければならないから，というものだ。

語句 ¹understanding 图 解釈／then 副（if 節と呼応して）それならば，その場合は／²critical care 救命救急治療（重篤で急を要する患者に対する集中的な治療）／line 图 線, 境界／objectively 副 客観的に

5 ¹Critical care has achieved increasing success (in its mission [to keep people
_s _v _o

keep O C の形

alive]). ²The nurses, doctors and caregivers [who work (in critical care units)]
_s

cherish life. ³Almost all of our bodily functions can (at some point) be
_v _o _s _v

supported, and even replaced (by medicines and technology). ⁴(For example),
_v

dialysis machines replace the key functions of our kidneys, (while potent
_s _v _o _s

「重要な」を意味する単語

medications can keep fledgling hearts beating). ⁵(In fact), many people are
_v _o _c _s _v

living (having received transplantation of these organs). ⁶(Whether by machine

or transplantation), (when these organs are replaced), bodily functions can
_s _v _s _v

continue indefinitely.

訳 ¹集中治療は，人々の生命を維持するという使命において，ますます成功を収めている。²集中治療室で働く看護師，医師，介護士たちは命を大切にしている。³人間の身体機能のほとんどは，医薬品や技術によって，ある時点で補助を行い，さらには代替することが可能である。⁴例えば，透析装置は私たちの腎臓の重要な機能の代わりとなることができるし，強力な薬は未成熟な心臓を動かし続けることができるのだ。⁵事実，多くの人々がこういった臓器の移植を受けて生きている。⁶機械によってであれ移植によってであれ，こういった臓器を代替すれば，身体機能は無期限に持続し得る。

語句 ¹achieve 動 達成する／²caregiver 图 介護者／critical care units 集中治療室／cherish 動 大切にする／³bodily 形 肉体的な／function 图 機能／replace 動 取って代わる／⁴dialysis 图 透析（腎不全の治療法の１つで，体内の老廃物を半透膜を介して人工的に取り除き，血液を浄化させる方法）／key 形 重要な／kidney 图 腎臓／potent 形 強力な／medication 图 薬／fledgling 形 未成熟な／⁵transplantation 图 移植／organ 图 臓器／⁶indefinitely 副 無限に

文法・構文 ⁵原則，live などの「状態動詞」は進行形にできませんが，この文のように一時的状態を強調するときは例外的に進行形になることがあります。また，many people は分詞構文（having received ～）の意味上の S です。

6 ¹But (at the core of this intensive support) is the preservation of the brain.
_M _v _s

²(When brain death occurs), there is no blood and oxygen [going to it].
_s _v _v _s

³The brain ceases all function. ⁴There are no functions [left to be lost]. ⁵This
_s _v _o _v _s _s

means ⟨there is the irreversible loss of any ability [to have thoughts or
_v _o _v _s

feelings or memories]⟩. ⁶There is the irreversible loss of brain-stem functions
_v _s

[such as blinking, coughing, and breathing]. **7** (In this situation), to support or replace the functions of other vital organs, [such as the lungs], would lead to a never-ending loop of biochemical reactions [without purpose], and the pursuit of organ replacement activities only (because they are possible to do).

訳 **1** しかし，この集中的な補助の中核にあるのは，脳を維持することだ。**2** 脳死が起こると，血と酸素が脳に流入しなくなる。**3** 脳はあらゆる機能を停止する。**4** それ以上失われる機能はもう残っていない。**5** これはつまり，思考や感情，記憶を持つ機能が一切失われ，元に戻ることができないということだ。**6** まばたき，咳，呼吸などの脳幹機能も失われて戻ってこない。**7** この状況で，肺のような生命維持に不可欠なほかの臓器の機能を補助したり，代替したりすると，目的なき生化学反応を際限なく繰り返したり，また，可能であるからという理由だけで臓器代替行為を行おうとしたりすることにつながるだろう。

語句 **1** core 图 中核／intensive 厖 集中的な／preservation 图 維持，保全／**6** brain-stem 图 脳幹／blinking 图 まばたき／coughing 图 咳／**7** vital 厖 （生命維持に）不可欠な／biochemical 厖 生化学的な／pursuit 图 追求／replacement 图 取り替えること

文法・構文 **1** SVM → MVS の倒置が起こっています。また，the preservation of the brain は名詞構文で，名詞 preservation「維持，保全」は動詞 preserve「維持する」を名詞化した表現だと考えれば，「脳を維持すること」と理解できます（名詞構文は **Rule 83** ⇒ p.105 で）。**5** the irreversible loss of any ability は名詞構文です。名詞 loss「喪失」が動詞 lose「失う」を名詞化した表現だと考え，それに合わせて形容詞 irreversible「不可逆的な」→ 副詞 irreversibly「不可逆的に」と読み換えることで，「～機能が不可逆的に失われること」と考えると理解しやすくなります。**6** 前文と同様に，the irreversible loss of brain-stem functions は名詞 loss を動詞 lose，形容詞 irreversible を副詞 irreversibly にそれぞれ読み換えることで，「まばたき，咳，呼吸などの脳幹機能が不可逆的に失われること」と考えると理解しやすくなります。

7 **1** The tragedy is ⟨that the person, their identity and their agency will never return⟩; but (without a clear and uniform definition of death), we would be unable to ever say ⟨that they have died⟩. **2** It is the permanent loss of the person [through the irreversible loss of all brain function] that we collectively define φ (as death), and determining this is well established (in science).

訳 **1** 悲しいのは，その人，その人のアイデンティティ，そしてその人の主体性が決して戻ってこないということだ。しかし，明確で共通の死の定義がなかったら，人が死んだと言うことは決してできないだろう。**2** 私たちが総じて死と定義するのは，実は（ほかの何ものでもなく），脳のすべての機能を永久に失うことにより，その人を永遠に失ってしまうことなのであり，この判定は，科学において十分に確立されているのである。

34

語句 ¹tragedy 图 悲劇／identity 图 アイデンティティ，自己同一性，独自性／agency 图 主体性／uniform 形 統一された／²permanent 形 永久の／collectively 副 まとめて／established 形 確立した

8 ¹We know ⟨that we can donate organs (after death), and the function of these organs persists (in others' bodies)⟩. ²We know ⟨ we can keep blood cells alive and other tissues functioning, well (after a person has died)⟩. ³(While we can say ⟨that a person's legacy or tissues " live on,"⟩) this is

同格の that

not to be confused (with the recognition ⟨that the person has died⟩).

訳 ¹私たちは，死後に臓器を提供することができ，そういった臓器の機能はほかの人の体内で持続することを知っている。²私たちは，人が死んだあとでもずいぶん長い間，血液細胞を生かしておいたり，ほかの組織の機能を持続させたりすることができることを知っている。³人が死後に残した臓器や組織が「（他人の体内で）生き続けている」と言えるが，これを，その人がもう死んでいるという認識と混同してはいけない。

語句 ¹donate 動 寄付する／persist 動 持続する ²cell 图 細胞／tissue 图 組織／³legacy 图 遺産／live on 生き続ける

文法・構文 ³recognition that the person has died は，recognize that the person has died を名詞化した表現です。

9 ¹None of us, family or caregivers, wants people to die. ²But all of us want to know ⟨when death has occurred⟩. ³(With the availability of modern critical care), brain death has become the ultimate definition of death [that allows families to turn their focus to grieving]. ⁴Many are more accepting of a stopped heart signifying death; this is congruent with this definition, (as

動名詞の意味上のS

brain death will quickly follow cardiac death [from a lack of circulating oxygenated blood]).

訳 ¹家族も介護士も，私たちの誰もが人には死んでほしくない。²しかし，私たち全員が，死がいつ起こったのかは知りたいのだ。³現代の集中治療を受けられるようになったことで，脳死は，家族が焦点を悲しみに向けることができる死の最終定義となった。⁴多くの人々にとっては心拍停止が死を意味することのほうが受け入れやすい。脳死は循環する有酸素血液の不足による心臓死のすぐあとに起こるので，これはこの定義と一致している。

語句 ³ultimate 形 最終の，究極の／turn A to B AをBに向ける／grieving 图 悲しみ／⁴be accepting of ～ ～を素直に受け入れる／signify 動 表す／be congruent with ～ ～と一致している（= be consistent with ～）／cardiac 形 心臓の／circulate 動 循環する／oxygenated 形 有酸素の

文法・構文 ⁴a stopped heart signifying death の a stopped heart は「意味上のS」なので，「心肺停止が死を意味すること」と訳してあります。また，as ～ は「理由（～なので）」を表しています。

10 ¹The critical-care community is thankful for Justice Shaw's decision, (because people deserve to know ⟨when death occurs⟩). ²Death itself is a certainty, and to remove the certainty of ⟨when it occurs⟩ is simply to perpetuate the avoidance of its reality. ³Critical care advances have saved many lives, but we cannot tolerate the existence of technological care [to prevent us from knowing ⟨when someone has died⟩]. ⁴Modern medicine requires ⟨that we understand its limits together⟩.

訳 ¹人はいつ死が起こるのかを知る権利があるので，集中治療に携わる人々はショー裁判官の決定に感謝している。²死そのものは確実に起きることであって，それがいつ起きるかの確実性を取り除くことは，単にその現実を永久に回避することにすぎない。³集中治療の進歩によって多くの命が救われてきたが，私たちは，人がどの時点で死亡したのかがわからなくなるような技術を使った医療の存在を容認することはできない。⁴現代医療は，私たちがその限界も併せて理解することを必要としている。

語句 ²certainty 名 確実なこと／remove 動 取り除く／perpetuate 動 永続させる／avoidance 名 回避／³advance 名 進歩／tolerate 動 容認する／⟨prevent 人 from -ing⟩ 人 が～することを妨げる

文法・構文 ²直訳「それ[死]がいつ起きるかの確実性を取り除く」→「死の定義を曖昧にしたままにする」ということです。perpetuate avoidance of its reality は，avoid its reality perpetually「死の現実を永遠に避ける」を名詞化した表現です。⁴its とは modern medicine's の代わりになる代名詞です。「現代医療の限界」とは，前文で述べられた「現代医療は人の命を救うことができる一方で，どの時点を死と定義するのかが曖昧になってしまうこと」です。

Ontario Superior Court Justice Lucille Shaw / released her long overdue decision this week // in the case of a young woman pronounced dead / in September, 2017, // six months after closing arguments ended. // Shaw concluded that the woman, // 27, // is in fact dead, // rejecting arguments presented by her family / that she was alive / and had the right to continuing mechanical life support. //

Justice Shaw determined that this woman died last September // when doctors determined her brain had irreversibly ceased to function. // While the wait was painful for everyone, // Justice Shaw's decision was clear: // People need and deserve to know with simplicity, / clarity / and consistency // when their family member is dead. // At the heart of this ruling is the principle that identifying death / has to be carried out in the same manner for all people in society, // even if people choose to understand life in different ways. //

Why do we need a common definition of death, / if we might have different ideas about the nature of life? // Some cultures believe that the essence of life is in the air / moving in and out of our lungs; // others believe that our soul resides in our heart; // and still others believe that we exist by virtue of our brain's ability / to interact with the world. //

If individuals can choose their own understanding of life, // then why must they accept a common understanding of death? // Justice Shaw answered this question clearly: // With modern critical care, // a line must be drawn where death is objectively determined. //

Critical care has achieved increasing success in its mission to keep people alive. // The nurses, / doctors / and caregivers who work in critical care units cherish life. // Almost all of our bodily functions can / at some point / be supported, // and even replaced by medicines and technology. // For example, // dialysis machines replace the key functions of our kidneys, // while potent medications can keep fledgling hearts beating. // In fact, // many people are living having received transplantation of these organs. // Whether by machine or transplantation, // when these organs are replaced, // bodily functions can continue indefinitely. //

But at the core of this intensive support / is the preservation of the brain. // When brain death occurs, // there is no blood and oxygen going to it. // The brain ceases all function. // There are no functions left to be lost. // This means there is the irreversible loss of any ability to have thoughts / or feelings or memories. // There is the irreversible loss of brain-stem functions // such as blinking, / coughing, / and breathing. // In this situation, / to support or replace the functions of other vital organs, // such as the lungs, // would lead to a never-ending loop of biochemical reactions without purpose, // and the pursuit of organ replacement activities / only because they are possible to do. //

The tragedy is that the person, // their identity // and their agency / will never return; // but without a clear and uniform definition of death, // we would be unable to ever say that they have died. // It is the permanent loss of the person / through the irreversible loss of all brain function / that we collectively define as death, // and determining this is well established in science. //

We know that we can donate organs after death, // and the function of these organs persists in others' bodies. // We know we can keep blood cells alive and other tissues functioning, /

well after a person has died. // While we can say that a person's legacy or tissues "live on," // this is not to be confused with the recognition that the person has died. //

None of us, // family or caregivers, // wants people to die. // But all of us want to know when death has occurred. // With the availability of modern critical care, // brain death has become the ultimate definition of death / that allows families to turn their focus to grieving. // Many are more accepting of a stopped heart signifying death; // this is congruent with this definition, // as brain death will quickly follow cardiac death / from a lack of circulating oxygenated blood. //

The critical-care community is thankful for Justice Shaw's decision, // because people deserve to know when death occurs. // Death itself is a certainty, // and to remove the certainty of when it occurs / is simply to perpetuate the avoidance of its reality. // Critical care advances have saved many lives, // but we cannot tolerate the existence of technological care / to prevent us from knowing when someone has died. // Modern medicine requires that we understand its limits together. //

Lesson 2　解答・解説

▶問題 別冊 p.7

このLessonで出てくるルール

Rule 16 読解 「因果表現」を正しく把握する！ ⇒ 2
Rule 66 構文 andは「対等の品詞」を結ぶ！ ⇒ 4

解答

1. ③	2. ①	3. ②	4. ①	5. ④	6. ④	7. ②
8. ⑥	9. ⑤	10. ①	11. ②	12. ②	13. ②	

指示文の訳

1～13に指示どおり答えなさい。

1　難易度 ★☆☆

　文脈から考えても解けるのですが，出題者の本当の狙いは**enter the market**「**市場に参入する**」という重要フレーズの知識を問うことだと思われます（今回の問題が出題された経済学部らしい狙いですね）。③ enteredが正解です。

　② competedは自動詞なので，形からアウトだと判断できます。ちなみに，45～46行目 they are competing for "free" resources に compete for ～「～を競う」の表現が出てきます。

設問文と選択肢の訳

　下記のもののうち，段落 **1** の空欄1に入る最も適切なものはどれですか。
① abandon「捨てる」の過去形　　② compete「競う」の過去形
③ **enter「参入する」の過去形**　　④ total「合計する」の過去形

2　難易度 ★☆☆

　空所前後の形から，〈***be* p.p. to** 名詞〉の形に合うものを考えます。選択肢を見た瞬間に① attributedに反応したいところです。これは「**因果関係を示す表現**」の1つです。

39

>>> *Rule 16* 読解 「因果表現」を正しく把握する！

「因果表現」の理解を試す問題は，高確率で出題されます。しかし，例えばcause なら「〜の原因となる，〜を引き起こす」という日本語訳だけで覚えてしまうことが多く，それでは「原因と結果」を一瞬で判断することができないなど，難しい英文の場合には混乱してしまう受験生がたくさんいます（特に受動態 *be* caused by 〜の形のときなど）。

「因果表現」で大事なことは「原因 と 結果」をキッチリ把握することです。以下でチェックしてください。

（1）〈原因 V 結果〉の形をとるもの「原因によって結果になる」
- □ 原因 cause 結果
- □ 原因 bring about 結果
- □ 原因 lead to 結果 ※原因 lead up to 結果 の形になることもある
- □ 原因 contribute to 結果
- □ 原因 result in 結果
- □ 原因 give rise to 結果
- □ 原因 is responsible for 結果
- □ 原因 trigger 結果 ※triggerはもともと「（拳銃の）引き金」という意味

（2）〈結果 V 原因〉の形をとるもの「結果は原因によるものだ」
- □ 結果 result from 原因
- □ 結果 come from 原因
- □ 結果 arise from 原因
- □ 結果 derive[stem] from 原因
- □ 結果 is attributable to 原因 ※attributable = attributed

（3）〈V 結果 to 原因〉の形をとるもの「結果を原因によるものだと考える」
- □ owe 結果 to 原因
- □ attribute 結果 to 原因
- □ ascribe 結果 to 原因
- □ credit 結果 to 原因

応用 受動態でよく使われるもの ※「原因 と 結果」をきっちり把握する！
- □ 結果 is caused by 原因
- □ 結果 is brought about by 原因
- □ 結果 is attributed to 原因

※受動態を無理に「引き起こされる」のように訳すのではなく，原因と結果の位置が変わっただけだと認識することが大切です。

今回は，受動態の〈結果 **is attributed to** 原因〉の形で使われています。これで文脈も通る（直後の文ともつながる）ので，① attributedが正解です。

40

But almost all the recent gains in production have been attributed to farmed fish. をざっくり言えば,「水揚げ量が増加（結果）したのは養殖による（原因）」という因果関係です。次の文では，固有名詞（China）や数字（over half of ～）を使って「養殖が増えた」ことの具体例が挙げられており，うまくつながります。ちなみに，選択肢の中で〈be p.p. to 名詞〉の形をとり，最難関大学受験生に知っておいてほしいものは③の likened です。be likened to ～で「～に例えられる，～になぞらえられる」の意味になります。

設問文と選択肢の訳

下記のもののうち，段落 **2** の空欄2に入る最も適切なものはどれですか。
① **attribute**「（attribute *A* to *B* で）A は B のおかげだと考える」の過去分詞形
② comprise「～から成る」の過去分詞形
③ liken「（liken *A* to *B* で）A を B に例える」の過去分詞形
④ point「指す」の過去分詞形

3　難易度 ★★☆

over-exploited ではなく **fully exploited** の割合が問われています（*A* rather than *B* は「B よりもむしろ A」とだけ覚えている受験生が多いのですが，「B ではなく A」と考えた方が理解しやすい英文も多いです）。

段落 **3** 中で「割合」を示す数字を見ていくと，まずは20～22行目 By 2018, 33% of the world's fishing areas were estimated to be exploited at a biologically unsustainable level, and therefore classified as over-exploited. から，「33%が over-exploited だ」とわかります（be classified as ～「～に分類されている」）。

さらに，24～25行目 The FAO further reported that 87% of the world's marine fishing areas are either fully exploited or over-exploited. から，「87%が fully exploited か over-exploited だ」ともわかります。

問われているのは「fully exploited の割合」なので，87% − 33% = 54%が「fully exploited の割合」になります。正解は②54%です。

こういった問題を解くとき，よく解説では fully-exploited を「満限利用」，over-exploited を「過剰利用」と訳した上で説明されますが，本番では「fully か over か？」と日本語ではなく英語のまま考えたほうが混乱しませんし，何よりラクです。一応，-exploited の表現について解説しておくと，fully-exploited は「100%活用」，over-exploited は「100%を超えて活用（sustainable な量より多い）」，under-exploited は「100%未満（sustainable である）」とイメージするとよいでしょう。

段落 3 に基づくと，2018年には世界の出漁区域のうち大体何パーセントで，**過剰**漁獲ではなく**満限までの**漁獲が行われましたか。

① 33パーセント　　**② 54パーセント**　　③ 67パーセント　　④ 87パーセント

4 難易度 ★★☆

　本文を読んだ時点では空所に入るものの検討はつきません。選択肢を吟味するしかない問題です。

① **All three policies are simply unsustainable.**
「**3つの政策はすべて，絶対に持続不可能である**」

　three policies とあるので，空所の前に「3つの政策」があるかを確認します。すると，直前の by keeping the numbers of boats at sea artificially high, by providing them with modern infrastructure, and by keeping prices for fish deliberately low で **3つの by 〜 が and で結ばれています**。しかもその内容が選択肢①にある simply unsustainable だと考えることができるので，①が正解です。

　ここでいきなり正解がわかってしまいましたが，もちろん実際に本番で即断するのは難しいので，ほかの選択肢も確認し，考慮するのが現実的でしょう。

② Both of these impacts are responsible for these problems.
「これらの影響はどちらも，これらの問題の原因となる」

　Both とありますが，本文にある impact といえば impacted the marine environment の1つだけです。選択肢①で確認したように，by 〜は3つあるので，これも違います。both が「2者」を受けるという常識から，即削除できる選択肢です。

※この選択肢は〈 原因 is responsible for 結果 〉の関係です（***Rule 16*** ⇒ p.40）。

③ These technologies are endangering large fish species.
「これらの技術は大型の魚種を脅かしつつある」

　28行目に new technologies とありますが，具体例は1つだけ（modern nets）なので，選択肢の These technologies が何かがハッキリしません。また，「新技術と大型の魚種」の関係は本文で言及されていません。32〜33行目に Major damage is also done to marine life simply by fishing out the biggest fish とありますが，「最大級の魚を捕るだけで，海洋生物にダメージがある」と言って

いるだけで，「新技術」とは関係ありません。

④ The whole situation has continued since fishing began.
「この全体的な状況は漁業が始まって以来続いている」
since fishing beganの具体的な話は出てきません。むしろ，Modern netsや
modern infrastructureから，「最近加速している」と考えられます。

　この問題は，**A, B and C**の形を正確に把握することができていれば簡単に正解
できたはずです。最難関レベルであっても，「きちんと構文を把握することが重要
だ」ということを明確に示す問題と言えます。

>>> *Rule 66* 構文 andは「対等の品詞」を結ぶ！

　複雑な英文を読むときは「**andが何と何を結んでいるのか**」を意識することが
重要です（下線部和訳の問題でよく問われます）。普段から，英文中でandを見つ
けたら「**後ろを見て，前を探す**」という発想を持ってください。

andの考え方

まずはandに反応！　①直後のBに注目！

A ... **and** *B*

②「Bと**対等**な品詞」をandより前で探す！

設問文の訳

　下記のもののうち，段落 **4** の空欄4に入る最も適切なものはどれですか。

5 難易度 ★★☆ 思考力

　空所を含む文の構造は，these reasons aloneがS，account forがVになると考
えられます。この時点で② do not take intoは形からアウトだとわかります。
　take ～ into account（ここでは目的語を後置したtake into account ～の形を想
定）という熟語はありますが，この熟語のaccountは名詞です。本文のaccountは
動詞なので，当てはまりません（本文中のaccount for ～「～を説明する」という
熟語との混同を狙った選択肢）。

※（×）take account for ～はNGですが，take account of ～「～を考慮に入れる」という熟語は存在し，56～
　57行目 take no account of how sustainable the situation might be for ～で使われています。

文脈としては，次の文の頭に**Rather**があることから，「この文の前には否定文がくるのでは？」と推測してほしいところです（**Rule 1** ⇒ p.60）。そこで空所に否定文をつくる④ would probably not を入れてみて，文脈がつながることを確認します。「おそらくこういった理由だけでは〜を説明できないだろう」という意味になり，これを受けて Rather のあとで本当の理由が説明されるという流れができるので，④が正解です。

ここが　思考力　　**but のバリエーションと強調構文を見抜く**

　②以外の選択肢を考えるとき，「文脈上適切なものを選ぼう」としか解説されないことが多いです。もちろん文脈は大事なのですが，そう言われたところで何をどうすればよいのかわかりませんし，そのような解き方を重ねても「経験値」にはならないので，今後の難問に対応できる力はつきません。

　この問題であれば，**ポイントは「but のバリエーション（Rather）」**であり，そこから選択肢④を最優先に考え，じっくり吟味することが本番では一番効率的な進め方でしょう。

　さらに，**Rather が主張の合図になり，強調構文が続くことを見抜く**のも，文脈を深く理解する上では大切なことです。空所を含む文「これだけでは説明できない」→Rather で始まる文「じゃあその説明がつくのは…」という流れの理解です。そしてこの「大事なことを言うときに強調構文が使われる」のは，今回の英文の最終段落でもそうですし，Lesson 1 で解説したパターンでもありますね（⇒p.24）。

　このように「良質な経験」を重ねて，主張の示され方・強調構文の使われ方を体得していってください。

　ちなみに，今回は否定文で alone が使われていますが，これは only と同じイメージです。「〜だけではない（否定文）」→「…だ（主張）」という流れの中でよく使われます。

設問文と選択肢の訳

　下記のもののうち，段落 **5** の空欄5に入る最も適切なものはどれですか。
① 〜するのに十分である
② （do not take into account[名詞]〜 なら）〜を考慮に入れない
③ 政治の問題として〜だろう
④ **おそらく〜ないだろう**

6 難易度 ★★☆

　空所を含む文の後半 **signaling interest in, even if not sovereignty over, those areas** から，「区域への関心」は④ political と考えます。45～47行目 which draws in governments や : they are competing for "free" resources (fish), which, being mobile, belong to no nation などもヒントになります。

　さらに，39～40行目 Why do governments pay such attention to what is, economically speaking, a minor industry? から「経済的以外の理由」だとわかり，40行目には One reason is simply history. とあり，42行目 Another is political から，そのまま political 関係の話が続いているわけです。

　また，消去法でも解けます（正答以外の選択肢はどれも空所前後の内容と一切関係ない）。特に③ military は，even if not sovereignty over という譲歩部分につられないように注意してください。

設問文と選択肢の訳

　下記のもののうち，段落 **5** の空欄6に入る最も適切なものはどれですか。
① 商業的な　　② 公的な　　③ 軍事的な　　**④ 政治的な**

7 難易度 ★☆☆

　空所直後の文から，補助金のさまざまな使われ方が述べられています。直後の文だけで判断すると① can improve fishing vessels にひっかかるかもしれませんが，設問には and best introduces Paragraph **6** とあります。**必ず，段落の最後まで読んだ上で正解を判断しなければいけません。**

　52行目 However 以降，**国内だけでなく海外での補助金の話になっていること**を考えて，② can take many forms を選びます。最初に「多くの（さまざまな）形式」と抽象的に言っておいて，そのあとで「最新の設備・減税・補助金・海外での補助金」などと具体的に説明しているわけです。

　ちなみに，However, ～の文は否定文で，「補助金は国内経済に限られたものではない」→「海外も（主張）」という流れになっています（「消える but」のパターンです。これについては **Rule 1** ⇒ p.60 で説明します）。

設問文と選択肢の訳

　下記のもののうち，空欄7に当てはまり，段落 **6** の導入として最も適切なものはどれですか。
① 漁船を改善できる　　　　　　　　**② さまざまな形式をとり得る**
③ たいていは直接現金という形で与えられる　④ 国内で適用される

8・9・10 難易度 ★☆☆

8：⑥を入れて，**one's fair share**「公平な取り分」とします。文脈から考えることもできますが，最難関レベルでは知っておきたい表現です（大学入試用の問題集ではあまり取り上げられませんが，現実社会ではよく使われる表現です）。

9：⑤を入れて，**shared resources**「共有資源」とします。所有権がどこにもない海にいる魚はまさに shared resource なので，意味も合います。

10：①を入れて，**fishing areas**「漁ができる場所」とします。ここでは international waters「どこの国の領海にも属さない水域」のことです。ちなみに waters には「水域」という意味があり（必ず複数形 waters で使う），ニュースでは常識的に使われる語彙なので，最難関レベルを目指す受験生は知っておくといいでしょう（本文段落 **6** にも使われています）。

設問文と選択肢の訳

下の語群から3つの単語を，段落 **7** の空欄8，9，10のうち最も適切な空欄に入れなさい。各単語は1度しか使えないものとする。

① 区域　　② 融資　　③ 誇り　　④ 利益　　⑤ 資源　　⑥ 取り分　　⑦ 条約

11 難易度 ★☆☆

72〜73行目 **In some countries**（「**over 20%**」とある）と空所を含む **In others** の文が対比されているので，「20より低い」と判断すれば，② **at less than 10%** しかありません。

さらに，**In others** の文は空所の次の文 it is the latter examples that we need to follow の the latter に該当し，これは「補助金は少ないほうがいい」という論調にも合います。

設問文と選択肢の訳

下記のもののうち，段落 **8** の空欄11に入る最も適切なものはどれですか。

① 少なくとも50パーセント高い　　② **10パーセント未満である**
③ おおよそ同程度である　　④ 30パーセントより大きい

12・13 難易度 ★☆☆

筆者が以下に対して，「賛成」「反対」「どちらでもない」のうち，どう考えているかを判断します。

12：Countries give subsidies mainly for economic reasons.
「国が補助金を支給するのは主に経済的な理由からである」

段落5 1文目に Why do governments pay such attention to what is, economically speaking, a minor industry? とあり，このあとに「政府が漁業に注意を払う（＝補助金を与える）理由」があります（文頭の疑問文は「テーマの提示」という重要ルールがあり，次の Lesson 3 で **Rule 6** ⇒ p.63 として詳しく扱います）。

40行目 One reason is simply history. に「歴史」，42行目 Another is political に「政治」とあり，さらにその中で重要な理由として，45行目 Rather, it is the competitive nature of fishing which draws in governments で「漁業の競合性」を筆者が強調していることからも，**economic reason だけが主な理由ではない**とわかります。よって，筆者はこの意見に「反対（②）」だと考えられます。そもそも，economically speaking，minor industry から「経済的な重要性は低そう」だと予測できます。

13：Fish farming has largely removed pressure on the world's oceans.
「養殖によって，世界の海への圧迫は大幅に軽減された」

「養殖」については，16～17行目 In some ways this has helped, but it does not mean that the pressure on the open seas has eased. で「養殖で公海への圧迫が軽減されるわけではない」と述べられています。**問題の英文とは真逆の内容**なので，筆者はこの意見に「反対（②）」だと考えられます。

ちなみに，文章全体を通して「漁業に関して問題がある」と言っているため，「方向性が逆」と考えて正解を選ぶこともできます。

設問文と選択肢の訳

下の2つの見解を読みなさい。次に，文章全体に基づき，該当する番号12と13の下記にある，筆者の意見を最もよく反映している文を選びなさい。
① 筆者はこの見解に賛成している可能性が高い。
② **筆者はこの見解に反対している可能性が高い。**
③ 筆者はこの見解に関する意見を表明していない。

1 ¹ (In every ocean), fish numbers are (rapidly) declining. ² Fishing subsidies, [(usually) in the form of financial assistance], are one of the key factors [behind

> 「重要な」を意味する形容詞

this collapse]. ³ (As far back as 2009), these subsidies were estimated (by the Canadian researcher Rashid Sumaila) to total about $35 billion globally, and they create incentives for fishermen around the world [to increase their catch].

> to 不定詞の意味上のS

⁴ (Though Asia is the region [where subsidies are highest]), three countries alone — Japan, China, and the USA — were each accountable for nearly 20% of global subsidies. ⁵ (Nevertheless), (as regards Japan and the USA at least), their share of the world's total catch has been (steadily) dropping (since the 1960s)

> 「変化を表す表現」→ 比例の as

(as various players entered the global market).

訳 ¹あらゆる海において，魚の数が急減しつつある。²通常は資金援助の形で支給される漁業補助金が，この急減の背景にある主要な要因の１つである。³2009年にさかのぼって，カナダ人研究者ラシド・スマイラの推定によるとそういった補助金は全世界の合計でおよそ350億ドルになっていた。そして，それらによって世界中の漁師に漁獲量を増やす動機が生まれているのである。⁴アジアは補助金が最も高額な地域だが，日本，中国，アメリカの３か国だけで，それぞれ全世界の補助金の20パーセント近くを占めていた。⁵それにもかかわらず，少なくとも日本とアメリカについては，世界の総漁獲量におけるそれらの国のシェアは，1960年代以来さまざまなプレーヤーが世界市場に参入するにつれてじわじわと減少の一途をたどっているのだ。

語句 ¹rapidly 副 急速に／decline 動 減少する／²subsidy 名 補助金／in the form of ～ ～の形で／assistance 名 援助／key 形 重要な／collapse 名 崩壊，急減／³as far back as ～ ～にまでさかのぼって／estimate A to 原形 Aが～すると推定する／total 動 合計～になる／incentive 名 動機／catch 名 漁獲量／⁴be accountable for ～ ～を占める／⁵nevertheless 副 それにもかかわらず／as regards ～ ～については／share 名 シェア，占有率／steadily 副 じわじわと，着実に／drop 動 減少する

文法・構文 ³estimate A to 原形 「Aが～すると推定する」のAを主語にした受動態で，A is estimated to 原形 「Aは～すると推定されている」となっています（今回は estimated と to の間に by ～ が挟まれており，to 以下には動詞 total「合計～になる」がきています）。⁵drop, enter などの「変化・移動を表す表現」があるため，as は「比例（～につれて）」の意味だと判断できます。

2 ¹Current world fish consumption has risen (to an all-time high of about 20 kilos a year per person). ²(To be sure), global fish production and trade have grown remarkably (since the 1970s), (rising from 70 million tons to over 170 million in 2016). ³But almost all the recent gains [in production] have been attributed (to farmed fish). ⁴Aquaculture, especially in China, has grown

因果表現

amazingly (in the past decades): (indeed), farmed fish now account for over half of all the fish [that people eat φ worldwide]. ⁵(In some ways) this has helped, but it does not mean ⟨that the pressure [on the open seas] has eased⟩.

訳 ¹現在の世界における魚の消費量は，史上最多の，年間1人当たり約20キログラムにも上っている。²確かに世界の魚の生産量および取引量は1970年代以来著しく増えており，当時の7000万トンから，2016年には1億7000万トン以上にまで伸びている。³しかし，最近の生産量増加のほとんどは，養殖魚によるものである。⁴特に中国では，水産養殖がここ数十年で驚くほど増加している。実際に現在，世界中の人々が食べる魚の総量のうち，半分以上を養殖魚が占めているのだ。⁵いくつかの点ではこのことは役立っているが，公海への圧迫が軽減されることにはなっていない。

語句 ¹consumption 名 消費／all-time 形 これまでで一番の，空前の／high 名 最高値，高水準／kilo 名 キログラム（＝kilogram）／per 前 ～につき／²to be sure 確かに／trade 名 取引（量）／remarkably 副 著しく／³gain 名 増加／⟨結果 is attributed to 原因⟩ 結果 は 原因 のせいである／farmed fish 養殖魚／⁴aquaculture 名 水産養殖／decade 名 10年間／amazingly 副 驚くほど／account for ～ ～を占める／⁵help 動 役に立つ，助けになる／open sea 公海／ease 動 和らぐ

文法・構文 ⁵it does not mean ～ は，直訳「それは～を意味しない」→「（必ずしも）～ということではない」ということです。

3 ¹(Based on a 2018 assessment [by the UN Food and Agriculture Organization (FAO)]), world ocean fish stocks [within biologically sustainable levels] declined (from 90% in 1974 to 66% in 2015). ²(By 2018), 33% of the world's fishing areas were estimated to be exploited (at a biologically unsustainable level), and therefore classified (as over-exploited). ³(While the rate of decrease has slowed since 2008), little progress has been made (towards making ocean fishing truly sustainable). ⁴The FAO further reported ⟨that 87%

make O Cの形

of the world's marine fishing areas are either fully exploited or over-exploited⟩. ⁵(Indeed), at least one global study has predicted ⟨that, (given these trends), commercial fisheries worldwide might collapse (by 2050)⟩.

¹2018年の国連の食糧農業機関（FAO）による調査に基づくと，生物学的に持続可能な範囲内にある世界中の海洋水産資源の割合は，1974年には90パーセントだったのが2015年には66パーセントまで減少している。²2018年の時点で，世界の出漁区域の33パーセントが生物学的に持続不可能なレベルで魚を捕獲し尽くされていると推定され，それにより過剰漁獲に分類されている。³2008年以降減少のペースは落ちているが，海での漁業を真に持続可能なものとするための進展はほとんどないままである。⁴FAOはさらに，世界の海の出漁区域の87パーセントは，ギリギリのラインまで漁獲されているか過剰漁獲されているかのどちらかであると報告している。⁵実際に，少なくとも1つの国際的研究は，こういった傾向を考慮すると，世界中の商業漁業は2050年までに崩壊するかもしれないと予測している。

語句 ¹based on ~ ~に基づけば／assessment 名 調査／stock 名 資源／biologically 副 生物学的に／sustainable 形 持続可能な／decline 動 減少する／²exploit 動 捕獲する，搾取する／unsustainable 形 持続不可能な／classify A as B AをBとして分類する／over- ~ あまりに~すぎる／³rate 名 ペース／slow 動 速度を落とす／progress 名 進展／⁴report 動 報告する／⁵predict 動 予測する／given ~ ~を考慮すると／commercial 形 商業の／fishery 名 漁業，漁場／collapse 動 崩壊する

文法・構文 ⁵givenは本来分詞構文で，直訳「~を（情報として）与えられると」→「~を考慮すると」となります。後ろには，この英文のように名詞のみが続くほか，SVが続くこともあります。

4 ¹What lies behind the numbers is this: new technologies have made fishing much more efficient. ²Modern nets have improved catches, (even though a large percentage of any fishing take is likely to be bycatch) — (that is), unwanted sea creatures [including turtles and dolphins, [which are killed and then simply thrown back (into the sea)]]. ³Major damage is also done (to marine life) simply (by fishing out the biggest fish): some species [like Bluefin Tuna or the Patagonian Toothfish] are regularly caught (at rates well above the limits [that have legally been set in international agreements]). ⁴Subsidies [given by governments (to the fishing industry)] have directly impacted the marine environment, (by keeping the numbers of boats at sea artificially high),

> keep O Cの形

(by providing them with modern infrastructure), and (by keeping prices for fish deliberately low). ⁵All three policies are (simply) unsustainable.

訳 ¹その数字の裏にあるのは，次のような背景だ。新技術によって，漁業がはるかに効率的になってきた。²現代の漁網のおかげで，漁獲量は増えている。どんな漁獲高もその大半は混獲という，捕殺されてただ海に戻される，カメやイルカなどの目的外の海洋動物である可能性が高いのだが。³また，最大級の魚を捕り尽くすだけでも，海洋生物に大きな打撃がもたらされる。本マグロやマゼランアイナメのような一部の種は普段から，国際協

定で法的に定められた限度を優に上回るペースで捕獲されている。⁴ 政府から水産業に支給される補助金は、海上の漁船の数を人為的に多く保ち、それらに最新の設備を提供し、そして魚の価格を意図的に低く保つことにより、海洋環境に直接影響を及ぼしてきた。⁵ 3つの政策はすべて、どう考えても持続不可能なものである。

5 ¹ Why do governments pay such attention (to what is, (economically speaking), a minor industry)? ² One reason is simply history. ³ (In the past), fisheries were far more valuable than today, (before manufacturing and the digital economy became dominant). ⁴ Another is political: fishing tends to employ people [in remoter rural areas], [where unemployment and social decline might (otherwise) be more serious]. ⁵ (However), these reasons alone would probably not account for today's continuing subsidies.
⁶ (Rather), it is the competitive nature of fishing which draws in governments:

it is ... which 〜の強調構文

they are competing for "free" resources (fish), [which, (being mobile), belong to no nation]. ⁷ (Furthermore), the sending of boats out (to open ocean zones) is a political act, (signaling interest in, even if not sovereignty over, those areas).

訳 ¹ 政府はどうして、経済的に言えば小さな産業にそれほどの配慮をするのだろうか。² 1つの理由は、単に歴史的なことである。³ かつて、製造業とデジタル経済が主流になる前は、漁業が現在よりもはるかに重要な産業であった。⁴ またもう1つの理由は、政治的なことである。漁業は辺ぴな田舎の人々を雇う場合が多いが、そういった地域では、その雇用がなかったら失業率や社会衰退がもっと深刻になるかもしれない。⁵ しかしおそらく、こういった理由だけが現在でも補助金が引き続き支給されている主な要因というわけではないだろう。⁶ むしろ、漁業の競合性こそが政府を引き寄せているのである。政府は、移動可能で、どこの国にも属さない、「無料の」資源（魚）を求めて競い合っているのだ。⁷ さらに、外洋に船を送り出すことは、その区域の主権とは言わないまでも、その区域への関心を示す、政治的な行為である。

語句 ¹economically speaking 経済的に言えば／²simply 副 (すぐ後ろの語句・節を修飾して) 単に，ただ／³valuable 形 重要な，価値のある／manufacturing 名 製造業／dominant 形 主流の／⁴employ 動 雇う／remote 形 辺ぴな／rural 形 田舎の／unemployment 名 失業率／decline 名 衰退／otherwise 副 そうでなければ／⁵〈名詞 alone〉名詞 だけ／⁶competitive 形 競争の／nature 名 性質／draw in ～ ～を引き寄せる／compete for ～ ～を求めて競う／mobile 形 移動可能な／⁷signal 動 示す／sovereignty 名 主権／A if not B　B とは言わないまでも A；A，いやもしかしたら B かもしれない　※ A と B には対等な語がくるため，本書では if not を「等位接続詞」として扱います。

文法・構文 ⁴another {reason} is ～ が省略され，：（コロン）以下で前文の内容をより具体的に説明しています。また，, where ～ は remoter rural areas を先行詞とする関係副詞の非制限用法です。 ⁶：（コロン）以下では，前文の内容を具体的に説明しています。また，, which ～ は "free" resources (fish) を先行詞とする関係代名詞の非制限用法で，この関係節中に being mobile という分詞構文のカタマリが入っています。 ⁷signaling ～ は，the sending of boats out to open ocean zones を意味上の S とする分詞構文です。また those areas は，interest in と sovereignty over の共通の目的語になっています。

6 ¹A subsidy can take many forms. ²Money can be provided (for fresh equipment, [such as sonar or GPS]). ³Or it might be a tax break, (indirectly easing access [to insurance or loans]). ⁴Grants [that improve port infrastructure and fish processing facilities] are also effective. ⁵(However), subsidies are not limited (to the domestic economy): often, richer nations buy rights (for their fishermen in the waters [surrounding under-developed countries]); (for example), a Chinese company purchased fishing rights (from several Namibian companies) and then overfished the area. ⁶Such bargains are often unfair and usually take no account of how sustainable the situation might be (for the poorer country) (in the long run). ⁷(Furthermore), (to escape international quota agreements), many governments encourage their vessels to register abroad, (funding them) (despite this apparent contradiction).

訳 ¹補助金はさまざまな形式をとり得る。²音波探知機や GPS といった最新の設備のために現金が支給されることもある。³あるいは，税制上の優遇措置といった形で，間接的に保険や融資を受けやすくする場合もある。⁴港の設備や水産加工施設を拡充する助成金もまた有効である。⁵しかし，補助金は国内経済に限られたものではない。多くの場合は，豊かな国が，発展途上国の周囲の海域における，自国の漁師の漁業権を購入している。例えば，ある中国の会社は，いくつかのナミビアの会社から漁業権を購入し，そしてその区域で乱獲を行った。⁶そのような取引は不公平なことが多く，たいてい，長期的に見てその状態が，貧しい方の国にとってどれほど持続可能なものなのかという観点がまったく考慮に入れられていない。⁷さらに，国際的な割り当て制限の取り決めに引っかからずに済むように，一見矛盾しているようだが，多くの政府が自国の船に，海外で登記するよう促し，そ

れらに資金援助をしているのである。

語句 ²fresh 形 最新の／equipment 名 設備／sonar 名 音波探知機／³tax break （税制上の）優遇措置，減税／indirectly 副 間接的に／access to ～ ～を利用すること／insurance 名 保険／loan 名 融資／⁴grant 名 助成金／⁵domestic 形 国内の／water 名 （通例複数形で）水域／surrounding 形 周りの，近辺の／overfish 動 乱獲を行う／⁶bargain 名 取引／take account of ～ ～を考慮に入れる　※account は名詞「考慮」。／in the long run 長期的に見て／⁷quota 名 割り当て，取り分／〈encourage 人 to 原形 人 が～するのを促す／vessel 名 船／register 動 登記する／apparent 形 一見の，見かけ上の／contradiction 名 矛盾

7 ¹It is easy 〈to understand 〈how national pride, the desire [to project power and influence into the world's oceans], the competitive urge [to take one's fair share], the maintenance [of employment], or [of traditions and cultures] can influence governments〉〉. ²Yet they are not sufficient reasons (in themselves) [to justify the current situation]. ³The economist Garrett Hardin has labeled what we are witnessing φ (as "The Tragedy of the Commons"): it illustrates 〈how humans fail to cooperate intelligently (when dealing with

副詞節中のS＋beの省略

shared resources)〉. ⁴It need not be that way. ⁵Greater international cooperation, (through mechanisms [such as the TPP or international agreements [on various fishing areas or fish stocks]]), is urgently needed. ⁶This is one issue [where the political call to national strength would be a mistake]. ⁷Only cooperation can secure the future.

訳 ¹国家威信，世界の海に権力と影響力を誇示したいという欲，自国の正当な取り分を得たいという野心的な衝動，雇用の維持，あるいは伝統や文化の維持が，政府にどのような影響を与え得るかは理解に難くない。²しかし，それら自体では現在の状況を正当化するのに十分な理由にはならない。³経済学者のギャレット・ハーディンは，私たちが直面している状況を『共有地（コモンズ）の悲劇』と名付けた。それは，人間が共有資源の扱いに際して賢く協力できていないさまを説明している。⁴それは，そんなふうである必要はない。⁵TPPや，さまざまな出漁区域あるいは水産資源に関する国際協定などの制度を通じた，さらなる国際協力が一刻も早く求められている。⁶これは，政府による国力増強の呼びかけが間違いであろう問題の1つである。⁷未来を守ることができるのは，協力だけなのだ。

語句 ¹national pride 国家威信／project 動 誇示する／competitive 形 野心的な／urge 名 衝動／take one's fair share 自分の正当な取り分を得る／²sufficient 形 十分な（=enough）／in oneself （通例in itself, in themselves の形で）それ自体は，本来は／justify 動 正当化する／current 形 現在の／³label A as B　AをBと呼ぶ（発音は [léibəl]）／witness 動 直面する／illustrate 動 説明する／cooperate 動 協力する／intelligently 副 賢く／deal with ～ ～を扱う／shared resources 共有資源／⁴need not 原形 ～する

必要がない／⁵mechanism 图 制度／TPP 環太平洋パートナーシップ協定（太平洋周辺の国々の間で，ヒト，モノ，サービス，カネの移動をほぼ完全に自由にしようという国際協定）／urgently 副 直ちに，早急に／⁶issue 图 問題 ※the political call to national strength は，直訳「国力に対する政治的な呼びかけ」→「政府による国力増強の呼びかけ」と意訳してあります。／⁷cooperation 图 協力／secure 動 守る

> 文法・構文 ¹1つ目のand は，動詞の不定詞2つ（project／influence）を結んでいます。また，or は前置詞句2つ（of employment／of traditions and cultures）を結び，共に the maintenance を修飾しています。³label A as B「A を B と呼ぶ」のA に，what we are witnessing という名詞のカタマリがきている形です（ここでの witness は「直面する，経験する」といった意味）。また，:（コロン）以下で "The Tragedy of the Commons" を具体的に説明しています。

8 ¹There is little doubt ⟨that the short-term "race to fish" is threatening the long-term environmental, social, and economic security [that fisheries offer us all φ]⟩. ²(In some countries, [such as France, Spain, Japan, and the USA]), subsidies [to the fishing industry] are, (as a proportion of the value [earned by domestic catches]), over 20%. ³(In others, [such as Norway, Iceland, and New Zealand]), they stand (at less than 10%). ⁴(With fish under such pressure across the globe), surely it is the latter examples that we need to follow.

> it is … that ～ の強調構文

⁵Subsidies are a trap [from which we ourselves need to escape].

> 訳 ¹短期的な「漁獲競争」が，漁業が私たちにもたらしてくれる長期の環境的，社会的，経済的安定を脅かしていることについて，疑問の余地はほとんどない。²フランス，スペイン，日本，アメリカなどの一部の国では，水産業に支給される補助金が，国内での漁獲によって得られる金額に対する割合として20パーセントを超えている。³ノルウェーやアイスランド，ニュージーランドなど，10パーセント未満の国もある。⁴世界中で魚がこれほどの圧迫を受けているなか，私たちが倣わないといけないのは間違いなく後者の例である。⁵補助金は，私たち自身が抜け出さなければならない罠（わな）なのだ。

> 語句 ¹there is little doubt that ～ ～ということについて，疑問の余地はほとんどない／short-term 形 短期的な／long-term 形 長期的な／²proportion 图 割合／earn 動 得る，稼ぐ／³stand at ～ （数字が）～である，～を示す／⁴globe 图 地球／latter 图 （通例the が付いて）後者／follow 動 倣う／⁵trap 图 罠

> 文法・構文 ¹and は形容詞3つ（long-term environmental／social／economic）を結び，共通して security を修飾しています。また，文末のall は us の同格です。同じく ⁵ourselves も we の同格です。⁴前文までで対比された2つの例を踏まえて，強調構文で the latter「後者」（＝ノルウェー・アイスランド・ニュージーランドの例）に従うことが大切だと主張しています（このように，強調構文は「対比」を前提に用いられます。また，「前者」は the former で表します）。文頭は〈with O C〉の形で，付帯状況を表しています。

"Caught in their own traps? // Governments, subsidies, and fish" //
by M. T. Nettes // (2018) //

In every ocean, // fish numbers are rapidly declining. // Fishing subsidies, // usually in the form of financial assistance, // are one of the key factors behind this collapse. // As far back as 2009, // these subsidies were estimated by the Canadian researcher / Rashid Sumaila // to total about $35 billion globally, // and they create incentives for fishermen around the world / to increase their catch. // Though Asia is the region where subsidies are highest, // three countries alone // — Japan, China, and the USA — // were each accountable for nearly 20% of global subsidies. // Nevertheless, // as regards Japan and the USA at least, // their share of the world's total catch / has been steadily dropping since the 1960s / as various players entered the global market. //

Current world fish consumption has risen to an all-time high / of about 20 kilos a year / per person. // To be sure, // global fish production and trade / have grown remarkably since the 1970s, // rising from 70 million tons / to over 170 million in 2016. // But almost all the recent gains in production have been attributed to farmed fish. // Aquaculture, // especially in China, // has grown amazingly in the past decades: // indeed, // farmed fish now account for over half of all the fish / that people eat worldwide. // In some ways this has helped, // but it does not mean that the pressure on the open seas has eased. //

Based on a 2018 assessment by the UN Food and Agriculture Organization // (FAO) , // world ocean fish stocks within biologically sustainable levels / declined from 90% in 1974 / to 66% in 2015. // By 2018, // 33% of the world's fishing areas were estimated to be exploited / at a biologically unsustainable level, // and therefore classified as over-exploited. // While the rate of decrease has slowed since 2008, / little progress has been made towards making ocean fishing / truly sustainable. // The FAO further reported / that 87% of the world's marine fishing areas / are either fully exploited / or over-exploited. // Indeed, // at least one global study has predicted that, / given these trends, // commercial fisheries worldwide might collapse by 2050. //

What lies behind the numbers is this: // new technologies have made fishing much more efficient. // Modern nets have improved catches, // even though a large percentage of any fishing take is likely to be bycatch // — that is, / unwanted sea creatures / including turtles and dolphins, // which are killed / and then simply thrown back into the sea. // Major damage is also done to marine life / simply by fishing out the biggest fish: // some species like Bluefin Tuna / or the Patagonian Toothfish / are regularly caught at rates well above the limits / that have legally been set in international agreements. // Subsidies given by governments to the fishing industry / have directly impacted the marine environment, // by keeping the numbers of boats at sea artificially high, // by providing them with modern infrastructure, // and by keeping prices for fish deliberately low. // All three policies are simply unsustainable. //

Why do governments pay such attention to what is, // economically speaking, // a minor industry? // One reason is simply history. // In the past, fisheries were far more valuable than today, // before manufacturing and the digital economy became dominant. // Another is political: // fishing tends to employ people in remoter rural areas, // where unemployment and social decline might otherwise be more serious. // However, // these reasons alone would probably not account for today's continuing subsidies. // Rather, it is the competitive nature of fishing which draws in governments: // they are competing for "free" resources // (fish) , // which, / being mobile, / belong to no nation. // Furthermore, // the sending of boats out to open ocean zones is a political act, // signaling interest in, // even if not sovereignty over, // those areas. //

A subsidy can take many forms. // Money can be provided for fresh equipment, // such as sonar or GPS. // Or it might be a tax break, // indirectly easing access to insurance or loans. // Grants that improve port infrastructure and fish processing facilities / are also effective. // However, // subsidies are not limited to the domestic economy: // often, / richer nations buy rights for their fishermen / in the waters / surrounding underdeveloped countries; // for example, // a Chinese company purchased fishing rights from several Namibian companies / and then overfished the area. // Such bargains are often unfair / and usually take no account of how sustainable the situation might be / for the poorer country / in the long run. // Furthermore, // to escape international quota agreements, // many governments encourage their vessels to register abroad, / funding them despite this apparent contradiction. //

It is easy to understand how national pride, // the desire to project power and influence into the world's oceans, // the competitive urge to take one's fair share, // the maintenance of employment, // or of traditions and cultures // can influence governments. // Yet they are not sufficient reasons in themselves / to justify the current situation. // The economist Garrett Hardin has labeled what we are witnessing as / "The Tragedy of the Commons": // it illustrates how humans fail to cooperate intelligently / when dealing with shared resources. // It need not be that way. // Greater international cooperation, // through mechanisms such as the TPP / or international agreements on various fishing areas / or fish stocks, // is urgently needed. // This is one issue where the political call to national strength would be a mistake. // Only cooperation can secure the future. //

There is little doubt that the short-term "race to fish" / is threatening the long-term environmental, // social, // and economic security / that fisheries offer us all. // In some countries, / such as France, / Spain, / Japan, / and the USA, // subsidies to the fishing industry are, // as a proportion of the value earned by domestic catches, // over 20%. // In others, / such as Norway, / Iceland, / and New Zealand, // they stand at less than 10%. // With fish under such pressure across the globe, // surely it is the latter examples that we need to follow. // Subsidies are a trap / from which we ourselves need to escape. //

Lesson 3　解答・解説

▶問題 別冊 p.13

このLessonで出てくるルール

Rule 61 　解法　記述問題の心構え ⇒問1
Rule 82 　構文　〈SV+ 人 +to 〜〉を使いこなす！ ⇒問1
Rule 1 　読解　消えたbutに気づいて「主張」を発見する！ ⇒問1
Rule 6 　読解　「疑問文」の大事な役割を意識する！ ⇒問3
Rule 9 　読解　Ifを見たら「具体例」と考える！ ⇒問4
Rule 33 　読解　省略は「機械的に」補う！ ⇒問5

解答

問1 （一般に信じられていることとは異なり，褒めることと自信と成績には相関関係がなく，）子どものことを「頭がよい」と褒めることは成績に寄与せず，実際には全力を尽くさないようになってしまうかもしれないこと。

問2 要するに，この子どもたちの自信を打ち砕く，つまり惨めさのあまり嘘をつかせるのに必要だったのは，たった一言の褒め言葉だけだったのだ。

問3 子どもを考えなしに非難していた自分たちの親と違うことを示すためと，自分と子どもがいかにすばらしい親子かを周囲に示して自尊心を高めるため。（68字）

問4 親の世代が子どもに思いやりのない非難を浴びせたのと同様に，子どもに口先だけの賛辞を贈り，子どもへの無関心を表していること。

問5 英単語：attentiveness
　　　理由：子どもは，そばで気にかけてもらうことで，自分は人から関心を持ってもらえる価値があるとわかるから。（48字）

問6 ③

問1 　難易度 ★★☆

≫≫ *Rule 61* 　解法　記述問題の心構え

（1）「探す」→「きわめて丁寧に訳す」
　記述問題の解答は，あなたの意見を書くわけではありません。求められて

いるのは「英文を正確に読んで，設問の要求を理解して，日本語で表す力」です。そして，内容を丁寧に説明する姿勢が必要です。例えるなら「校長先生に最新アプリについて説明する」つもりになってみましょう。いきなりアプリの説明を始めるのではなく，「そのアプリとはそもそもスマホで使うものだ」「要するに○○がラクにできるようになるものだ」のように話しますよね。記述問題の解答においても，まず**前提から説明する心構え**を持ってください。

(2) 目指すのは「最大字数」

「60～80字で書け」などとあるとき，出題者のメッセージは「無駄がない完璧な答案なら60字，多少無駄なことや冗長な表現を使っても80字が限度」ということです。ということは，受験生の答案が60字だった場合，それは完璧な答案か，何かポイントが欠けた答案のどちらかなんです。**最大字数を目指す**のが無難です。

(3) 文末は「オウム返し」

「なぜ」と問われたら「～だから」と答えることは知っていると思いますが，それ以外は教わりませんよね。ぜひ「**文末はオウム返し**」という発想を持ってください。例えば「変化について説明せよ」とあれば「～という<u>変化</u>」，paradox を説明するなら「～という<u>矛盾</u>」，「この話はどこがおもしろいのか」なら「～という点がおもしろい」のように，**説明が求められている言葉をそのままオウム返しするだけ**です。

このやり方には，減点を避けられる，見当違いの答案に気づけるというメリットがあります。例えば，「この差別を説明せよ」という問題が早稲田大学で出題されたとき，解答を「～してはいけない」と締めくくってしまった受験生がすごく多かったのですが，設問の要求は「差別を説明すること」なので，この答案では0点になりかねません。「文末オウム返し」を意識すれば，答案の最後は「～という差別」になるはずなので，ミスに気づけるのです。

■ **otherwise の意味**

ここでの otherwise は「違ったふうに」の意味で，current research suggests otherwise「現在の研究は<u>違ったふうに</u>示唆している／現在の研究によれば，<u>そうではない</u>」となります。otherwise が「違ったふうに」を表す場合，「<u>そうではない</u>」と否定的にも訳せると知っておくと，和訳問題で役立ちます。

多義語 otherwise　　核心 「other な way」
① もしそうでなければ　　② そのほかの点では　　③ 違ったふうに

otherwise = in another way と考えることで（wayには「方法，点」という意味がある），「ほかの（other）方法（way）で考えると」→「そうでなければ」，「ほかの（other）点（way）で」→「そのほかの点で」，「ほかの（other）方法（way）で」→「違ったふうに」と理解できます。

■「一般論」を把握する

まず，**現在の研究結果がどのような考えと違うのか**を明確にしましょう。直前の文に it is commonly believed 〜「一般的に〜と信じられている」とあるので，ここで「一般論」が述べられていることがわかります。Praise, self-confidence and academic performance, it is commonly believed, rise and fall together. の文全体で，「褒めることと自信と学業の成績は一緒に（連動して）上下する」→「相関関係がある」という一般論を示しており，これと現在の研究結果が異なるわけです。

※ it is commonly believed 〜は一般論の目印になり，「一般論→主張」という流れになると推測してください。実際，直後の下線部を含む But current research 〜の文で，この一般論は覆されます。

■ 解答に必要な内容を見極める！

次に，**どの内容まで解答に含めるのか**を考えます。「褒めることと自信と学業の成績には相関関係がない」と一般論を否定しただけでは合格レベルには達しません。「〜ではない」と否定するだけでは，**実際はどうなのか**がわからないからです。

現在の研究結果が示す「実際の内容」は，下線部直後の3〜5行目 over the past decade, a number of studies on self-esteem have come to the conclusion that praising a child as 'clever' may not help her at school. In fact, it might cause her not to try her best. に書かれています。この部分が解答には必須です。

また，最後の〈**cause** 人 **to** 原形〉「人 が〜するのを引き起こす」に注目してください。

>>> *Rule 82* 構文 〈SV＋ 人 ＋to 〜〉を使いこなす！

〈**SV** 人 **to** 原形〉をとる動詞

allow, permit 許可する／want 望む／enable 可能にする／cause 引き起こす／encourage 勇気づける／incline する気にさせる／force, oblige, compel 強制する／order 命令する／ask 頼む／advise アドバイスする／require, request 要求する／expect 期待する／determine 決心させる／urge 説得する，強く迫る

補足 determine や incline など，実際にはほぼ受動態（*be* p.p. to 原形）の形でしか使わないものもあります。

〈cause 人 to 原形〉は第5文型（SVOC）になります。SVOCは「**S によって O が C する**」**と訳す**ときれいになります。今回の it might cause her not to try her best も，「それによって，彼女が全力を尽くさないようになってしまうかも」とすればOKです。

〈**SV 人 to 原形**〉→ **SVOC** →「**S によって O が C する**」という意味になる！

例文	<u>Her help</u>	<u>enabled</u>	<u>me</u>	<u>to do the job.</u>
構文	S	V	O	C
働き	**M´**	**助**	**S´**	**V´**
和訳	Sによって	ナシ or 動詞にニュアンスを追加	Oが	Cする

例文訳 ~~彼女が手伝ってくれたので~~_{M´}, ~~私はその仕事を~~_{S´}~~する~~_{V´}ことが_助~~できた~~。
（直訳：彼女の助けは私がその仕事をするのを可能にした）

V部分の詳述 **可能な限り V 本来のニュアンスを和訳に盛り込む！**
知らない動詞 ⇒**訳出不要**（時制は当然考慮する：-ed であれば過去形で訳す）
知っている動詞⇒V´ に，V 本来の意味を元にして，**助動詞や副詞のニュアンスを加える**

例文の V である enable「可能にする」の場合，意味がわからなければ無視して「する」と訳し，意味を知っていれば助動詞 can のニュアンスを文意に付け加えればOKです。enable も cause も基本単語なので，この本の読者には常識でしょうが，この発想は知らない単語が出てきたときに役立ちます。

「一般論を把握する」「解答に必要な内容を見極める」という2つのポイントを踏まえ，ルールを活用し，解答を作ってください。ちなみに，5行目 Often a child ～以降の内容はあくまで具体例なので，基本的に解答に入れる必要はありません。

問題の解説は以上ですが，実はこの3・4文目にもう1つ重要なルールが隠されているので，紹介しておきます。

≫≫ *Rule 1* 読解 消えた but に気づいて「主張」を発見する！

主張を伝えるとき，not A but B「A でなく B だ」の形が基本なので，「but のあとには主張がくる」とよく言われます。しかし，実際にはこの形がそのまま使われるとは限りません。not A で文が切られ，（文が切られた以上は直後にある接続詞 but は不要になるので）not A. {~~But~~} B. という形がよく使われるのです。ですから，**not があればそのあとに肯定文がくることが多い**わけです。その肯定文の前

にButを補って意味が通れば，その肯定文は**筆者の主張**と言えます。

消えたbutを見つけ出す

■ **基本の形**

　not A（一般論）but B（主張）

■ **Butが消滅する**

　not A. B̶u̶t̶ B.　（Aの後ろにピリオドがあれば，接続詞Butは不要）

■ **Butのバリエーション**（消えるだけでなく，But以外の単語が使われることも多い）

not A.

Indeed B.	Aではない。（Aではなくて）実際はBだ。
Instead B.	Aではない。（Aではなくて）その代わりにBだ。
In fact B.	Aではない。（Aではなくて）実際はBだ。
Rather B.	Aではない。（Aではなくて）むしろBだ。

補足 not only A but also B「AだけでなくBも」でもbutが消えることがよくあります。

では，この視点で今回の英文をもう一度見直してみましょう。

~ praising a child as 'clever' may not help her at school. In fact, it might cause her not to try her best.

Butのバリエーション　　筆者の主張！

　見事にnotの後ろのbutが消え，代わりにIn fact以下の下線部で筆者の主張が示されています。この部分は解答を作成する上でも大切な内容でしたね。

　このように，notに注目して「butが消えるのではないか」「代わりにIn factやIndeedが出てくるのではないか」と考えながら読み進めることで，筆者の主張をとらえやすくなるのです。

問2 難易度 ★★☆　思考力

(In short), all [it took to knock these youngsters' confidence, to make them
so unhappy that they lied], was one sentence of praise.
　　　　　　　　　　　　　　　　　　v　　c

■ **takeとallの意味を理解する！**

　主語はall it took to ～, to ...で，allとitの間に関係代名詞が省略されています（itは仮主語，to ～は真主語です）。**ここでのtakeは「必要とする」という意味**です。「時間がかかる」の意味は有名ですが，時間だけでなく，気持ちや労力を「必要とする」という意味でも使われます。

よって，直訳「to以下するのに必要なすべては〜だった」→「to以下するのに必要だったのは〜だけだった」となります。**all**は，今回のように「限界点」が強調され，「だけ」と訳した方が自然になることがよくあります（All S have to do is {to} 原形．「Sがしなければいけないすべてのことは〜することだ」→「Sは〜するだけでよい」などが有名ですね。

■ knock と unhappy をどう訳すか？

knock these youngsters' confidence は「若者の自信を**叩きのめす・打ち砕く**」くらいに訳せばOKです。この時点では内容が抽象的で訳しにくいかもしれませんが，そのあとのコンマは「同格」で，knock 〜の内容を具体的に説明しています。

続く make them so unhappy that they lied は，so 〜 that構文になっています。「結果（とても〜なので…だ）」か「程度（…するほど〜だ）」で考え，「嘘をつくくらいunhappyにさせてしまう」などと訳せばOKです（ここでのunhappyは「不幸」だと不自然な意味になるので，「**惨めな**」や「**満足していない，納得していない**」などとしましょう）。

最後にCの部分は，one sentence of praise を「たった一言の褒め言葉」と表します。one sentence は「一言」でも「一文」でもOKです。

> ここが　思考力　▶ 「**並列**」ではなく「**同格**」だと見抜く

真主語の to knock these youngsters' confidence と，続く to make them so unhappy that they lied は，コンマだけで結ばれています。ということは，これは**並列**（andを使って結ぶ）ではなく**同格**（コンマで補足する）だと判断できます。

文の内容からすると，並列で「AとB」のようにとらえたくなりますが，勝手な解釈は許されません。ここでは同格と考え，「**A，つまりB**」と解釈するところなのです。これは，「**形から考える**」という思考力が求められている問題と言えるのです。

問3　難易度 ★★☆

■「テーマの提示」→「回答」という流れ

下線部は疑問文なので，疑問文に関する重要なルールを確認しておきましょう。

>>> *Rule 6* 読解 「疑問文」の大事な役割を意識する！

長文を読んでいるときに疑問文が出てきたら，その位置によって，以下のように考えてみてください。

> **疑問文の役割と位置**
> （1）**段落の頭**に疑問文がある　→**テーマの提示**
> （2）**文章の最後**に疑問文がある　→**反語**（まれに予想できない未来に対する疑問の投げかけ）
> （3）その他：**英文の途中**など　→「テーマ」か「反語」かは文脈判断

特に**テーマの提示**は重要です。その文章全体（もしくは文章の途中まで）の「お題」を提供するからです。テーマを意識することで，今読んでいる内容が「脱線」なのか，「大事なところ」なのかの判断ができるようになります。そもそもテーマに関する内容は間違いなく問題として問われるので，ここを意識するかどうかで，長文問題全体の出来にかかわってくるとも言えるのです。

ちなみに第1段落の後半に2つの why 〜? の疑問文がありますが，これらは**反語**として使われています。

下線部 Why are we so committed to praising our children? は，このルールにのっとると**段落の頭→テーマの提示**に当たります。「どうして私たちはこれほど熱心に子どもたちを褒めようとするのだろうか」とテーマを提示しているわけです。これに対する答えを探していきましょう。

■「どうして」に対する答え

まず下線部の直後に In part, we do it to demonstrate that we're different from our parents. とあり，この「**自分の親とは違うことを示す**」が解答に必要な1つ目のポイントです。

ただし，in part「1つには，一部分において」とある以上，この内容だけでは不十分です。「自分の親とは違う」だけで，実際に「自分の親とはどのように違うのか」という具体的な内容を説明する必要があります。

■「親世代が子どもをどのように扱っていたか」を説明する

31行目に a mother would disparaise her child automatically とあり，この「**自分の親は子どもを考えることなく非難していた**」という内容が解答に必要な2つ目のポイントです（このwouldは「過去の習慣」を表しています）。

ちなみに，この前後では固有名詞がたくさん使われており，親が子どもを非難していた具体例が示されていますが，今回は具体例まで解答に含める必要はありません。

■「現在」は子どもをどう扱っている？

　また，第4段落の冒頭に Now, ～とあるので，ここに「現在の親が子どもをどう扱っているか」が書かれていると判断します。

　「過去の習慣を表す would」と「現在を表す now」に注目することで，過去と現在がどう違うのかを本文から効率よく探すことができます（Now などを使った「過去と現在の対比」はよく出てきます。**Rule 22** ⇒ p.85で詳しく解説します）。

　第4段落では，1文目で「現在」の具体例が述べられ，3文目でまとめられています。

Admiring our children may temporarily lift our self-esteem (by signaling (to those [around us]) what fantastic parents we are and what terrific kids we have) — but ～.

---

　by 以下は，元々 signal A and B to ～「A と B を～に示す」の形ですが，目的語 (A and B) が長いので後回しになり，**signal (to ～) A and B**「(～に) A と B を示す」の語順になっています。この文の内容が解答に必要な3つ目のポイントです。

　以上のポイント3つを70字以内にまとめれば完成です。自分の解答を見て，①**自分の親とは違う**，②**自分の親は子どもを考えることなく非難していた**，③**子どもを褒めて，自分と子どもがいかにすばらしい親子かを周囲に示すことで，自尊心を高める**という3点が含まれているか確認してください。

問4 難易度 ★★★

■解答に必要な内容はどこからどこまで？

　doing much the same thing「ほとんど同じことをすること」が指す内容が問われています（much the same「ほとんど同じ」という表現）。

　直後に giving out empty praise the way an earlier generation gave out thoughtless criticism とあり，まずはこの内容を解答に含めます（in the way S′V′「S′ が V′ する方法で［V′ するように］」では in が省略可能で，ここでは the way S′V′ となっています）。

ただし，これだけでは「親は批判していて／自分たちは褒めている」という内容はわかりますが，**「どう同じなのか」**が説明できていません。emptyとthoughtlessから「中身がないのが同じだ」と考え，それを説明する必要があります。ここで，そのあとのIf we do it to 〜に注目してください。

≫≫ *Rule 9* 読解 Ifを見たら「具体例」と考える！

■ **Ifを見つけたら具体例！**
　「文章中にIfが出てきたら，その文から具体例が始まる」という法則があります。

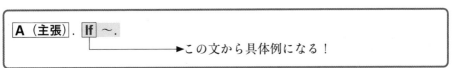

　何かを主張したあと，「例えば<u>もし</u>こういう状況になった<u>としたら</u>」というふうにIfを使うわけです。

　ただし，Ifは大半の場合は具体例の目印になるのですが，**たまに純粋には具体例とは言えない内容を導くこともあります。**「たまにはそういうこともある」程度に流してもいいのですが，補足しておくと「（具体例ではなく）前の文の補足」を導くときで，「（例えば）もし〜の場合は」とちょっとした補足がくることがあります。例えば，先生が生徒に説明したあと，If you need help, ask someone in your school.「もし助けが必要ならば，学校の誰かに聞くようにしなさい」と補足する感じです。いずれにせよ，「Ifから始まる文は，前の内容をより詳しく説明する」と考えると，効率的な読み方ができますよ。

補足 固有名詞も同じような「具体例が始まる」目印になり，英文中ならどこにあっても（文頭でも文中でも）OKなのですが，Ifの場合は必ず文頭にきます。そのため，大文字を使ってIfと表記しました（文頭にTodayなどの副詞句がくることもまれにありますが）。

　では，この視点を持って，40〜43行目を見てみましょう。

【第4段落 3・4文目】
〜 giving out empty praise the way an earlier generation gave out thoughtless criticism. If we do it to avoid thinking about our child and her world, and about what our child feels, then praise, just like criticism, is ultimately expressing our indifference.

If以下の部分はgiving 〜 criticismの具体例を示しているので，内容自体は前文

と同じはずですから，ここから解答に使えそうな内容を拾えばよいのです。

　すると，この文の後半then praise, just like criticism, is ultimately expressing our indifferenceで，どういう点で親世代と「同じ」なのかが説明されています。よって，「褒め言葉は親の世代が子どもに浴びせた思いやりのない非難と同じこと」「褒め言葉は子どもへの無関心を表していること」を解答に加えればOKです。

　ちなみに今回はIfを軸にして考えましたが，実はもう1つ大きなヒントとして，**just like ～「ちょうど～のように」**があります。これは反復を示唆する表現なので, just like criticism「ちょうど批判と同じように」に注目すれば,「どう同じか」を見抜くヒントになるのです。

問5 難易度 ★★☆

≫≫ *Rule 33* 読解 　省略は「機械的に」補う！

> 　和訳問題でも下線部説明問題でも，どんな形式であっても，省略が起きていたらまずはその省略部分を補って考えるようにしましょう。数学でいうところの「補助線を引く作業」です。補助線を引くことでポイントが見えやすくなるのと同じで，**省略を補うことで解決の糸口が見えやすくなります。**
>
> 　省略を補うときのポイントは，日本語なら「文脈」で補うことも多い（その場の「空気を読む」）のですが，英語では**「省略を機械的に補う（動詞が中心になることが多い）」**のが原則です。文脈よりも「形」を優先して考えるのです。

■まずは「形」から考える

　省略を何となく意味から考えるのではなく，まずは「形」から考える姿勢が大切です。下線部の疑問文の省略を機械的に補うと, if praise doesn't build a child's confidence, what <u>does</u> ? → if ～, what <u>builds a child's confidence</u>?「もし～なら，何が子どもの自信を育むのだろうか」となります。

　そして，この疑問文はwhatで始まっていますから，**名詞で答える**必要があります。presentやattentiveは形容詞なので，今回はNGです。

　また，60行目にBeing present builds a child's confidenceとあり，下線部の疑問文と同じ形で疑問文に対して答えていますが，being presentは1語ではないのでこれもNGです。ただし，being presentは内容的には正解です。これを言い換えた表現がないか，さらに探していくと正解にたどり着けます。

■〈**this** ＋ 名詞 〉に注目する

　最終段落の65～66行目に，But isn't this attentiveness — the feeling that someone is trying to think about us — something we want more than praise? とあります。ここで〈this ＋ 名詞 〉に注目すれば，**これまでの being present などを含む内容を this attentiveness でまとめている**とわかります（**Rule 4** ⇒ p.17）。attentiveness は1語（名詞）なので，これを正解と判断すればOKです。

　attentiveness 自体はなじみのうすい単語でしょうが，attention「注意」や attend to 〜「〜に注意を向ける」から意味を推測したいところです。ちなみに，attend to 〜の形容詞形が attentive「注意深い，気配りのできる」，名詞形が attentiveness「注意深さ，気配り」です。

■ 答えとなる「理由」

　60～61行目 Being present builds a child's confidence because it lets the child know that she is worth thinking about. が，下線部の疑問文に対してそのままの形で答えていましたね。また，この what を言い換えた being present が attentiveness の言い換えでもあります。つまり，「attentiveness が答えとなる理由」については，**続く because 〜以下の「being present が答えとなる理由」を明らかにすれば**よいわけです。

　it はもちろん being present を指しているので，「そばにいてくれること／気にかけてもらうこと」と訳せばOKです（その前段落の内容を考慮すると，「子どものそばでその行動と言葉に注意を向けること」とわかります）。

　because 以下が解答のポイントになることには多くの受験生が気づいたでしょうが，it が指す内容をきちんと説明できるかどうかがポイントになるわけです。ちなみに，ここも let O C という **SVOC** の形なので「S によって O が C する」と訳すときれいな訳になります（**Rule 82** ⇒ p.59）。「〜に注意を向けることで，子どもが，〜とわかる[知る]から」とすればOKです。

■ some と others の対比

空所（　A　）を含む文（12〜14行目）は，some と others で対比されています。

> Some were praised for their (　A　) — 'You did really well, you're so clever';
>
> others {were praised} for their hard work — 'You did really well, you must have tried really hard.'

空所には，「**so clever を表す内容**」かつ「**their hard work と対比される内容**」が入るはずなので，③の intellect が適切だと考えます。

■ 因果表現を理解する

空所（　B　）を含む文（16〜17行目）に関しては，直後の文でさらにその内容に情報を付け加えています。They also showed more resilience and tended to attribute their failures to insufficient effort, not to a lack of intelligence. で，「彼らは間違えたことを，lack of intelligence ではなく，insufficient effort（努力不足）が原因だと考える傾向にあった」と述べています。〈**attribute** 結果 **to** 原因〉「結果 を 原因 によるものだと考える」という因果表現ですね（***Rule 16*** ⇒p.40）。よって，（　B　）には effort が入ると判断すれば OK です。

そのあとも，ずっと「頭のよさを褒められた子どもにはマイナスの影響がある」と説明されています。つまり，「努力を褒められるとプラスの影響」⇔「頭のよさを褒められるとマイナスの影響」という対比になっているわけです。

文構造の分析

1 ¹(Nowadays), we praise our children. ²Praise, self-confidence and academic performance, (it is commonly believed), rise and fall together. ³But

［一般論の合図］

current research suggests otherwise — (over the past decade), a number of studies [on self-esteem] have come (to the conclusion ⟨that praising a child

［同格の that］

as 'clever' may not help her at school⟩). ⁴(In fact), it might cause her not to try her best. ⁵Often a child will react to praise (by quitting) — why make a new drawing (if you have already made 'the best')? ⁶Or a child may simply repeat the same work — why draw something new, or in a new way, (if the old way always gets applause)?

訳 ¹近頃，私たち大人は子どもを褒める。²一般的には，褒めることと自信と学業の成績は連動して上下すると考えられている。³しかし，現在の研究はそうではないと示唆している。過去10年にわたり，自尊心に関する多くの研究が，子どもを「頭がいい」と褒めてもその子の成績には寄与しないだろうという結論に達している。⁴それどころかそのせいで，その子は全力を尽くさないようになってしまうかもしれない。⁵子どもはしばしば，褒められるとやめてしまうという反応を示す。もう「最高」のものができているのに，どうして新しい絵を描く必要があるだろうか。⁶あるいはただ同じ作業をくり返すだけになるかもしれない。元のやり方をやれば絶対褒めてもらえるのに，どうして新しい絵を描いたり，新しいやり方で描いたりするだろうか。

語句 ¹praise 動 褒める／²self-confidence 名 自信／academic performance 学業の成績／commonly 副 一般に／³otherwise 副 違ったふうに／on 前 〜に関する／self-esteem 名 自尊心／come to the conclusion that 〜 〜という結論に達する／⁵drawing 名 絵，絵画／⁶applause 名 拍手，賞賛

文法・構文 ⁵why make 〜 'the best'? は修辞疑問文（反語）で，直訳「もう『最高』のものができているのに，どうして新しい絵を描く必要があるだろうか」→「『最高』であると褒めてもらえているのだから，新しい絵を描く必要性を感じなくなる」ということです。⁶直訳 why draw 〜 applause? は「古いやり方がいつも褒めてもらえるなら，どうして新しいものを描いたり，新しい方法で描いたりするだろうか」→「古いやり方でいつも褒められているので，新しくものを描いたり，新たな方法で描いたりする必要性を感じなくなる」ということです（前文と同様，「反語」です）。

2 ¹(In a now famous 1998 study of children [aged ten and eleven]), psychologists Carol Dweck and Claudia Mueller asked 128 children to solve a series of mathematical problems. ² (After completing the first set of simple exercises), the researchers gave each child just one sentence of praise. ³ Some were praised (for their intellect) — 'You did really well, you 're so clever'; others (for their hard work) — 'You did really well, you must have tried really

were praised の省略

hard.' ⁴ Then the researchers had the children try a more challenging set of problems. ⁵ The results were dramatic. ⁶ The students [who were praised (for their effort)] showed a greater willingness [to work out new approaches]. ⁷ They also showed more resilience and tended to attribute their failures (to

因果表現

insufficient effort, not to a lack of intelligence). ⁸ The children who had been praised (for their cleverness) worried more about failure, tended to choose tasks [that confirmed what they already knew φ], and displayed less tenacity (when the problems got harder). ⁹ Ultimately, the thrill [created by being told 'You're so clever'] gave way to an increase [in anxiety] and a drop [in self-esteem, motivation and performance]. ¹⁰ (When asked by the researchers to

副詞節中の S′＋be の省略

write to children [in another school], (recounting their experience)), some of the 'clever' children lied, (inflating their scores). ¹¹ (In short), all [it took to knock these youngsters' confidence, to make them so unhappy that they lied], was one sentence of praise.

訳 ¹ 今では有名な，10歳および11歳の子どもを対象にした1998年の研究で，心理学者のキャロル・ドゥエックとクラウディア・ミューラーは128人の子どもたちに一連の算数の問題を解いてもらった。² 最初の一連の簡単な問題を解き終えると，研究者たちは一人一人の子どもに一言だけ褒め言葉をかけた。³「よくできたね。君はとても頭がいいね」と頭のよさを褒められた子もいれば，「よくできたね。とても頑張ったんだね」と頑張りを褒められた子もいた。⁴ それから研究者たちは子どもたちに，もっと難しい一連の問題に取り組ませた。⁵ 結果は劇的だった。⁶ 頑張りを褒められた生徒のほうが，はるかに意欲的に新しい解法を考え出そうとした。⁷ 彼らは立ち直りもはやく，間違えたことを知識不足のせいにするのではなく努力不足が原因だと考える傾向があった。⁸ 頭のよさを褒められた子どもたちは，より間違えることを心配し，すでに知っていることを確認するような問題を選びがちで，問題が難しくなるとあまり粘らなかった。⁹ 結局のところ，「とても頭がいいね」と言われることによって生み出されるわくわく感は，不安の増大と，自尊心，意欲，成績の下降に屈してしまった。¹⁰ 別の学校の子どもたちに手紙を書いて自分の経験を詳しく述べるように研究者から言われると，「頭のいい」子どもたちの一部は嘘をつき，自分の成績を誇張して述べた。¹¹ 要するに，この子どもたちの自信を打ち砕く，つまり惨めさのあまり嘘をつかせるのに必要だったのは，たった一言の褒め言葉だけだったのだ。

語句 ¹aged 〜 〜歳の／²complete 動 完了させる／³intellect 名 知性／⁴〈have 人 原形〉 人 に〜させる／challenging 形 難易度の高い／⁶willingness to 原形 〜する意欲／work out 考え出す／⁷resilience 名 立ち直る力／〈attribute 結果 to 原因〉 結果 を 原因 のせいにする／insufficient 形 不十分な／⁸confirm 動 確認する，間違いのないことをはっきりさせる／tenacity 名 粘り強さ／⁹thrill 名 わくわく感／give way to 〜 〜に屈する，（感情などに）負ける／¹⁰write to 〜 〜に手紙などを送る／recount 動 〜について話す／lie 動 嘘をつく／inflate 動 誇張する／¹¹all it takes to 原形 〜 is ... 〜するのに必要なのは…だけである／knock 動 打ち砕く／youngster 名 若者，子ども

文法・構文 ⁹直訳「結局『とても頭がいいね』と言われることによって生み出されるわくわく感は，不安の増大と，自尊心，意欲，そして成績の下降に屈した」→「結局『とても頭がいいね』と言われてわくわくしても，不安が増大し，自尊心，意欲，成績が下がる結果を招くだけだった」ということです。

3 ¹Why are we so committed to praising our children? ²(In part), we do it (to demonstrate ⟨that we 're different from our parents⟩). ³(In *Making Babies*), a memoir [about becoming a mother], Anne Enright observes, '(In the

Making Babies の同格

old days — [as we call the 1970s φ]), (in Ireland) — a mother would dispraise her child automatically. ⁴"She 's a monkey," a mother might say, or "Street angel, home devil." ⁵It was all part of growing up (in a country [where praise of any sort was taboo]). ⁶(Of course), this wasn't the case (in Ireland alone).

訳 ¹どうして私たちはこれほど熱心に子どもたちを褒めようとするのだろうか。²1つには，自分が自分の親とは違うということを証明するためである。³母親になることについての回顧録『メイキング・ベイビーズ』の中で，アン・エンライトは次のように述べている。「昔，1970年代のアイルランドでは，母親は考えることなくわが子をけなしたものでした。⁴『あの子はサルみたいな子よ』，あるいは『外では天使だけど，家の中では悪魔よ』などと母親が言うのです。⁵すべて，どんな種類の褒め言葉もタブーの国で育つことには付き物でした」⁶もちろんこれは，アイルランドに限った話ではなかった。

語句 ¹be committed to -ing 〜することに熱心である／²in part 1つには／demonstrate 動 示す／³memoir 名 回顧録 ※発音は[mémwɑːr]。／observe 動 述べる／dispraise 動 けなす／⁵taboo 名 タブー／⁶case 名 （通例 be the case の形で）事実

文法・構文 ³would は「過去の習慣（〜したものだった）」を表しています。

4 ¹Now, (wherever there are small children), you will hear the background music of praise: 'Good boy,' 'Good girl,' 'You 're the best.' ²Admiring our children may temporarily lift our self-esteem (by signaling (to those [around us〕) what fantastic parents we are and what terrific kids we have) — but it isn't doing much (for a child's sense of self). ³ (In trying so hard to be different from our parents), we 're actually doing much the same thing — (giving out empty praise (the way an earlier generation gave out thoughtless criticism)). ⁴ (If we do it (to avoid thinking about our child and her world, and about what our child feels φ)), then praise, (just like criticism), is ultimately expressing our indifference.

> **訳** ¹今では，幼い子どもがいるところではどこでも，BGM に褒め言葉が聞こえるだろう。「いい坊やね」「いい子ね」「あなた最高よ」といった褒め言葉だ。²自分の子どもを褒めちぎると，自分がどんなに素晴らしい親で自分にはどんなにすごい子どもがいるのかを周りの人に知らしめることで，自分たちの自尊心が一時的に高まるかもしれない。しかしそれには，子どもの自意識に対する効果はあまりない。³自分の親とは違うことをしようと躍起になりながら，実際には似たり寄ったりのことをしているのだ。親世代の人たちが思いやりのない非難を浴びせていたのと同じように，私たちも中身のない褒め言葉を発しているのだ。⁴自分の子どもとその世界について，また自分の子どもが感じていることについて考えるのを避けるためにそうしているのなら，褒め言葉は批判と同じで，結局は私たちの無関心を表しているのだ。

> **語句** ²admire 動 称賛する／temporarily 副 一時的に／lift 動 上げる／signal to ～ *A* and *B* A と B を～に示す／fantastic 形 素晴らしい／terrific 形 素晴らしい／do much for ～ ～に貢献する／*one's* sense of self ～の自意識，個性（の自覚）／³much the same ほぼ同じ，似たり寄ったりの／give out 言い放つ／empty 形 空の，中身のない／thoughtless 形 思いやりのない／⁴indifference 名 無関心

> **文法・構文** ⁴1つ目の and は名詞2つ（our child／her world），2つ目の and は前置詞句2つ（about our child and her world／about what our child feels）を結んでいます。

5 Which brings me (to a problem) — (if praise doesn't build a child's confidence), what does?

> **訳** ここで疑問が浮かぶ。褒め言葉が子どもの自信を育まないなら，何が子どもの自信を育むのだろうか。

> **文法・構文** 関係代名詞が非制限用法で用いられ，前文の内容を受ける場合，この英文のように関係詞節を独立させた文（つまり関係代名詞から始まる文）になることがあります。

6 ¹Shortly (after qualifying as a psychoanalyst), I discussed all this (with an eighty-year-old woman 〔named Charlotte Stiglitz〕). ²Charlotte taught remedial reading (in northwestern Indiana) (for many years). ³'I don't praise a small child (for doing what they ought to be able to do φ),' she told me. ⁴'I praise them (when they do something really difficult — 〔like sharing a toy

or showing patience]). ⁵I also think 〈 it is important to say "thank you〉."
⁶(When I 'm slow (in getting a snack for a child), or slow to help them and
they have been patient), I thank them. ⁷But I wouldn't praise a child [who
is playing or reading].'

訳 ¹精神分析医の資格を得た直後、私はシャーロット・スティグリッツという80歳の女性とこのことすべてについて話し合った。²シャーロットは長年、インディアナ州北西部で、読書力を補強するための指導をしていた。³「私は幼い子どもが出来て当然のことをしても褒めたりしませんよ」と彼女は私に言った。⁴「私が褒めるのは、おもちゃを貸してあげたり忍耐力を示したりと、本当に難しいことをしたときです。⁵それから『ありがとう』と言うことも重要ですね。⁶私が子どもたちにおやつを用意するのが遅れていたり、なかなか手伝ってあげなかったりするときに我慢できていたら、ありがとうと言います。⁷でも遊んだり、本を読んだりしている子どものことは褒めてあげません」

語句 ¹qualify as 〜 〜としての資格を得る／psychoanalyst 图 精神分析医／⁴patience 图 忍耐／⁶patient 厖 忍耐強い

7 ¹I once watched Charlotte (with a four-year-old boy, [who was drawing]).
²(When he stopped and looked up (at her) ― perhaps expecting praise ―)
she smiled and said, 'There is a lot of blue (in your picture).' ³He replied,
'It 's the pond [near my grandmother's house] ― there is a bridge.' ⁴He
picked up a brown crayon, and said, 'I 'll show you.' ⁵(Unhurried), she
talked to the child, but (more importantly) she observed, she listened. ⁶She
was present.

訳 ¹私は一度、シャーロットがお絵かきをしている4歳の男の子と一緒にいる様子を見ていたことがある。²男の子がお絵かきの手を止めて、おそらく褒め言葉を期待しながら彼女を見上げると、彼女はほほ笑んでこう言った。「あなたの絵には青が多いわね」³男の子はこう答えた。「これはね、おばあちゃんの家の近くの池なんだ。橋が架かってるんだよ」⁴彼は茶色のクレヨンを手に取って「見せてあげるね」と言った。⁵彼女はゆっくりと彼に話しかけていたが、もっと重要なのは、彼女が彼を観察し、彼の話を聞いていたことだった。⁶彼女は彼のそばにいてあげたのだ。

語句 ³reply 働 返事をする／⁴crayon 图 クレヨン／⁵unhurried 厖 急がない／⁶present 厖 いる

8 ¹Being present builds a child's confidence (because it lets the child
know 〈that she is worth thinking about〉). ²(Without this), a child might

if節の代用表現　　仮定法過去

come to believe 〈that her activity is just a means [to gain praise], (rather than
an end in itself)〉. ³How can we expect a child to be attentive, (if we 've

<u>not been _c attentive to her</u>）？

> **訳** **¹**そばにいてあげることが子どもの自信を育むのは，それによって子どもが，自分は気にかけてもらうに値する存在だということを知ることができるからである。**²**これがないと子どもは，自分の行動はそれ自体が目的なのではなく褒められるための手段にすぎないと思い込むようになりかねない。**³**私たちが子どもを気にかけてこなかったのに，子どもが気配りのできる子になることなどどうして期待できようか。

> **語句** **²**means 名 手段（単複両扱い）／end 名 目的／in oneself（通例 in itself, in themselves の形で）それ自体は，本来は／**³**attentive 形 気配りのできる

> **文法・構文** **³**直訳「私たちが子どもを気にかけてこなかったのなら，どうして子どもが気配りのできるようになることが期待できるだろうか」→「私たちが子どもを気にかけなければ，子どもも気配りできなくなる」という「反語」です。

9 **¹**Being present, （whether with children, with friends, or even with oneself）,
_s
is always hard work. **²**But isn't this attentiveness — the feeling ⟨that
_v   _c   _v   _s
                                            [attentiveness の同格]
someone is trying to think about us⟩ — something [we want φ more than
_{s'}   _{v'}   _{o'}   _c
praise]?

> **訳** **¹**そばにいてあげることは，子ども相手でも，友達相手でも，あるいは自分相手でさえも，いつでも骨の折れることだ。**²**しかし，この気配りという，誰かが自分のことを考えてくれようとしている感覚こそ，私たちが褒め言葉以上に望んでいるものではないだろうか。

> **語句** **²**attentiveness 名 気配り

> **文法・構文** **¹**whether は本来接続詞で，whether {it is} with children, 〜のように it is が省略されていると解釈できます（it = being present）。

Nowadays, // we praise our children. // Praise, // self-confidence // and academic performance, // it is commonly believed, // rise and fall together. // But current research suggests otherwise // — over the past decade, // a number of studies on self-esteem / have come to the conclusion that praising a child as 'clever' / may not help her at school. // In fact, // it might cause her not to try her best. // Often a child will react to praise by quitting // — why make a new drawing if you have already made 'the best'? // Or a child may simply repeat the same work // — why draw something new, // or in a new way, // if the old way always gets applause? //

In a now famous 1998 study of children aged ten and eleven, // psychologists Carol Dweck and Claudia Mueller / asked 128 children to solve a series of mathematical problems. // After completing the first set of simple exercises, // the researchers gave each child just one sentence of praise. // Some were praised for their intellect // — 'You did really well, / you're so clever'; // others for their hard work // — 'You did really well, // you must have tried really hard.' // Then the researchers had the children try a more challenging set of problems. // The results were dramatic. // The students who were praised for their effort showed a greater willingness / to work out new approaches. // They also showed more resilience / and tended to attribute their failures to insufficient effort, // not to a lack of intelligence. // The children who had been praised for their cleverness worried more about failure, // tended to choose tasks that confirmed what they already knew, // and displayed less tenacity when the problems got harder. // Ultimately, // the thrill created by being told // 'You're so clever' // gave way to an increase in anxiety // and a drop in self-esteem, / motivation / and performance. // When asked by the researchers to write to children in another school, / recounting their experience, // some of the 'clever' children lied, // inflating their scores. // In short, // all it took to knock these youngsters' confidence, / to make them so unhappy that they lied, // was one sentence of praise. //

Why are we so committed to praising our children? // In part, // we do it to demonstrate that we're different from our parents. // In *Making Babies*, // a memoir about becoming a mother, // Anne Enright observes, // 'In the old days // — as we call the 1970s, / in Ireland — // a mother would dispraise her child automatically. // "She's a monkey," // a mother might say, // or "Street angel, / home devil." // It was all part of growing up in a country where praise of any sort was taboo.' // Of course, this wasn't the case in Ireland alone. //

Now, // wherever there are small children, // you will hear the background music of praise: // 'Good boy,' / 'Good girl,' / 'You're the best.' // Admiring our children may temporarily lift our self-esteem / by signaling to those around us / what fantastic parents we are / and what terrific kids we have // — but it isn't doing much for a child's sense of self. // In trying so hard to be different from our parents, // we're actually doing much the same thing // — giving out empty praise / the way an earlier generation gave out thoughtless criticism. // If we do it to avoid thinking about our child and her world, // and about what our child feels, // then praise, // just like criticism, // is ultimately expressing our indifference. //

Which brings me to a problem // — if praise doesn't build a child's confidence, // what does? //

Shortly after qualifying as a psychoanalyst, // I discussed all this with an eighty-year-old woman named Charlotte Stiglitz. // Charlotte taught remedial reading in northwestern Indiana for many years. // 'I don't praise a small child for doing what they ought to be able to do,' // she told me. // 'I praise them when they do something really difficult // — like sharing a toy or showing patience. // I also think it is important to say "thank you." // When I'm slow in getting a snack for a child, / or slow to help them and they have been patient, // I thank them. // But I wouldn't praise a child who is playing or reading.' //

I once watched Charlotte with a four-year-old boy, / who was drawing. // When he stopped and looked up at her // — perhaps expecting praise — // she smiled and said, / 'There is a lot of blue in your picture.' // He replied, // 'It's the pond near my grandmother's house // — there is a bridge.' // He picked up a brown crayon, / and said, // 'I'll show you.' // Unhurried, // she talked to the child, // but more importantly she observed, // she listened. // She was present. //

Being present builds a child's confidence / because it lets the child know that she is worth thinking about. // Without this, // a child might come to believe that her activity is just a means to gain praise, // rather than an end in itself. // How can we expect a child to be attentive, / if we've not been attentive to her? //

Being present, // whether with children, / with friends, / or even with oneself, // is always hard work. // But isn't this attentiveness // — the feeling that someone is trying to think about us — // something we want more than praise? //

Lesson 4　解答・解説

▶問題 別冊 p.17

このLessonで出てくるルール

Rule 29	読解	本文の前に「語句の注釈」と「設問」をチェック!
Rule 47	解法	「入れ替え」選択肢のパターン(比較級)⇒A1
Rule 57	解法	設問文を正確に把握する! ⇒A2
Rule 35	読解	長文単語・語句をマスターする!(potential)⇒A2
Rule 17	読解	「前後関係」の表現に注目!(follow)⇒A3
Rule 42	解法	NOT問題の解法 ⇒A4
Rule 22	読解	「対比」を表す表現に反応する! ⇒A6
Rule 24	読解	過去と現在の「対比」を予測する!(new)⇒A6
Rule 47	解法	「入れ替え」選択肢のパターン(原因と結果)⇒A6
Rule 15	読解	「イコール」関係を作る表現に反応する! ⇒B3
Rule 36	読解	「実験・研究」系での頻出表現をマスターする! ⇒B6

解答

A	1. ①	2. ④	3. ⑤	4. ③	5. ④	6. ①
B	1. T	2. T	3. F	4. T	5. F	6. F

■ はじめに

　英文を読む前には,出典にある「タイトル」をチェックするのでしたね(***Rule 28***⇒p.13)。今回の英文の出典を見ると an article in *The Economist* とあります。残念ながら,ここから有益な情報は得られません(*The Economist* は新聞名)。しかし,ほかにも情報源があります。それは語句の注釈と設問です。

⟫⟫ *Rule 29* 読解 本文の前に「語句の注釈」と「設問」をチェック!

(1)「語句の注釈」から英文の内容が予想できる
　「タイトル」をチェックしたあと,今回の英文のように「**語句の注釈**」がたくさんあれば,それもぜひチェックしてください。この時点では,**日本語訳**

をさっと見るだけで十分です。

　例えば今回なら，「伝染病」「免疫システム」「マラリア」「予防接種」などから，英文の内容が「伝染病などの病気の話」ではないかと予測できてしまうのです（もちろん思い込みは禁物ですが）。

(2)「設問」は選択肢までは見ない

　ほかにも**「設問文」**を読むことで，問題として何が問われるのかがわかります。ただし，一気に全部の設問を読む必要はありませんし（5つ以上の設問を読んでもあとで忘れてしまうのが普通でしょう，ボクは2つくらいしか読みません），**チェックするのは設問文のみ**でよく，設問中の選択肢まで読む必要はありません。「選択肢に目を通してキーワードをチェックする」という方法を教える先生も多いのですが，ボクは勧めません。

　その理由の1つは「混乱するから」です。4択問題ならそのうち3つは「ウソの内容」なので，先に選択肢まで読むと，本文を読む前にウソの情報が頭に入ってしまい，混乱する可能性があります。

　2つめの理由は「ブレるから」です。本来，問題を解くには，設問を読み，本文からある程度，「こういう答えだろうな」と自分の中で考える必要があります。自分の中で答えを決めてからそれに近い選択肢を探す姿勢が，特に最難関レベルでは求められるのですが，その「自分で考える」という姿勢がブレてしまいます。

　答えの方向性が決まらないうちに選択肢まで見てしまうと，間違いの選択肢の内容に惑わされてしまうものなのです（誰しも経験があると思います）。

　ちなみに，今回の語注にある語句は，最難関大学を目指すのであれば当然知っておくべきものばかりなので，ここでしっかりチェックしておきましょう。

※pathogens「病原菌」, intestinal worms「回虫」以外はすべて知っておくべき語句です（worm「虫，毛虫」自体は基本単語）。

Lesson 4の英文の語注
- [ ] infectious disease「伝染病」＝＊1　※infection「感染」も大事です。
- [ ] parasites「寄生虫」＝＊2
- [ ] metabolic「（新陳）代謝の」＝＊4
  　　※「メタボリック・シンドローム」を連想しがちですが，metabolic自体は「新陳代謝の」という意味にすぎません。
- [ ] immune system「免疫システム」＝＊5
- [ ] malaria「マラリア」＝＊6
  　　※mal-「悪い」とaria（=air）で，本来は「悪い空気に感染する病気」だと思われたことに由来（実際は蚊によって感染）。

□ diarrhea「下痢」＝＊8
　　※死因となることが多いので，キーワードとしても大事ですし，病院での会話でもよく聞きます。
□ asthma「喘息」＝＊9
□ vaccination「予防接種」＝＊10
　　※"vaccin" の部分が「ワクチン」を表します。この関連を利用して覚えてみてください。

A の指示文の訳

それぞれの問いに対し，本文の内容と一致する最適な答えを選びなさい。

1 難易度 ★★☆

まずは設問文の重要語句をチェックしましょう。*be* concerned about ～「～を心配している」，the effects of parasites and pathogens on young children「幼い子どもに対する寄生虫と病原菌の影響」です。effect of *A* on *B* で「A が B に与える影響」です（「主格の of」と「影響を与える対象への on」がポイント）。

さて，本文中の該当箇所ですが，第1段落最終文（9〜11行目）に「寄生虫や病原菌が蔓延している国は〜病気の影響に苦しめられる」とあり，第2段落からその**理由**が書かれています。13〜16行目 They note that the brains of newly-born children require 87% of those children's metabolic energy. In five-year-olds the figure is still 44% and even in adults the brain — a mere 2% of the body's weight — uses about a quarter of the body's energy. から，「子どもの脳には大人の脳よりもエネルギーが必要だ」とわかります。さらに，続く Any competition for this energy is likely to damage the brain's development, and parasites and pathogens compete for it in various ways. からは，「エネルギーを巡る争いがあると（必要なエネルギーが足りず）脳の発達に悪影響が出る」「寄生虫や病原菌はこのエネルギーを手に入れようと争う」ことがわかります。**大人よりも多くを必要とする子どもの脳のエネルギーを，寄生虫や病原菌が奪ってしまうわけです。**

これらの内容に合致する，① Their developing brains require more energy than those of adults. が正解です。

③と④の選択肢の内容は，どちらの比較関係も本文では言及されていません。こういった「比較」を利用したひっかけの選択肢はよく見られます。

≫≫ *Rule 47* 解法 「入れ替え」選択肢のパターン（比較級）

内容一致問題では，**比較級**を使った文がよく出てきます。選択肢に比較表現が出てきたらチェックして，きっちりと大小関係（「A＞B」「A＜B」「A＝B」）を把握してください。

「入れ替え」選択肢のパターンの例
本文　　A＞B，C＞D
選択肢　A＜B → ×　　大小関係が逆
　　　　　　A＞D → ×　　AとDを比べているわけではない
　　　　　　A＞B → ○　　大小関係がバッチリOK

設問文と選択肢の訳

なぜ研究者たちは，幼い子どもに対する寄生虫と病原菌の影響をとりわけ問題視しているのですか。

① **発育中［成長中］の脳は成人の脳よりも多くのエネルギーを必要とする。**

② 幼児の免疫システムは成人のものに比べ，まだ発達していない。

→ immune system は20行目に出てきますが，免疫システムについて「幼児 vs. 成人」という比較はしていません。本文にない比較関係を利用したひっかけです。

③ 幼児は成人よりも感染率が高い。

④ 幼児は回復率が成人よりも低い。

⑤ 上記のどれも当てはまらない

2　難易度 ★★☆

≫≫≫ *Rule 57* 解法 設問文を正確に把握する！

　「自分の志望大学の入試には文法問題が出ないから，文法の勉強にはあまり力を入れなくてもいい」と考える受験生もいるのですが，**「文法の力がない」→「設問の意味を把握できない」→「なんとなく読んで答える」→「最難関レベルでなんとなくは通用せずミスする」**となることが多いです。

　試しに，今回の設問文を訳してみてください。「何が発達」や「何を発達させる」という訳になった人は，間違いです。正しくは「何を測る」です。

　文法的に考えると，設問文の文頭には疑問代名詞whatがあるため，後ろには「（名詞が欠けている）不完全」な形がくるはずです。では，どこが欠けているのでしょうか？

　文末の他動詞measureの目的語が欠けていますね。その目的語がwhatになって先頭に出た形なのです。

$$\text{What was} \langle \text{the concept of the DALY} \rangle \text{ developed (to measure } \phi \text{)?}$$

　よって，what と develop には関係がなく，本来の to measure what から「何を測定するために（DALY という概念が発達させられたか）」という意味になるのです。

設問文の意味がきちんと理解できれば，あとは問題ないでしょう。

27行目に DALY が初めて出てきて，その次の文（28〜30行目）で The DALY measures not only potential years of life lost due to early death, but also years of healthy life lost by a person as a result of their being in a condition of poor health or disability. と説明されています。この内容をまとめて表した④ The potential years of active life lost as a result of death or illness が正解です。本文・選択肢の両方で，due to 〜／as a result of 〜「〜が原因で」という因果表現が使われています。

　ちなみに，本文・選択肢で共に **potential** という単語が使われていました。この単語は意味をつかむのに苦労する受験生が多いので，ここで確認しておきます。

≫≫≫ *Rule 35* 読解 長文単語・語句をマスターする！（potential）

　potential は「潜在的な」と習うのですが，「もしかしたら○○!?」と考えてみてください。〈potential 名詞〉は「もしかしたら 名詞 !?」「名詞 かもしれないもの」と考えればいいのです。

　例えば，potential customer は「潜在顧客」と訳されますが，要するに「顧客になるかもしれない人」のことです。ほかにも potential risk は「潜在的危険性」→「もしかしたら危険!?」，potential profit は「潜在的利益」→「もしかしたら儲かる!?」のように考えれば理解できますね。

今回の potential years of life も，「もしかしたらあったかもしれない年数」と考えればOKです。DALY は「死ななかったら生きていた，もしくは病気にならなかったら元気に生きていた年数」を測る指標というわけです。

設問文と選択肢の訳

DALY という概念は何を測るためにあみだされましたか。
① 調整された平均余命
② 発展途上国における1日当たりの寄生虫感染率

③ 障害と健康の逆相関
④ 死亡や病気の結果として失われる活動的な生命の潜在的年数
⑤ 上記のどれも当てはまらない

3 難易度 ★★★

「日本のDALYの値」については**本文中に書かれていません。**他国との比較もありませんので，⑤ None of the above「上記のどれも当てはまらない」を選びます。

選択肢にある他国との比較は，第5段落でIQについて書かれたものです。このIQの「順位」を表すときに，〈～, followed by〉という超重要表現が出ているので，今回は設問に関係しませんが，ぜひチェックしておきましょう。

ここでもルール

Rule 17 読解 「前後関係」の表現に注目！（follow）

followは「追いかける」という訳語だけでは，結局「どっちが先で，どっちがあとか」を瞬時につかめないことがあるので，〈後 **follow** 前〉（つまりfollowは「左向きの矢印（←）」のイメージ）と考えることが必要です。例えば Wine followed the food. は「ワイン ← 食事」，という順番だと理解できますね（ワインは食事のあとに出てきた）。

また，followは受動態で〈前 **is followed by** 後〉も重要です（be followed byは「右向きの矢印（→）」と考える）。The food was followed by wine. は「食事 → ワイン」です（食事のあとにワインが出てきた）。

be followed by ～は分詞構文でも使われます（SV, followed by ～「SVだ。そのあとに～がくる」）。もちろん「矢印（→）」で考えればOKです。

followの理解の仕方

① *A* follows *B*.　　② *A* is followed by *B*.　　③ SV, followed by ～

後 ← 前　　　　　前 → 後　　　　　前 → 後

このルールを踏まえて本文（40～41行目）を見てみましょう。

At the top of the list of countries with the highest average IQ score is Singapore, followed by South Korea. China and Japan tie in third place.

1位　　→　　　　　2位　　　　　同率3位

〈〜, followed by〉を右向きの矢印（➡）と考えると，「1位がSingapore」→「South Koreaが2位」とわかります。そして，直後のChina and Japan tie in third place. から，「日本と中国は同じく3位」だとわかります（このtieは自動詞「同点になる」で，日本語でも「3位タイ」のように使いますね）。

設問文と選択肢の訳

日本のDALYはほかの国に比べてどうですか。
① シンガポールと同じくらい高い　　② カメルーンと同じくらい低い
③ 韓国と同等　　　　　　　　　　④ 中国よりも高い
⑤ 上記のどれも当てはまらない

4　難易度 ★☆☆

今回は設問にNOTとあり，「国によるIQの違いを説明するために**使われなかったもの**」が問われています。

>>> *Rule 42* 解法　NOT問題の解法

（1）**内容一致の原則**
　Rule 29（⇒p.77）で述べたように，長文問題では**設問文を先読み**する（先に設問文に目を通してから英文を読み始める）ことを勧めます。しかし，そのときに選択肢まで先に見る必要はないということも先に述べたとおりです。

（2）**NOT問題は別**
　ただし**NOT問題**（内容に合わない選択肢を選ぶ問題）の場合，選択肢を先に見ておくことは大いにアリです。通常なら選択肢4つのうち3つがウソの内容であっても，NOT問題ならウソは1つだけなのでダメージが少ないのです。
　この解き方が合うかどうかは好みがあると思うので無理にする必要はありませんが，試してみて，自分に合うと思ったら積極的に活用してください。

（3）**NOT問題は「消去法」か「確実に違う部分を見つけ次第即答」**
　また，NOT問題では消去法を使って解答することが多くなりますが，もしも「明らかに本文と反対の内容」の選択肢を見つけたら，即解答を選んでOKです。

設問文中のprevious researchersの研究については, 第7段落1文目 (54〜58行目) に書かれています。Previous research teams have tried to suggest that income, education, low levels of agricultural labor (〜) , and climate (...) could all be explanations for national differences in IQ scores. で, 「収入・教育・気候」が従来の研究者たちが考える国によるIQスコアの差の理由として示されています。

残った選択肢の③ **Ethnicity**「民族性」**は本文中で言及されていませんので**, これが正解となります。

設問文と選択肢の訳

以前の研究者たちが国によるIQの違いを説明するために使わなかったのは下記のもののうちどれですか。
① 気候　　② 教育　　③ **民族性**　　④ 収入　　⑤ 上記のどれも当てはまらない

5　難易度 ★☆☆

diarrhea「下痢」については, 第8段落3文目 (67行目) 以降に書かれています。68〜70行目にIt accounts for one-sixth of infant deaths, and even in those it does not kill, it prevents the absorption of food at a time when the brain is growing and developing rapidly. とあり, これに合致する④ It prevents the absorption of food among children. が正解です。本文のat a time when the brain is growing and developing rapidlyは「子どものとき」を表しているので, 選択肢のchildrenとも合致します。

設問文と選択肢の訳

下記のうち下痢について当てはまるものはどれですか。
① 下痢は, ケニアの子どもの8分の1の人口に対し, 脳の損傷を引き起こしている。
→ 65〜66行目にA study of children in Kenya who survived the version of malaria that occurs in the brain suggests that one-eighth of them suffer long-term damage. とあります。「ケニアの子どもの8分の1の人口に脳の損傷を引き起こす」というものについては本文では言及がなく, 近しい内容として「ケニアの子どもの8分の1が長期にわたる損害を受けている」と本文中で言われているのはmalaria「マラリア」です。
② 知能の発達と共に下痢は増加する。
→ 71〜73行目にThe researchers predict that one type of health problem will increase with rising intelligence. Asthma and other allergies are thought by many experts to be rising in frequency because 〜とあり, 知能の発達と共に増加するのは, diarrheaではなく Asthma and other allergies「ぜんそくやほかのアレルギー」です。
③ すべての赤ん坊の25%は下痢のせいで命を落とす。

→ 68行目 Diarrhea strikes children hard. It accounts for one-sixth of infant deaths で，「乳児の死亡の6分の1は下痢が原因」と述べられていて，選択肢とは合いません。

④ 下痢は子どもが食べ物を吸収するのを妨げる。

⑤ 上記のどれも当てはまらない

6 難易度 ★★☆

設問文中に cause and effect「原因と結果」とあり，正しい因果関係を把握する必要があります。**エッピグ氏は本文全体を通して「病気によって脳の発達が妨げられる」と主張**しており，これさえつかめていれば A Lack of development together with health problems leads to low national IQ scores. を正解として選ぶことができます（〈原因 lead to 結果〉の形は **Rule 16** ⇒ p.40）。

ここで確信を持って答えを選ぶためには，本文全体の中から「筆者の主張」をより明確に把握することが重要です。そのためには**「過去と現在の対比」**がポイントになります。

>>> *Rule 22* 読解 「対比」を表す表現に反応する！

例えば，本文中で「昔は」を表す語句が出てきたら，そのあとに**「しかし今は違う！」**という「現在の内容」がくると予測してください。過去と現在の内容が対比される，典型的なパターンです。この場合，ほぼ間違いなく「現在の内容」が「筆者の主張」になります。

しかも，主張の前に But などの語句が置かれることはまれで，いきなり「現在の内容」＝「筆者の主張」がくるのが，実際の英文の書かれ方です。

下の表の中の表現をチェックしてください。左（「昔は」を表す語句）を見たら，右（「現在」を表す語句）がくると予測するわけです。

「昔は…」のバリエーション	「でも今は…」のバリエーション
☐ ~ ago ~前に	☐ now 今は
☐ at first ~ 初めは~	☐ today 今日は
☐ previously 以前は	☐ these days / nowadays
☐ in former times 以前は	最近は
☐〈in＋過去の西暦〉○○年には	
☐ once かつては	
☐ in the past 昔は	
☐ traditionally / conventionally 昔から，従来は	
☐ originally もとは，初めは	
☐ initially 最初は	
☐ for a long time 長い間	

■ **originally のあとは内容がひっくり返る！**

第11段落1文目（85〜87行目）に, When Dr. Lynn and Dr. Vanhanen <u>originally</u> published their IQ data, they used them to suggest that national differences in intelligence were the main reason for different levels of economic development. とあります。ここでは「経済発展の水準の差は国家間の『知能の差』が主な要因」と言っています。しかし, 英文中の **originally に気づければ, そのあとに「現在の内容（筆者の主張）」がくると予測できる**のです。

実際, 直後の文 This new study reaches the opposite conclusion. から, 過去の研究が否定されていることがわかります。これ以降にエッピグ氏による「新しい研究」, つまり「筆者の主張」の具体的な内容がくると予測できるわけです。

さらにここでもう1つルールを学びます。new に注目すると, より「過去」→「現在」の流れがつかみやすくなります。

>>> *Rule 24* 読解 過去と現在の「対比」を予測する！（new）

> new は基本語なので, 注目する受験生はほぼいないでしょうが, new は**今までとは違うことを強調する, 現在と過去の「対比」の目印**になります。大事な内容なので, 当然, 設問でもよく狙われます。
> ちなみにリスニングでも, new に反応することで, 設問が1つ解けることがよくありますよ。

This <u>new</u> study 〜 conclusion. の次の文 It is actually lack of development, and the many health problems this brings, which explains the difference in IQ scores. （88〜89行目）で, 新しい研究の具体的な内容が述べられます。

ここは**強調構文**です。**actually という強調を表す単語**が使われ, It is actually *B* which 〜.「〜なのは, 本当は*B*だ」となっています（that の代わりに which が使われています）。即断パターンを知っておくことで, It is actually 〜 を見た時点で強調構文を予測できるのです（*Rule 75* ⇒ p.22）。

強調構文は筆者が「強調」しているわけですから, 当然大事な内容（筆者の主張）のはずですよね。ここに lack of development「（経済）発展の欠如」, the many health problems this brings「これがもたらす健康上の問題」が出てきて, 問題の選択肢①と完全に合致します。ここで, 確信を持って①が正解だと判断できます。

ちなみに, ③の Low national intelligence leads to lack of development and health problems. は, 因果関係が本文と逆です。本文では「（経済）発展の欠如・

健康問題 → 低い IQ レベル」ですが，③では「低い国民の知能 →（経済）発展の欠如・健康問題」という関係になっています。こういった「**因果関係が入れ替わっている**」のは，**典型的なひっかけパターンの選択肢**です。本文と同じ単語があるからといって，飛びつかないように注意してください。

>>> *Rule 47* 解法 「入れ替え」選択肢のパターン（原因と結果）

因果表現はすでに解説しました（***Rule 16*** ⇒ p.40）が，内容一致問題でもよく狙われます。選択肢のパターンは以下のものに集約できます。

本文	*A cause B. ...C lead to D.*
	「A が 原因 で B が 結果 」「C が 原因 で D が 結果 」
選択肢	*B cause A.* → ✕ 因果関係が「逆」なのでアウト（**超頻出**）
	A cause D. → ✕ A と D に因果関係は「ない」のでアウト
	B result from A. → 〇 因果関係がバッチリ合ってる

「因果関係はない」という選択肢は判断するのが一番難しいです。「A が原因・D が結果」ということ自体は OK なので正解に見えるのですが，「A と D に因果関係はない」ので不正解になるわけです。

設問文と選択肢の訳

エッピグ氏とその研究グループによると，正しい因果関係はどれですか。
① **健康問題を伴う経済発展の遅れが国の IQ スコアの低さにつながる。**
② 収入と教育水準が低いと，国の IQ スコアも低くなる。
③ 低い国民の知能は，経済発展の遅れと健康問題につながる。
④ 過酷な気候という試練が，国の IQ スコアの高さにつながる。
→ ②・④については，54〜58 行目に Previous research teams have tried to suggest that income, education, 〜 , and climate (the challenge of surviving extreme weather might provoke the evolution of intelligence) could all be explanations for national differences in IQ scores. とありますが，これはそもそも「以前の研究」であり，エッピグ氏の主張ではありません。エッピグ氏は，そのあとの 59〜62 行目で By careful statistical analysis, Mr. Eppig and his colleagues show that all of these alternative possible causes of the correlation either disappear or are reduced to a small effect, when the consequences of disease are taken into account. と述べています。
⑤ 上記のどれにも当てはまらない

B 難易度 ★★☆

1. An inverse correlation means that as *X* increases, *Y* decreases, or vice versa.
「逆相関とは，Xが増えたらYが減る，あるいはその逆ということである」
　　23〜25行目に The higher the country's disease burden, the lower the average IQ scores of its people. This is an example of an inverse correlation. とあります。「〜が高ければ高いほど，…は低い」を表しており，これがan inverse correlation「逆相関」の例だと示しています。よって，英文1の「Xが増えたらYが減る」という関係と合致します。

2. A number of studies suggest that there is a positive correlation between the frequency of asthma in a country and that country's average IQ scores.
「国のぜんそくの頻発度とその国の平均IQスコアには，正の相関関係が成立することがたくさんの研究で示されている」
　　71〜73行目に The researchers predict that one type of health problem will increase with rising intelligence. Asthma and other allergies are thought by many experts to be rising in frequency because 〜，75〜76行目に Some studies already suggest a correlation between a country's allergy levels and its average IQ. とあり，英文2の内容と合致します。**positive correlation「正の相関関係」はinverse correlation「逆相関」の反対**を表します。correlationは「共に（cor）関係すること（relation）」→「相関関係」です。

3. The "disease burden" of a country refers to the cost of providing medical care to people who are ill.
「国の『疾病負荷』とは，病人に施す治療にかかる費用のことである」
　　この選択肢を理解するためにはrefer to 〜を正しく押さえる必要があります。

⟫⟫⟫ *Rule 15* 読解 「イコール」関係を作る表現に反応する！

　　多くの人がmeanを見ると「意味する」ととらえますが，そんな日本語はあまり使いませんよね。〈S mean O〉は〈S＝O〉というイコール関係を意識して，**「SはOですよ」**と考えればOKなのです。ほかにも involveの意味は「含む」ですが，この意味を広く「イコール」ととらえることができます。例えば，ある先生が「受験には精神力が含まれるぞ」と言ったら，その先生が言いたいのは「受験＝精神力だ」ということですよね。この「イコール」という発想は長文で大活躍します。また，represent が英英辞典で*be equal to*

～でイコール（equal）を使って説明されることもあります。

　下の表にある語句＝「イコール」表現は，どれもまず「イコール」で考えてみてください。かなりの場合，それでうまく文意がつかめます。そして「イコール」ではうまくいかない（不自然な）ときに初めて，単語集や辞書などに書いてある意味（「よく示される訳語」としました）を考えるようにしてみてください。

イコール表現を意識する

語句	よく示される訳語	重要なイメージ
be	～である	「イコール」を意識
mean	～を意味する	
refer to ～	～に言及する	
involve	～を含む［巻き込む］	広く解釈して「イコール」と考える
include	～を含む	
constitute	～を構成する	
represent	～を代表する	
show	～を示す	
signify	～を示す［意味する］	

　このように，英文3の **refer to ～** は「イコール」を表し，The "**disease burden**" **of a country** の定義を説明しているわけです。（ちなみに英文1では mean が「イコール」表現として使われていました）。

　disease burden の定義は本文中にはっきりとは書かれていませんが，英文3中の the cost of providing medical care to people who are ill は明らかにアウトです（本文中で「治療費」については一切言及されていません）。25～30行目（To calculate the disease burden, ～ as a result of their being in a condition of poor health or disability.）から，The "disease burden" of a country は「早期死亡や病気が国に与えるマイナスの影響」といった意味だと考えられます。

4. The research of Eppig and his colleagues helps to explain why IQ has been rising in rich countries.
　「エッピグ氏とその研究グループの研究は，裕福な国でなぜIQが上がっている

のかを説明するのに役立つ」

第10段落で「フリン効果（先進国でIQスコアが上がっていること）」について説明がなされ，最終文（82〜84行目）にはIf Mr. Eppig is right, the almost complete absence of serious infections in rich countries, as a result of vaccination, clean water and the proper treatment of human waste, may explain much if not all of the Flynn effect. とあります。「**エッピグ氏の研究によってフリン効果の大半を説明できるかもしれないのだ**」とわかるので，英文4の内容と合致します。

ちなみに，本文の may explain の後ろは A if not B「Bとは言わないまでも A」で，much if not all of 〜「〜のすべてとは言わないまでも，大半」となります。

5. The research of Eppig and his colleagues largely supports the conclusions of earlier research by Lynn and Vanhanen.
「エッピグ氏とその研究グループの研究は，リンとヴァンハネンによる以前の研究の結果を大いに裏付けている」

Aの6でも解説しましたが，「エッピグ氏の研究」と「リンとヴァンハネンの研究」は真逆の内容です。85〜88行目に When Dr. Lynn and Dr. Vanhanen originally published their IQ data, 〜. This new study reaches the opposite conclusion. とあり，**エッピグ氏の新しい研究は**「**以前のリンとヴァンハネンの研究結果と相反するもの**」だとわかります。よって，英文5の largely supports 〜はアウトです。

6. The research of Eppig and his colleagues shows that lack of education is an important factor in explaining the national differences in IQ.
「エッピグ氏とその研究グループの研究は，教育の欠如が，国によるIQの違いを説明するのに重要な要素であるとしている」

54〜58行目に Previous research teams have tried to suggest that income, education, 〜 could all be explanations for national differences in IQ scores. とありますが，**これは以前の研究のことで，エッピグ氏の研究ではありません**（**A**の4でも解説しました）。

さらに，**A**の6でも解説しましたが，エッピグ氏の研究は It is actually lack of development, and the many health problems this brings, which explains the difference in IQ scores. で「（経済）発展の欠如・健康上の問題 → IQスコアの違い」という因果関係を示しています。**強調構文を把握しておけば，この設問も簡単に解けるわけです**（ちなみに，この問題も因果関係を利用したひっかけになっています。***Rule 47***⇒p.87）。

Bの設問文の訳

以下の各選択肢の内容は本文の内容と一致しますか。正しければ「T」，誤っていれば「F」を書きなさい。

今回の本文68行目に account for ～「～を占める」という表現が使われていました。これは「実験・研究」に関する英文でよく使われる表現で，こういった表現を知っているか否かで長文を読むスピードが格段に変わってきます。

最後に「実験・研究」に関する表現をまとめておきますので，チェックしておいてください。

ここでもルール

Rule 36 読解 「実験・研究」系での頻出表現をマスターする！

（1）手順・説明など①

- ☐ classify / divide 分類する，分ける
- ☐ group グループ化する
- ☐ analyze 分析する
- ☐ analysis 分析
- ☐ represent 表す，代表する
- ☐ refer to ～ ～を表す
- ☐ describe / illustrate 説明する ※「イラスト」は本文を説明する絵のこと
- ☐ show / display / reveal 示す
- ☐ see if ～ ～かどうか確かめる ※if ～は名詞節「～かどうか」
- ☐ find out if ～ ～かどうか確かめる，解明する
- ☐ calculate 計算する
- ☐ measure 測る ※「メジャー（巻尺）」は「測るもの」
- ☐ weigh 重さを量る ※名詞形はweight（品詞の区別も重要）
- ☐ account for ～ ～を説明する［占める］
- ☐ make up 占める
- ☐ lead ～の中で一番である ※「～を引っ張る」→「～の中で一番」
- ☐ apply *A* to *B* AをBに適用する
- ☐ This is true in ～. これは～において当てはまる。
- ☐ *A* is followed by *B* Aの次にBがくる
- ☐ *A* follow behind *B*
  AはBのあとについていく，AはBの後ろだ，Bの次にAがくる

（2）手順・説明など②

- ☐ aim / purpose / goal 目的 ※goal「最後にあるゴール」→「目的」
- ☐ aim to 原形 ～するのを目指す
- ☐ research / study / survey 調査
- ☐ previous research 先行研究
- ☐ researcher 研究者

91

- ☐ colleague / coworker / associate 同僚
- ☐ leader 指導者
- ☐ lead scientists 第一線の科学者
- ☐ conduct a survey on 〜 〜に関する調査を行う　※onは「意識の接触(〜について)」
- ☐ carry out a study 調査を行う
- ☐ statistics 統計
- ☐ investigate / examine 調査する
- ☐ test 検査(する), 試験(する)
- ☐ assess / evaluate 評価する
- ☐ identify 特定する, 発見する
- ☐ trial 試み, 試験
- ☐ participant 参加者
- ☐ instruction 指示
- ☐ item 項目, 品物　※「アイテム」とは「一つ一つのモノ」
- ☐ component 要素
- ☐ category 区分
- ☐ unit 単位
- ☐ the former 前者
- ☐ the latter 後者
- ☐ means 手段　※mean「意味する」, meaning「意味」と別のもの
- ☐ term 期間
- ☐ factor 要因, 要素
- ☐ aspect 側面
- ☐ ability {of 人} to 原形 (人が) 〜する能力
- ☐ react to 〜 / respond to 〜 〜に反応する
- ☐ tend to 原形 〜する傾向がある, 〜しがちだ
- ☐ tendency to 原形 〜する傾向
- ☐ be likely to 原形 〜しそうだ, 〜する可能性が高い
- ☐ range 範囲
- ☐ a {wide} range of 〜 幅広い〜

(3) 手順・説明など③

- ☐ furthermore さらに
- ☐ in the following way 以下の方法で　※following「次の, 以下の」
- ☐ the above passage 上記の文　※above「上の」
- ☐ because of 〜 / due to 〜 〜が原因で
- ☐ according to 〜 〜によると
- ☐ based on 〜 〜に基づくと
- ☐ focus on 〜 〜に焦点を当てる
- ☐ be determined by 〜 〜によって決まる
- ☐ be influenced by 〜 〜に影響される
- ☐ be related with 〜 〜と関連している
- ☐ be relevant to 〜 〜と関連する
- ☐ correlation 相関関係
- ☐ inverse correlation 逆相関(関係)
- ☐ positive correlation 正の相関関係

□ negative correlation 負の相関関係

（4）手順・説明など④

□ depending on chance 無作為に，でたらめに（= randomly / at random）
　　※S V, depending on chance. の形で，分詞構文として使われます

□ regardless of age 年齢に関係なく

□ multiple answers allowed 複数回答可

□ as of ～ ～現在

□ in the ○○-year period ○○年（の期間）において　※period　期間

□ As S´V´, SV. S´V´するにつれてSVだ。　※比例のas

□ It is said that ～. / S is said to 原形. （Sは）～である[～する]と言われている。

□ It is thought[believed] that ～. / S is thought[believed] to 原形.
　　（Sは）～である[～する]と考えられている。

□ It seems that ～. / S seems to 原形. （Sは）～である[～する]ようだ。

□ It is expected that ～. / S is expected to 原形.
　　（Sは）～である[～する]と予測されている。

（5）結果・データなど①

□ result 結果

□ finding 発見，（通例findingsで）明らかになったこと，結論

□ data データ

□ as the data indicates, ～ データが示しているように，～

□ conclude 結論を下す　　　　　　□ median 中間の，平均の

□ average 平均　　　　　　　　　□ amount 総計

□ the amount of ～ ～の量

□ the number of ～ ～の数　※a number of ～「たくさんの～」と区別する

□ the rate of increase in the number of ～ ～の数の増加率

□ gap 差　　　　□ quality 質　　　　□ quantity 量

（6）結果・データなど②

□ affect 影響を与える

□ effect 結果，効果，影響　※have an effect on ～「～に影響を与える」

□ effective 効果的な

□ influence 名 影響 動 影響を与える　※have an influence on ～「～に影響を与える」

□ influential 影響がある，効力のある

□ impact 名 影響 動 影響を与える　※have an impact on ～「～に影響を与える」

□ consequence （通例consequencesで）影響，結果
　　※have consequences for ～「～に影響を与える」

□ implication 暗示するもの，影響，結果

（7）結果・データなど③

□ relatively 比較的に

□ relatively high [low] 比較的高い [低い]

□ increasingly ますます

□ steadily 絶え間なく

□ rapidly 急速に

□ slightly わずかに

□ gradually 徐々に

□ slowly ゆっくり

（8）結果・データなど④

□ compare 比較する

□ *be* similar in ～ ～が似ている　※直訳は「～において（in）似ている」

□ there is very little difference in ～ ～にほとんど違いがない

□ in that SV　SVという点において，SVだから　※両方の意味が重要

□ *be* similar in that SV　SVという点において似ている

□ *be* equal to ～ ～と同等である

□ *be* proportional to ～ ～に比例して

□ second [third] –est 2番目 [3番目] に～な　※the second lowest「2番目に低い」

□ tie at third from bottom 同率で下から3番目だ　※tie「同点になる」

□ tie in third place 同率3位だ

□ in comparison with ～ ～と比較すると

□ compared with ～ ～と比較すると

□ in contrast to ～ ～とは対照的に

□ on the other hand 一方で　※副詞句

□ while / whereas ～の一方で　※接続詞

（9）結果・データなど⑤

□ up to ～ ～まで

□ *A* out of *B*　BのうちのA

□ with the exception of ～ ～を除いて　※直訳「～という例外を持って」

□ but ～ ～を除いて　※このbutは前置詞

□ one but ～ ～を除いて1つ

□ estimated 推定の，見積もりの

□ *be* consistent with ～ ～と一致する

□ in the long run 長期的に見ると

□ among ～ ～の中で

□ except for ～ ～を除いて

文構造の分析

1 ¹Human intelligence is a puzzle. ²(Although using IQ scores as a measurement of intelligence is controversial), some scientists believe 〈 we can use them (to argue 〈that intelligence is higher, on average, (in some places than in others)〉)〉〉. ³And it seems to have been rising (in recent decades). ⁴〈Why these two things should be true〉 is also controversial. ⁵Recently, however, a group of researchers [at the University of New Mexico] have suggested the same explanation for both: the effect of infectious disease. ⁶(If they are right), it suggests 〈that the control of such diseases is crucial (to a country's development) (in a way [that had not been understood before])〉. ⁷Countries [that have a lot of parasites and pathogens] not only suffer the weakening effects of disease [on their workforces], but also [on the personal development of individuals].

訳 ¹人の知能とは，はかりしれぬものである。²知能を測るものとしてIQスコアを用いることについては賛否両論あるが，IQスコアを用いれば，一部の地域においては他の地域よりも知能が平均的に高いということが言えると考えている科学者もいる。³またこの数十年で，人の知能は高まっているようである。⁴この２つの説を正とする根拠もまた，議論の余地があるものだ。⁵しかし最近，ニューメキシコ大学のある研究グループは，両方の説に対して当てはまる１つの説明を示した。それは伝染病の影響である。⁶彼らが正しければ，そのような病の抑制は，以前は認識されていなかったような点で，国の発展にとって不可欠ということになる。⁷寄生虫や病原菌が蔓延している国は，労働力だけでなく個々の成長も弱めてしまう病気の影響に苦しめられるのだ。

語句 ¹puzzle 图 なぞ，難題／²measurement 图 測定／controversial 形 賛否両論ある，物議をかもす ※辞書には「議論の」といった訳語が載っていることもありますが，「賛否両論ある」と押さえてください。／on average 平均して／⁵infectious disease 感染症／⁶control 图 抑制，管理／crucial 形 重要な，不可欠な (***Rule 2*** ⇒ p.178)／⁷parasite 图 寄生虫／pathogen 图 病原体／workforce 图 労働力

2 ¹Christopher Eppig and his colleagues make their suggestion (in the *Proceedings of the Royal Society*). ²They note 〈that the brains of newly-born children require 87% of those children's metabolic energy〉. ³(In five-year-olds) the figure is still 44% and even (in adults) the brain — a mere 2% of the body's weight — uses about a quarter of the body's energy. ⁴Any competition [for this energy] is likely to damage the brain's development, and parasites and pathogens compete for it (in various ways). ⁵Some feed on the host's

95

body directly (to reproduce). **6** Some, particularly those [that live in the stomach], can prevent a person absorbing food. **7** And all parasites and pathogens provoke the host's immune system (into activity), [which prevents valuable energy from being used (for more productive purposes)].

> **訳** **1** クリストファー・エッピグ氏らは、「英国王立協会紀要」という著で以下の説を提唱している。**2** 彼らによると新生児の場合、代謝エネルギーの87％が脳に使われるという。**3** 5歳になっても44％が使われ、体重のたった2％の重さしかない成人の脳でさえも、身体エネルギーの約4分の1を使っている。**4** もしこのエネルギーを巡る争いが行われると脳の発達に悪影響が出る可能性が高いのだが、寄生虫や病原菌はさまざまな手段でこのエネルギーを手に入れようと争う。**5** 中には、宿主の体を直接栄養素として繁殖するものもいる。**6** とりわけ胃に寄生するものでは、人が食べ物を取り入れるのを妨げるものもいる。**7** そして、すべての寄生虫と病原菌は宿主の免疫システムに刺激を与えて活性化させる。そうすることで、貴重なエネルギーをより生産的な目的のために使うことができないようにしてしまうのだ。

> **語句** **1** colleague 名 同僚／**2** metabolic 形 新陳代謝の／**3** figure 名（通例 s を伴って）数値 ※ figure は本来「ハッキリした人影」で、そこから「姿，人物」，「（ハッキリした）数字，図」を意味します。／mere 形 ほんの／a quarter of ～ ～の4分の1／**4** competition 名 争い／damage 動 悪影響を及ぼす／compete for ～ ～をかけて争う／**5** feed on ～ ～を餌にする／host 名 宿主／reproduce 動 繁殖する／**6** prevent *A* -ing Aが～するのを妨げる ※ prevent *A* from -ing の形で習うことが多いですが、ここでは単純に他動詞 prevent の目的語に -ing がきていると考えればOKです（Aは動名詞の意味上のS）。／absorb 動 吸収する／**7** provoke ～ into activity ～を活性化させる／valuable 形 貴重な／productive 形 生産的な

3 **1** There is a clear relationship (between a country's disease burden and the average IQ scores of its people). **2** (The higher the country's disease burden {is}), the lower the average IQ scores of its people {are}. **3** This is an example of an inverse correlation. **4** (To calculate the disease burden), the researchers used data [from the World Health Organization (WHO)]. **5** The WHO has developed the concept of a "disability-adjusted life year" (DALY), [which is a measure of overall disease burden]. **6** The DALY measures not only potential years of life [lost (due to early death)], but also years of healthy life [lost (by a

因果表現

person) (as a result of their being in a condition of poor health or disability)].

> **訳** **1** 国の疾病負荷とその国民の平均IQスコアには明確なつながりがある。**2** 国の疾病負荷の値が高ければ高いほど、その国民の平均IQスコアは低い。**3** これは逆相関の一種だ。**4** 疾病負荷を算出するため、研究者は世界保健機関（WHO）が公表しているデータを用いた。**5** WHO は「障害調整生命年（DALY）」という概念を案出したが、これは総合的な疾病負荷を示す指標である。**6** DALY は早期死亡によって失われた、生きられた可能性のある年

数だけでなく，病気や障害のために送ることのできなかった健康生活の年数も測定の対象としている。

語句 ¹disease burden 疾病負荷（経済的コスト，死亡率，疾病率で計算される健康問題の指標）／people **名** 国民／³inverse correlation 逆相関／⁴calculate **動** 算出する／World Health Organization 世界保健機関／⁵concept **名** 概念／disability-adjusted life year (DALY) 障害調整生命年（傷病や障害の影響を加味した生存年数の指標で，疾病負荷を総合的に示すもの）　※disabilityの正確な意味は「病気で正常でないこと」です。／measure **名** 指標／⁶measure **動** 測定する／disability **名** 障害

文法・構文 ²⟨the 比較級, the 比較級⟩「〜すればするほど，ますます…する」の構文ですが，この構文ではbe動詞が省略されることがあります（省略されたbe動詞を補って構文を示してあります）。

4 ¹The WHO is able to calculate the DALYs [which are lost (as a result of the impact of 28 infectious diseases)]. ²These data exist (for 192 countries). ³The IQ scores came (from work [carried out earlier this decade by Richard Lynn, a British psychologist, and Tatu Vanhanen, a Finnish political scientist, [who analyzed IQ studies from 113 countries]]), and (from subsequent work by Jelte Wicherts, a Dutch psychologist).

（因果表現／Richard Lynn の同格／Tatu Vanhanen の同格／Jelte Wichertsの同格）

訳 ¹WHOは，28種の伝染病の影響により失われるDALYを算出することができる。²現在，192か国分のデータがある。³IQスコアは，113か国のIQに関する研究を分析した，イギリスの心理学者リチャード・リンおよびフィンランドの政治学者タト・ヴァンハネンがこの10年間に行った研究と，オランダの心理学者イェルテ・ウィヒェルツがそれに続いて行った研究によるものである。

語句 ³work **名** 業績，研究／Finnish **形** フィンランド人の／political scientist 政治学者／analyze **動** 分析する／subsequent **形** 次の，それに続く

文法・構文 ³2つ目のandは，前置詞句2つ（from work 〜／from subsequent work 〜）を結んでいます。

5 ¹At the bottom of the list of average IQ scores is Equatorial Guinea, (followed by St Lucia). ²Cameroon, Mozambique and Gabon tie (at third from bottom). ³These countries are also among those [that have the highest infectious disease burden]. ⁴At the top of the list of countries [with the highest average IQ score] is Singapore, (followed by South Korea). ⁵China and Japan

（「➡」ととらえる）

tie (in third place). ⁶These countries all have relatively low levels of disease. ⁷America, Britain and a number of European countries follow (behind the leaders).

訳 ¹平均IQスコアが最も低いのは赤道ギニアで，その次に低いのがセントルシアである。²カメルーン，モザンビーク，ガボンが同率で下から3番目に位置している。³これらの国はまた，伝染病の疾病負荷がもっとも高い国でもある。⁴平均IQスコアが最も高い国はシンガポールで，その次に高いのが韓国である。⁵中国と日本は同率3位だ。⁶これらの国はすべて，疾病負荷が比較的低い国だ。⁷アメリカ，イギリス，多数のヨーロッパ諸国がトップ4国に続いている。

語句 ¹Equatorial Guinea 赤道ギニア（アフリカ中西部の共和国）／*be* followed by ～ ～があとに続く ※訳語よりも矢印（→）を意味していると押さえておきましょう。／St Lucia セントルシア（西インド諸島南東部に浮かぶ島国）／²Cameroon カメルーン（アフリカ西部の連合共和国）／Mozambique モザンビーク（アフリカ南東部の共和国）／Gabon ガボン（アフリカ南西部の共和国）／*tie* **動** 引き分ける，同点になる／³*be* among ～ ～の1つである，～に含まれる（≒ one of ～）／⁷follow behind ～ ～の後ろに続く／leader **名** 首位のもの，首位の国

文法・構文 ^{1・4}第1文型の倒置（SVM → MVS）です。

6 ¹The correlation [between disease burden and lower IQ scores] is about 67%, and the possibility ⟨that this strong statistical relationship occurred (by chance)⟩ is less than one in 10,000. ²Researchers are always trying to identify strong statistical correlations. ³They then hope to be able to explain the cause of these correlations. ⁴There may be many different possible causes, and researchers have to examine as many possible causes as they can, (to give themselves a better chance of identifying the real cause correctly). ⁵(As scientists say), "correlation is not causation" — identifying a statistical relationship does not explain ⟨why that relationship exists⟩ — so Mr. Eppig and his colleagues tried to eliminate other possible explanations.

訳 ¹疾病負荷とIQスコアの低さの相関係数は67％であり，この強力な統計的関係が偶然に生じた可能性は0.01％未満だ。²研究者は常に強力な統計的相関を発見しようとしている。³そして，その相関関係の原因を説明できれば，と願っている。⁴考えられる原因は数多くあるので，研究者は真の原因を正しく特定できる可能性を高めるために，考えられる原因をできる限り多く調べなくてはならない。⁵科学者が言うように，「相関関係は因果関係ではない」。つまり，統計学上の相関関係を見出しても，その相関関係が生じている理由の説明にはなっていないのだ。そのため，エッピグ氏らは，ほかに考え得る解釈をつぶしていこうと試みた。

語句 ¹correlation **名** 相関関係／statistical **形** 統計的な／by chance 偶然に／²identify

動 特定する，見つける／⁵causation 名 因果関係／eliminate 動 排除する，除外する

7 Previous research teams have tried to suggest ⟨that income, education, low levels of agricultural labor [(which is replaced by more mentally stimulating jobs)], and climate (the challenge of surviving extreme weather might provoke the evolution of intelligence) could all be explanations [for national differences in IQ scores]⟩. ² (However), most of these possible causes are also likely to be linked to disease. ³ (By careful statistical analysis), Mr. Eppig and his colleagues show ⟨that all of these alternative possible causes of the correlation either disappear or are reduced to a small effect, (when the consequences of disease are taken (into account))⟩.

訳 ¹従来の研究チームは，収入，教育水準，農業労働の割合の低さ（より知的刺激をともなう仕事に置き換えられる），気候（過酷な気候を生き抜く試練は知能の発達を促すかもしれない）はすべて，国によってIQスコアに差が生まれる理由になり得ると提唱しようとしていた。² しかしながら，これらの考え得る要因の大半は病気とも関連している可能性が高い。³ エッピグ氏らは統計を慎重に分析して，相関関係の理由として考えられるこれらの別の要因はすべて，病気がもたらす影響を考慮にいれると，除外されるか，もしくはわずかな影響になってしまうことを示している。

語句 ¹income 名 収入／agricultural 形 農業の／replace 動 取って代わる／mentally 副 知的に／stimulating 形 刺激的な／extreme 形 過酷な／provoke 動 引き起こす，誘発する／² be linked to ～ ～と関連がある／³ alternative 形 別の／ be reduced to ～ ～に減らされる，～にまとめられる／take A into account Aを考慮に入れる

8 ¹ (Importantly), there is also clear evidence ⟨that infections and parasites, [such as malaria and intestinal worms], have a negative effect (on the development of the brain)⟩. ² A study of children [in Kenya] [who survived the version of malaria [that occurs (in the brain)]] suggests ⟨that one-eighth of them suffer long-term damage⟩. ³ (In the view of Mr. Eppig and his colleagues), diarrhea is the biggest threat. ⁴ Diarrhea strikes children hard. ⁵ It accounts for one-sixth of infant deaths, and (even in those [it does not kill]), it

children を受ける

prevents the absorption of food at a time [when the brain is growing and developing rapidly].

訳 ¹重要なことに，マラリアや回虫などの伝染病や寄生虫が脳の発達に悪影響を及ぼすということを示す明白な証拠もある。² 脳に生じるタイプのマラリアにかかりながらも命を取り留めたケニアの子どもたちを研究したところ，その子どもたちの8分の1が長期にわたる損害を受けているという。³ エッピグ氏らの見解によると，下痢が最大の脅威だと

Lesson 4

99

いう。⁴下痢は子どもに容赦なく襲いかかる。⁵乳児死亡の6件に1件は死因が下痢であり、かろうじて命を取り留めた乳児でさえも、脳が急速に成長および発達する時期に、食べ物の吸収が妨げられてしまう。

語句 ¹malaria 名 マラリア／intestinal worm 回虫（ヒトや家畜に寄生する害虫）／have a ... effect on 〜 〜に…な影響を与える／²survive 動 生き延びる／long-term 形 長期の／³diarrhea 名 下痢／threat 名 脅威／⁴strike 動 襲う／⁵account for 〜 〜を占める／absorption 名 吸収

---

9 ¹The researchers predict ⟨that one type of health problem will increase (with rising intelligence)⟩. ²Asthma and other allergies are thought (by many experts) to be rising (in frequency) (because the immune systems of young children, (unchallenged by infection), are turning *against* the cells of the body [分詞構文] [that they are supposed to protect φ]). ³Some studies already suggest a correlation [between a country's allergy levels and its average IQ]. ⁴Mr. Eppig and his colleagues predict ⟨that future work will confirm this relationship⟩.

訳 ¹この研究グループは、ある種の健康問題は知能レベルの上昇と共に増加すると推測している。²ぜんそくなどのアレルギーが起こる頻度が高くなるのは、幼児の免疫システムが、感染症にかかっていないのに、保護すべき体細胞を攻撃しているためだと多くの専門家は考えている。³すでに、国のアレルギー水準と平均IQには相関関係があることを示唆している研究結果もある。⁴エッピグ氏らは、将来の研究によってこの相関関係が立証されるだろうと予測している。

語句 ²asthma 名 ぜんそく／⟨think O {to be} C⟩ OをCと見なす／frequency 名 頻度／immune system 免疫システム（生体が異質の物質・細胞などから体を防衛するために体内に存在するシステムのこと）／unchallenged by 〜 〜に見舞われない／turn against 〜 〜に敵対する、〜に反発する／be supposed to 原形 〜することになっている／⁴confirm 動 立証する

---

10 ¹The other prediction, (of course), is ⟨that (as countries conquer 「変化を表す表現」→比例のas disease), the intelligence of their citizens will rise⟩. ²A rise [in IQ scores over the decades] has already been noticed (in rich countries). ³It is called the "Flynn effect" (after James Flynn, [who discovered it]). ⁴Its cause, (however), has been mysterious — (until now). ⁵(If Mr. Eppig is right), the almost complete absence of serious infections [in rich countries], (as a result of 因果表現 vaccination, clean water and the proper treatment of human waste), may explain

100

much (if not all) of the Flynn effect.

> **訳** ¹ また，無論のことだが，国が病気を克服するにつれて，国民の知能レベルがあがるという説もある。² 裕福な国ではすでに，ここ数十年におけるIQスコアの上昇が見られている。³ それは，この現象を発見したジェームズ・フリンにちなんで「フリン効果」と呼ばれている。⁴ しかし，その要因はこれまでは謎だった。⁵ エッピグ氏が正しいとすると，裕福な国では予防接種，清潔な水，人糞の適切な処理によって深刻な感染症がほとんど発生していないことが，フリン効果のすべてとは言わないまでも大半の根拠になるかもしれない。

> **語句** ¹ conquer 動 征服する／³ call A after B BにちなんでAと呼ぶ／⁵ vaccination 名 ワクチンの予防接種／treatment 名 処理／A if not B Bとは言わないまでもA；A，いやおそらくはB

> **文法・構文** ¹ rise という「変化を表す表現」があるため，as は「比例（〜につれて）」の意味だと判断できます。

11 ¹ (When Dr. Lynn and Dr. Vanhanen originally published their IQ data), they used them (to suggest 〈that national differences [in intelligence] were the main reason [for different levels of economic development]〉). ² This new study reaches the opposite conclusion. ³ It is actually lack of development, and 〔強調構文〕 the many health problems [this brings], which explains the difference [in IQ scores]. ⁴ No doubt, (in a vicious circle), those differences help to keep poor countries poor. ⁵ But the new theory offers a way [to break the circle]. ⁶ (If further work [by researchers] supports the ideas of Mr. Eppig and his colleagues), they will have done enormous good (by providing policymakers with yet another reason [why the elimination of disease should be one of the main aims of development]).

> **訳** ¹ リン博士とヴァンハネン博士が当初IQのデータを公開したときは，国家間の知能の差が，経済的発展の水準が違う主な要因であるという説を提唱するためにそのデータを用いていた。² 今回の新しい研究では，これとは逆の結論に至っている。³ 実際には，経済発展が遅れていること，またその遅れがもたらす多くの健康上の問題こそが原因で，IQスコアに差が出ているのだ。⁴ 間違いなく悪循環に陥っており，そういった差のせいで貧しい国は貧しいままになっている。⁵ だが，この新説はこの悪循環を断ち切る方法を提示している。⁶ 研究者たちによるさらなる研究によってエッピグ氏らの考えが裏づけられれば，エッピグ氏たちは，病気の根絶を経済発展の主目的の1つとすべきであるさらに別の根拠を政策立案者に提示したことによって多大な貢献をしたことになるだろう。

> **語句** ⁴ vicious circle 悪循環／⁶ support 動 裏づける／do good よいことをする，役立つ／policymaker 名 政策立案者／yet another さらにもう1つの　※このyetは「まだ，すでに」

という意味ではないので注意。「さらに」という意味のyetは，anotherやmoreの前で用いられます。／elimination 名 根絶／aim 名 目的

Human intelligence is a puzzle. // Although using IQ scores as a measurement of intelligence is controversial, // some scientists believe we can use them to argue that intelligence is higher, // on average, // in some places than in others. // And it seems to have been rising in recent decades. // Why these two things should be true is also controversial. // Recently, / however, // a group of researchers at the University of New Mexico / have suggested the same explanation for both: // the effect of infectious disease. // If they are right, / it suggests that the control of such diseases / is crucial to a country's development / in a way that had not been understood before. // Countries that have a lot of parasites and pathogens / not only suffer the weakening effects of disease on their workforces, // but also on the personal development of individuals. //

Christopher Eppig and his colleagues make their suggestion / in the *Proceedings of the Royal Society*. // They note that the brains of newly-born children / require 87% of those children's metabolic energy. // In five-year-olds the figure is still 44% // and even in adults / the brain // − a mere 2% of the body's weight − // uses about a quarter of the body's energy. // Any competition for this energy is likely to damage the brain's development, // and parasites and pathogens compete for it in various ways. // Some feed on the host's body directly to reproduce. // Some, // particularly those that live in the stomach, // can prevent a person absorbing food. // And all parasites and pathogens provoke the host's immune system into activity, // which prevents valuable energy from being used for more productive purposes. //

There is a clear relationship between a country's disease burden / and the average IQ scores of its people. // The higher the country's disease burden, // the lower the average IQ scores of its people. // This is an example of an inverse correlation. // To calculate the disease burden, // the researchers used data from the World Health Organization // (WHO) . // The WHO has developed the concept of a "disability-adjusted life year" // (DALY) , // which is a measure of overall disease burden. // The DALY measures not only potential years of life lost due to early death, // but also years of healthy life lost by a person / as a result of their being in a condition of poor health or disability. //

The WHO is able to calculate the DALYs / which are lost as a result of the impact of 28 infectious diseases. // These data exist for 192 countries. // The IQ scores came from work carried out earlier this decade by Richard Lynn, // a British psychologist, // and Tatu Vanhanen, // a Finnish political scientist, // who analyzed IQ studies from 113 countries, // and from subsequent work by Jelte Wicherts, // a Dutch psychologist. //

At the bottom of the list of average IQ scores is Equatorial Guinea, // followed by St Lucia. // Cameroon, / Mozambique / and Gabon / tie at third from bottom. // These countries are also among those that have the highest infectious disease burden. // At the top of the list of countries / with the highest average IQ score is Singapore, // followed by South Korea. // China and Japan tie in third place. // These countries all have relatively low levels of disease. // America, / Britain / and a number of European countries follow behind the leaders. //

The correlation between disease burden and lower IQ scores / is about 67%, // and the possibility that this strong statistical relationship occurred by chance / is less than one in

10,000. // Researchers are always trying to identify strong statistical correlations. // They then hope to be able to explain the cause of these correlations. // There may be many different possible causes, // and researchers have to examine as many possible causes as they can, / to give themselves a better chance of identifying the real cause correctly. // As scientists say, // "correlation is not causation" // - identifying a statistical relationship / does not explain why that relationship exists - // so Mr. Eppig and his colleagues tried to eliminate other possible explanations. //

Previous research teams have tried to suggest that income, // education, // low levels of agricultural labor // (which is replaced by more mentally stimulating jobs) , // and climate / (the challenge of surviving extreme weather might provoke the evolution of intelligence) / could all be explanations for national differences in IQ scores. // However, // most of these possible causes are also likely to be linked to disease. // By careful statistical analysis, // Mr. Eppig and his colleagues show / that all of these alternative possible causes of the correlation / either disappear / or are reduced to a small effect, / when the consequences of disease are taken into account. //

Importantly, // there is also clear evidence that infections and parasites, // such as malaria and intestinal worms, // have a negative effect on the development of the brain. // A study of children in Kenya / who survived the version of malaria / that occurs in the brain / suggests that one-eighth of them suffer long-term damage. // In the view of Mr. Eppig and his colleagues, // diarrhea is the biggest threat. // Diarrhea strikes children hard. // It accounts for one-sixth of infant deaths, // and even in those it does not kill, // it prevents the absorption of food / at a time when the brain is growing and developing rapidly. //

The researchers predict / that one type of health problem will increase with rising intelligence. // Asthma and other allergies are thought by many experts / to be rising in frequency / because the immune systems of young children, // unchallenged by infection, // are turning *against* the cells of the body / that they are supposed to protect. // Some studies already suggest a correlation between a country's allergy levels / and its average IQ. // Mr. Eppig and his colleagues predict that future work will confirm this relationship. //

The other prediction, / of course, // is that as countries conquer disease, // the intelligence of their citizens will rise. // A rise in IQ scores over the decades has already been noticed in rich countries. // It is called the "Flynn effect" after James Flynn, // who discovered it. // Its cause, / however, // has been mysterious // - until now. // If Mr. Eppig is right, // the almost complete absence of serious infections in rich countries, // as a result of vaccination, / clean water / and the proper treatment of human waste, // may explain much if not all of the Flynn effect. //

When Dr. Lynn and Dr. Vanhanen originally published their IQ data, // they used them to suggest that national differences in intelligence / were the main reason for different levels of economic development. // This new study reaches the opposite conclusion. // It is actually lack of development, // and the many health problems this brings, // which explains the difference in IQ scores. // No doubt, // in a vicious circle, // those differences help to keep poor countries poor. // But the new theory offers a way to break the circle. // If further work by researchers supports the ideas of Mr. Eppig and his colleagues, // they will have done enormous good by providing policymakers / with yet another reason / why the elimination of disease / should be one of the main aims of development. //

Lesson 5　解答・解説

このLessonで出てくるルール

Rule 83 構文　名詞構文に注目して意訳する！
Rule 32 読解　無生物主語・第3文型は「受動態」で訳す！
Rule 34 読解　"-ly" で終わる単語は「すごく」と考えてみる！ ⇒ (1)
Rule 35 読解　長文単語・語句をマスターする！（world） ⇒ (2)
Rule 26 読解　「似ている・同じ」と明示する反復表現を意識する！ ⇒ (3)

Lesson 5

解答

(1) まずは想像上のロボットと現実のロボットは異なるものであるということから話そう。というのも，その違いによって，私たちが自分自身を知るときに踏み出さなければならない最初の一歩が明らかになるからだ。自分を知るとはつまり，私たちが当然だと思っている，普段の頭を使った行動の背後に隠された，驚くほど複雑な構造を正しく理解するということである。

(2) そのことは人間の頭についてもまったく同じように当てはまる。私たちは外界のことをじっくり考えることはできるのに，頭の中身を覗き込んで，その機能自体の仕組みを理解することはできないのである。故に，私たちは，自分の頭の中はなにか神がかった力，すなわち万能の原理に起因しているのだという幻想の餌食と化してしまうのである。

(3) 私たちの日々の頭を使った活動によって技術的難題が克服されていることが，コンピューター科学によって明らかになったということは，科学界における偉大な発見のうちの1つであると私は思う。それは宇宙が膨大な数の銀河から構成されていることや，池の水1滴の中には微生物がごまんといることを知ったときにも似た想像力の覚醒なのだ。

■ はじめに

　問題の解説に入る前に，自然な和訳を作るためのルールを2つ確認しておきましょう。

≫≫ *Rule 83* 構文　名詞構文に注目して意訳する！

　直訳したときに自然な日本語にならない原因の多くは**名詞構文**にあります。名

105

詞構文とは，動詞や形容詞派生の名詞に所有格やof〜の形で意味上の主語が付いたものです。この**動詞派生の名詞**をそのまま訳すと，カタい日本語になることが多いのです。

---

① V´を発見する

　動詞派生の名詞を見つけたら，まず**V´と考えてみてください**。動詞派生の名詞を見つけるコツは，意味の後ろに「〜すること」をくっつけることです。例えば，ignorance「無視」なら「無視すること」と訳せるので，V´と解釈すると自然な和訳ができます。

　一方，fact「事実」を「事実すること」と考えても意味不明なので，factをV´とは考えられないということです。

　また，逆算的な思考ですが，英文を和訳したあとに意味がどこか不自然であれば，V´を見落としている可能性を疑ってみてください。

② 前置詞を手がかりにして格関係を把握する

　V´の直後にはよく前置詞がきます。そのほとんどがofで，V´のあとにくるofは**格関係のof**と呼ばれます（辞書でこのofを探すと，「主格・目的格のof」や「自動詞の主語に相当・他動詞の目的語に相当」という見出しで載っています）。

　主格のofは主語っぽく「〜が」と訳し（S´とします），**目的格のofは目的語っぽく「〜を」と訳します**（O´とします）。

　of以外でS´を作る前置詞（句）として特に重要なのがby / between / on the part of〜です（on the part of〜は「〜の側で」の意味の熟語ですが，V´のあとにくる場合は「〜が」と考えたほうがスッキリした日本語になります）。

---

　①，②を具体的な例で見てみましょう。リンカンの有名な "government of the people, by the people, for the people" というセリフがあります。これは「人民の人民による人民のための政治」の訳が有名ですが，少し見方を変えてgovernmentをV´と考えてみましょう（動詞govern「統治する」からできた名詞です）。さらに，byがS´を作る例にもなります。

動詞派生の名詞

government of the people, by the people, for the people
　　V´　　　　　 O´　　　　　 S´　　　　　　 M´

---

government直後のof the peopleは，これだけだとS′なのかO′なのかわかりません。しかし，その後ろのby the peopleが確実にS′になるので，of the peopleはO′になると考えることができます（ちなみにfor the peopleはM′です）。以上から，「人民を，人民が，人民のために，統治すること（政治）」という解釈もできるのです。

>>> *Rule 32* 読解 無生物主語・第3文型は「受動態」で訳す！

　無生物主語・第3文型（SVO）の文は受動態で訳す，つまり**無生物Sを「Sによって〜」という原因**と考えると，自然な和訳になります。

　例えば，Travel broadens the mind.は，直訳の「旅は心を広げる」よりも「旅によって心が広がる」のほうが自然な和訳になりますね。

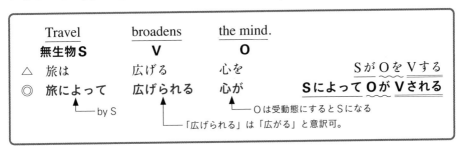

　この訳し方を知っておくと，「日本語訳がキレイになる」「（直訳する手間が省けるので）英文の処理スピードが上がる」「筆者の意図がリアルにわかる」というメリットがあります。

注意1 「受動態」という用語はわかりやすさ優先で使っているだけなので，「『〜される』と訳さなきゃダメ」ということではありません。

注意2 「無生物SのSVOの文であってもVが状態動詞（特にhaveやmean）のときは直訳でOKですが，小難しいことは気にせず，受動態で訳すとかえって不自然になるような場合にのみ直訳するようにすれば問題ありません。

（1）難易度 ★★☆

■ gapをV′，between 〜をS′と考える

The gap [between robots [in imagination and in reality]] is my starting
point, for it shows the first step [we must take φ (in knowing
ourselves)]: appreciating the fantastically complex design [behind activities
of mental life [we take φ for granted]].

主語の The gap 〜 reality を直訳すると「想像上のロボットと現実のロボットの隔たり」ですが，これでは訳がカタイので，gap を V′ と考えます。**名詞構文（*Rule 83*⇒p.105）を意識して，「違うこと，隔たりがあること」と訳します。**さらに，V′ の直後の between は S′ を作ります。「想像上のロボットと現実のロボットが違うこと」と訳せば OK です。

　補語の my starting point は「私のスタート地点」→「私の議論の出発点」でもよいのですが，本文全体を最後まで読んでからもう一度考えると，**ここでは「〜ということから始めてみましょう」や「〜から話してみましょう」などと意訳するのが自然**です。京大のような最難関レベルでは，該当する英文だけ読んで訳すのではなく，本文全体を最後まで読んで「（問題の英文は）全体の中でどんな働きをしているか」「該当する英文以外のところに何かヒントがあるのでは」「言い換えられている語句はないか」などと考える姿勢が大切です。1 文 1 文を正確に読む**ミクロの視点**に加えて，本文全体の文脈を考慮する**マクロの視点**も必要になるのです。

■ 無生物 SVO の訳し方

　次に for it shows 〜 ourselves の文です。**冒頭の for は後ろに SV（it shows）がきているので接続詞**です。接続詞の for は理由を表し，「というのは〜だから」という意味になります。

　続く **it shows the first step 〜は無生物主語・第 3 文型の文**です（it は the gap を指しています）。「S によって〜」という訳し方を意識し，「その違いによって［その違いを考えることで］，〜が明らかになる」とすれば OK です。

■ 多義語の appreciate

　appreciating 以降では，in knowing ourselves の内容がコロンのあとで具体的に言い換えられています。**knowing ＝ appreciating と考えればよい**わけです。

　appreciate は多義語なので，どの意味になるのか迷う受験生も，「knowing に近い意味だ」と意識することで意味を決定できます。英文の和訳としては「正しく理解する」とすれば，appreciate のニュアンスが再現できます。

> **多義語 appreciate**　　**核心**「よ〜くわかる」
> ① 正しく理解する，評価する　　② よさがわかる，鑑賞する　　③ 感謝する

　appreciate は「値段（preciate = price）をつけられるくらい価値がよ〜くわかる」が語源で，そこから上記の意味が生まれました。③ は「相手の親切がよ〜くわかる」→「感謝する」ということです。

■ fantastically は裏ワザで訳す

　今回の英文でfantasticallyを文字どおり「異様に，空想的に」と訳しても意味がよくわかりませんね。しかし実は，単語が「"-ly"で終わっている（＝副詞）」という点に注目すると，意味を推測できるのです。

>>> *Rule 34* 読解 "-ly"で終わる単語は「すごく」と考えてみる！

> **① 単語を知らないときの必殺技**
>
> 　surprisingly「驚くほど」のような副詞の働きの1つに**強調**があります。「強調」なので，**「とても」**とも解釈できます。これを逆手にとると，**「知らない単語が"-ly"で終わっていたら，『すごく』と考えてみる」**という必殺技が生まれます。
>
> **② 実例**
>
> 　例えば，exceptionally「例外的に」，extraordinarily「法外に」，extremely「極端に」，tremendously「猛烈に」，incredibly「信じられないほど」などに苦労する受験生が多いのですが，**実はどれも「すごく」で通用します。**もちろん細かいニュアンスは失われますが，意味は十分わかります。exceptionally luckyであれば，「すごく運がいい」でOKです。
>
> 注意 もちろん，-lyがつく単語すべてに当てはまるわけではありません。probably「たぶん」やhardly「ほとんど～ない」などは常識的に知っておかなければいけませんが，長文の中で知らない単語に出会ったときに，この必殺技を試してみる価値は充分にありますよ。

　ここでも**fantastically complex**を**「すごく複雑な」**と訳せばOKです（実際，辞書にはfantasticallyの訳語として「非常に，とてつもなく」などが載っています）。

■ 安易にカタカナの訳に逃げない

　fantastically complexに続くdesignですが，これをそのまま「デザイン」と訳すのは避けましょう。カタカナ語は「そのまま使うのが当たり前ならカタカナ語のまま使う」か，「日本語に置き換えても自然なものはできるだけ置き換える」ようにしてください。こういった訳しにくい単語をどう訳すかでほかの受験生と大きく差がつきます。

　今回は第2段落1文目（13行目）にIn a well-designed systemとあり，この辺りにヒントがあると考えます。16行目ではmechanismにも言い換えられており，**design**とは**「頭の中の構造・仕組み」**のことだとわかります。

　activities of mental lifeは直訳「精神生活の活動」でも十分ですが，少し工夫し

て自然な訳を考えてみましょう。mentalには「精神の」以外に，「頭の中で行う，思考を伴う，知能の」といった意味もあります。さらにこのあと，「思考」に関連する表現（mindなど）が出てくること，11～12行目 a four-year-old carrying out a request to put a toy on a shelf という具体例も和訳のヒントになります。これらを踏まえて，「頭の中で行われる（mental）普段の生活・日常（life）」から，**activities of mental life we take for granted**「私たちが当然だと思っている，普段の頭を使った行動」くらいに意訳してもいいでしょう（take ～ for granted は「～を当然だと思っている」）。

（2）　難易度 ★★☆

> That is (no less) true of the mind.
> s　v　　　　　　　　o

■ no less ～の意味

no lessは「まったく同様に」と考えてください。noとlessが打ち消し合って，「～でないことはない」→「まったく（同様に）」くらいの意味になります。*be* true of ～は「～に当てはまる」という熟語で，That is no less true of ～「そのことは～についてもまったく同様に当てはまる」です。

■ That の内容を理解しておく

　主語のThatは，説明問題ではないのでそのまま訳して「それ，そのこと」とすればOKですが，次の文以降の内容理解にかかわるので，Thatがどんな内容を受けているかをしっかり理解しておくことは大事です。

　前文のIn a well-designed system, the components are black boxes that perform their functions as if by magic.では，black boxesの意味を確認しておきましょう。「ブラックボックス」とは「機能はわかっているけれど，構造がわからない装置」のことです。例えば，みなさんはスマホの機能を使ってはいるけれど，それが実際にどのような仕組みで動いているのかは理解していませんよね。まるで魔法のように機能しているブラックボックスと言えるわけです。

　Thatはこの「ブラックボックス」の文を受け，That is no less true of the mind. と言っているので，続く The faculty ～の文には the mind「（人間の）頭脳」について「ブラックボックス」的な内容がくることが予測できますね。

> The faculty [with which we ponder the world] has no ability to peer inside
> s　　　　　　　　　　　　　　　　　　　　v　　o
> itself (to see its own mechanism).

■ **the world**の訳し方

主語は The faculty with which we ponder the world ですが，ここでは the world の訳し方に注意が必要です。

≫≫ *Rule 35* 読解 長文単語・語句をマスターする！（world）

world という単語を見ると誰もが「世界」と訳したがるのですが，「（自分の身の周りの）世界」→「世間，世の中」の意味も長文では非常によく出てきます。

> ① 世界
> ② 自分の周りの世界，世間，世の中

この英文全体は「外側は見えるのに内側は見えない」という文脈なので，**the world**は「周りの世界，外界」などの意味が自然です。has no ability to 原形 は名詞構文で，*be* unable to 原形「〜することができない」の意味になると考えればOKです。

The faculty with which we ponder the world has no ability to 〜「私たちが外界のことをじっくり考える機能には〜する能力がない」→「私たちは外界のことをじっくり考えることはできるのに，〜することはできない」とします。この the faculty は the mind のことを指しているので「私たち（の頭）」とします。

■〈to 原形〉は「結果」で訳す

続く peer inside itself to see its own mechanism の〈to 原形〉は不定詞の副詞的用法で，ここでは「目的」よりも「**結果（その結果〜だ）**」で訳した方がキレイになります。「頭の中を覗き込んで，その機能自体の仕組みを理解する」です。itself = the mind，see は「わかる，理解する」の意味ですね（ちなみに，ここで mechanism が design のことだとわかって，（1）で design を「仕組み」と訳すのでしたね）。

自分の和訳を見て「ブラックボックス」の説明になっているか確認してください。人間の頭も「機能はわかっている（＝外界を考えることはできる）のに，構造がわからない（＝中身は理解できない）」ことを表しているわけです。この英文を読んだことがない人に自分の和訳を見せて，きちんと意味が通じるレベルを目指してください。

> That makes us the victims of an illusion: 〈that our own psychology
> comes from some divine force or almighty principle〉.

■〈make O C〉の訳し方

問題の最後の文は〈S make O C〉の形なので,「**Sによって／Oが／Cする[C になる]**」という因果関係を意識し,「それによって／私たちが／幻想の餌食になる」とします。続くコロン以降では,that ～で「どんな幻想か?」が説明されています。thatで区切り2文にして「それによって,私たちは幻想の餌食になる。その幻想とは～だ」と訳しても,that以降を含めて「それによって,私たちは～という幻想の餌食になる」と訳しても,どちらでもOKです。

■psychology, some, or, almighty に注意

our own psychology comes from ～の**psychology**は**mind**のことなので「**自分の頭**」とすればOKです。〈結果 come from 原因〉の形(**Rule 16**⇒p.40)になっているので,「自分の頭の中(=結果)は～(=原因)に起因する[によって生じる]」とします。

some divine forceは〈**some+単数形**〉なので「**ある神がかった力,何か神がかった力**」とします(決して「いくつかの～」と訳してはいけません)。そして**or**は「**あるいは**」とするか,同格の働きと考えて「**すなわち**」と訳しましょう。

almighty principleは「**万能の原理**」です。almightyはカタカナ語の「オールマイティー」だと気づければ簡単ですが,もしalmighty「全能の」の意味がまったくわからない場合は,divine「神聖な,神がかった」を参考にして,some divine force or almighty principleをまとめて「何か神がかった力」くらいに訳してもある程度の点はもらえるでしょう。

ここの言い換えとして21行目にa single, omnipotent causeがありますが,結局はomnipotent「絶大な力を持つ」なんて単語が出てくるので参考になりませんね。しかし,23～24行目のsome godly vapor or single wonder principleは役に立ちます。some divine forceがsome godly vaporに,almighty principleがsingle wonder principleに言い換えられていると気づければ,「不思議な原理,魔法のような原理」とも訳せます。

(3) 難易度 ★★☆

I believe 〈that the discovery [by computer science of the technical
challenges [overcome by our everyday mental activity]] is one of the
great revelations of science, an awakening of the imagination [comparable
to learning 〈that the universe is made up of billions of galaxies〉 or 〈that a
drop of pond water is full of microscopic life〉]〉.

112

■ 名詞構文を意識して訳す

　ここでも名詞構文（***Rule 83***⇒p.105）がポイントになります。discovery を V′，by computer science を S′，of the technical challenges overcome by 〜を O′ と考えます。the discovery of ... 「…を発見すること」なら簡単ですが，今回は間に by 〜が入って，**the discovery by 〜 of ...** 「**〜が…を発見すること**」となっているわけです。

図解（名詞構文の格関係）

the discovery ［by computer science of the technical challenges ［overcome

　　　　　　V′　　　　　　　　S′　　　　　　　　　　O′

by our everyday mental activity］］

> **注意** of the technical challenges が後ろから computer science を修飾していると考え，「技術的難題のコンピューター科学」と訳してしまう典型的なミスが多いです。これでは意味が通りませんし，the discovery の O に当たる部分がなく，「何を発見したのか」がわからないのも不自然ですね。

---

　by computer science は S′なので，「コンピューター科学が」と訳せれば十分に自然です。しかしここで，さらに computer science が無生物主語だと考え，**無生物主語の SVO の文は受動態で訳すと自然になる**という発想（***Rule 32***⇒p.107）を利用すると，「コンピューター科学によって…が発見されること」というより自然な和訳を作ることができます。

　続く the technical challenges overcome by 〜では，過去分詞 overcome by〜が the technical challenges を後ろから修飾しています。「〜によって克服された技術的難題」と直訳しても OK ですが，**分詞は修飾される名詞と SV の関係を作る**ので，「〜によって技術的難題が克服されること」と訳すと，よりキレイな日本語になりますね。

　by our everyday mental activity は，「私たちの日々の頭を使った活動」と直訳しても，名詞構文を意識して「私たちが常日頃頭を使って活動することで」と訳しても，どちらでも OK です（our が S′，mental が M，activity が V′）。

　以上を踏まえると，**主語は「私たちの日々の頭を使った活動によって技術的難題が克服されることが，コンピューター科学によって発見されたということ」**となります。

■ discovery ≒ revelations ≒ awakening

　問題の英文の補語は one of the great revelations of science です。revelation を「啓示」などと訳せれば苦労はありませんが，受験生は知らないのが普通です。

　そこで構文を再確認すると，that 節中は the discovery 〜 is one of the great

revelations of science という SVC になっており，S の中心は the discovery です。**SVC は S ＝ C の関係なので，discovery ≒ revelations と考えればよいわけです**（実際，revelation は辞書に「新発見」という訳語が載っています。また，動詞 reveal「明らかにする」の名詞形なので，「明らかにすること」などとも訳せます）。ただ，「発見」という同じ言葉を繰り返すのは不自然なので，解答例では「〜によって明らかになったということは，…な発見のうちの 1 つである」としています。

science の後ろのコンマは同格なので，「つまり，すなわち」と訳します。つまりここもイコールなので，**discovery ≒ revelations ≒ awakening と考えられる**わけです。awakening は「目覚めること，見出すこと，覚醒」などと訳せます。

■ comparable to 〜 の考え方

an awakening of the imagination comparable to 〜 は，the imagination を comparable to 〜 が後ろから修飾しています。comparable はよく「匹敵する」と訳されますが，実際には**「似ている，同じような」**という意味でよく使われます。

≫≫ *Rule 26* 読解 「似ている・同じ」と明示する反復表現を意識する！

similar は「似ている」，前置詞 like は「〜のような」という意味を答えられる受験生はたくさんいますが，英文を読んでいるときに**「この表現（反復表現）が使われているということは，同じような内容が繰り返されるんだな」**と意識できる受験生は少ないです。ここで反復表現をチェックして，内容の反復に反応できるようにしておきましょう。また，comparable や parallel の訳語にも注意してください。

反復表現

☐ like 前 〜のような　　　☐ similar / comparable 似ている

☐ similarly 同様に　　　☐ parallel 形 似ている，並列の　名 類似（点）

☐ analogy 類似性，比喩，類推　　☐ just as 〜 ちょうど〜のように

☐ as if 〜 / as though 〜 まるで〜のように

☐ a kind of 〜 / a sort of 〜 一種の〜

今回も，the imagination comparable to learning that 〜「〜を知ることに似た想像力」とします。

learn that 〜 は「〜と知る」で，2 つの that 節（that the universe is 〜 galaxies／that a drop of pond water is 〜 life）を導いています。the imagination と同じような内容の例が 2 つ挙げられているわけです。

114

1 ¹The gap [between robots [in imagination and in reality]] is my starting point, for it shows the first step [we must take φ (in knowing ourselves)]: appreciating the fantastically complex design [behind activities of mental life [we take φ for granted]]. ²The reason [there are no human-like robots] is not ⟨that the very idea of a mechanical mind is misguided⟩. ³It is ⟨that the engineering problems [that we humans solve φ (as we see and walk and plan and make it (through the day))] are far more challenging (than landing on the moon or reading DNA)⟩. ⁴Nature has found ingenious solutions [that human engineers cannot yet duplicate φ]. ⁵(When Hamlet says, "What a piece of work is a man! How noble (in reason)! How infinite (in faculty)! (In form and moving) how express and admirable!") we should direct our awe (not at Shakespeare or Mozart or Einstein but at a four-year-old [carrying out a request [to put a toy on a shelf]]).

訳 ¹まずは想像上のロボットと現実のロボットは異なるものであるということから話そう。というのも，それによって，私たちが自分自身を知るときに踏み出さなければならない最初の一歩が明らかになるからだ。自分を知るとはつまり，私たちが当然だと思っている，普段の頭を使った行動の背後に隠れた，驚くほど複雑な構造を正しく理解するということである。²人間のようなロボットが存在していないのは，機械化された頭脳を生み出すという考え自体が見当違いだからではない。³私たち人間が普段見たり，歩いたり，計画を練ったりして一日をうまく過ごす際に処理している工学的な問題のほうが，月面に着陸することやDNAを解読することよりもはるかに厄介なことだからである。⁴自然界では，人間の技術者がいまだ複製することが叶わない巧妙な解決方法が見出されている。⁵「人間とは何たる傑作か！ 理性をかくも高貴に備え，能力は無限の可能性を秘めている！ 姿と動作は見事なまでにうまく作られており，すばらしいと賞賛に値するもの以外の何物でもない！」とハムレットは詠うのだが，私たちは，その畏敬の念を，シェークスピア，モーツァルト，アインシュタインに対して抱くのではなく，おもちゃを棚に置きなさいという指示にきちんと応える4歳の子どもに向けるべきなのである。

語句 ¹gap 名 違い／starting point 出発点／〈, for SV〉というのも SV だから／fantastically 副 途方もなく／mental 形 精神の，知能の／take 〜 for granted 〜を当然だと思っている／²the very 〜 まさにその〜／mind 名 頭脳／misguided 形 見当違いの／³engineering 形 工学の（工業に役立てることを目的として，自然科学的手法を用いて新技術などを研究する学問のこと）／challenging 形 困難な，難易度の高い／land 動 着地する／⁴ingenious 形 巧妙な／duplicate 動 複製する／⁵piece of work 作品／noble 形 高貴な／reason 名 理性／infinite 形 無限の／faculty 名 能力／express 形 よくできた／direct A at B A を B に向ける／awe 名 畏敬の念

²the reason に対応する関係副詞 why は，この英文のように省略されることがよくあります。⁵引用されているハムレットのセリフは，人間の素晴らしさを表現した内容だとわかれば OK です。

2 ¹(In a well-designed system), the components are black boxes [that perform their functions (as if by magic)]. ²That is (no less) true of the mind. ³The faculty [with which we ponder the world] has no ability to peer inside itself (to see its own mechanism). ⁴That makes us the victims of an illusion: ⟨that our own psychology comes from some divine force or almighty

因果表現

principle⟩. ⁵(In the Jewish legend of the Golem), a clay figure was animated (when it was fed an inscription of the name of God). ⁶The Golem image is echoed (in many robot stories). ⁷Its modern versions appear (in some of the less fanciful stories of science). ⁸All of human psychology is said to be explained (by a single, omnipotent cause): a large brain, culture, language, socialization, learning, complexity, self-organization, neural-network dynamics.

訳 ¹見事に設計されたシステムにおいては，その構成要素はまるで魔法か何かで動かされているかのごとく機能するブラックボックスなのである。²そのことは人間の頭についてもまったく同じように当てはまる。³私たちは外界のことをじっくり考えることはできるのに，頭の中身を覗き込んで，その機能自体の仕組みを理解することはできないのである。⁴故に，私たちは，自分の頭の中はなにか神がかった力，すなわち万能の原理に起因しているのだという幻想の餌食と化してしまうのである。⁵ユダヤのゴーレムの伝説では，神の名を刻まれてはじめて，土人形は命を吹き込まれたと言われている。⁶ゴーレムのイメージは多数のロボット小説でそのまま繰り返されている。⁷空想性が薄れた科学小説の中にも，現代版という形で登場している作品もある。⁸人間の精神というものは例外なく，すべてを左右するたった1つの原因によって説明できると言われている。それによって大きな脳，文化，言語，社会化，学習，複雑性，自己組織化，神経網力学に至るまですべての事象の説明が叶うのである。

語句 ¹components 图 構成要素／black box ブラック・ボックス（仕組みがわからないものの例え）／function 图 機能／²no less ～ 同様に～／be true of ～ ～に当てはまる／³ponder 動 熟考する／peer 動 じっと見る／mechanism 图 仕組み／⁴victim 图 犠牲者，餌食／divine 形 神聖な／almighty 形 全能の／principle 图 原理，原則／⁵Jewish 形 ユダヤ（教）の／clay 图 粘土／animate 動 命を吹き込む／feed A B AにBを与える／inscription 图 記したもの，彫刻／⁶echo 動 （そっくりそのまま）繰り返す，そっくりまねる／⁷fanciful 形 空想的な／⁸omnipotent 形 絶大な力を持つ／complexity 图 複雑性／neural-network 图 神経回路網／dynamics 图 動力学

¹as if の後ろには S′V′ が続くのが普通ですが，不定詞や，今回のように副詞句が続くこともあります。

3 [1] I want to convince you ⟨that our minds are not animated (by some godly vapor or single wonder principle)⟩. [2] The mind, (like the Apollo spacecraft), is designed to solve many engineering problems, and thus is packed with high-tech systems [each contrived to overcome its own obstacles]. [3] I believe ⟨that the discovery [by computer science of the technical challenges [overcome by our everyday mental activity]] is one of the great revelations of science, an awakening of the imagination [comparable to learning ⟨that the universe is

| one of the great revelations of science の同格 |

made up of billions of galaxies⟩ or ⟨that a drop of pond water is full of microscopic life⟩]⟩.

訳 [1] 私たちの頭の働きは，決して何やら神がかり的な未知の力や単なる魔法の原理によって命を吹き込まれたわけではないのだということを，読者の皆さんには納得していただきたい。[2] アポロ宇宙船のように，脳は多くの工学的な問題に対処できるよう設計されているがゆえに，脳自体に起こり得る障害をも克服するよう，それぞれが工夫されてできているハイテク装置ばかりが脳には詰まっているのである。[3] 私たちの日々の頭を使った活動によって技術的難題が克服されていることが，コンピューター科学によって明らかになったということは，科学界における偉大な発見のうちの1つであると私は思う。それは宇宙が膨大な数の銀河から構成されていることや，池の水1滴の中には微生物がごまんといることを知ったときにも似た想像力の覚醒なのだ。

語句 [1] convince 動 納得させる／godly 形 神聖な／vapor 名 実体のないもの／wonder 形 驚異的な，魔力のある／[2] spacecraft 名 宇宙船／*be* packed with ～ ～で詰められている／contrive 動 工夫する／overcome 動 克服する／obstacle 名 障害／[3] challenge 名 難題／revelation 名 新発見／awakening 名 覚醒／comparable to ～ ～に匹敵する，～に似ている／*be* made up of ～ ～から成る／galaxy 名 銀河／microscopic 形 微細な，微小の

The gap between robots in imagination / and in reality / is my starting point, // for it shows the first step we must take in knowing ourselves: // appreciating the fantastically complex design / behind activities of mental life we take for granted. // The reason there are no human-like robots / is not that the very idea of a mechanical mind is misguided. // It is that the engineering problems that we humans solve / as we see and walk and plan and make it through the day // are far more challenging than landing on the moon / or reading DNA. // Nature has found ingenious solutions that human engineers cannot yet duplicate. // When Hamlet says, // "What a piece of work is a man! // How noble in reason! // How infinite in faculty! // In form and moving / how express and admirable!" // we should direct our awe not at Shakespeare or Mozart or Einstein // but at a four-year-old carrying out a request to put a toy on a shelf. //

In a well-designed system, // the components are black boxes that perform their functions as if by magic. // That is no less true of the mind. // The faculty with which we ponder the world / has no ability to peer inside itself to see its own mechanism. // That makes us the victims of an illusion: // that our own psychology comes from some divine force / or almighty principle. // In the Jewish legend of the Golem, // a clay figure was animated when it was fed an inscription of the name of God. // The Golem image is echoed in many robot stories. // Its modern versions appear in some of the less fanciful stories of science. // All of human psychology is said to be explained by a single, // omnipotent cause: // a large brain, // culture, // language, // socialization, // learning, // complexity, // self-organization, // neural-network dynamics. //

I want to convince you that our minds are not animated by some godly vapor / or single wonder principle. // The mind, // like the Apollo spacecraft, // is designed to solve many engineering problems, // and thus is packed with high-tech systems / each contrived to overcome its own obstacles. // I believe that the discovery by computer science // of the technical challenges overcome by our everyday mental activity // is one of the great revelations of science, // an awakening of the imagination / comparable to learning that the universe is made up of billions of galaxies / or that a drop of pond water is full of microscopic life. //

Lesson 6　解答・解説

このLessonで出てくるルール

Rule 51 解法 指示語の答えは「前」！ ヒントは「後ろ」！ ⇒ 問1
Rule 62 解法 説明問題の解法 ⇒ 問1
Rule 16 読解 「因果表現」を正しく把握する！（前置詞を使ったもの）⇒ 問2
Rule 35 読解 長文単語・語句をマスターする！（speech）⇒ 問5

解答

問1 19世紀初頭，イギリス社会の上流階級の人々がロンドン地区の上流階級の話し言葉（の型）を採り入れ始めたこと。

問2 解答例1 産業革命の影響を受けて広大な帝国を築いたイギリスが，アメリカ植民地を失い，ナポレオンを破ったことで，アフリカおよびアジアの植民地化に注力し，その結果1世紀半にわたって世界中の領地および人口のうち膨大な部分を支配し，その経済支配がさらに中国やアルゼンチンなどの国々にも及んだ時代。

解答例2 イギリスがナポレオンを打ち破り，アフリカとアジアに進出して，1世紀半の間大英帝国として世界中の膨大な地域を植民地にしていた時代。

問3 当時の社会では社会的な階級がきわめて重要で，出身地や社会的な出自を隠すために上流階級の話し方を身につけることが大切だったが，大多数のイギリス人は容認発音（RP）を話したことがなく，ラジオが普及する前には多くの人は容認発音をほとんど聞いたことさえなかった（ために手引書を作る必要があった）という理由。

問4 イギリスとは違い，アメリカでは地理的・社会的出自はそれほど重要ではなく，移民は普通の（周りの）アメリカ人の話し方を採り入れることができたため，「容認された」話し方を教えるマニュアルや辞書に対してイギリス人が抱くのと同じ必要性を感じることは決してなく，多数派の発音を標準のものとして採用するようになったという事情。

問5 普通の生い立ちのますますたくさんの人々が影響力のある地位にいることと相まって，明らかに上流階級であることがわかる話し方が非難されたことで，社会の上流階級の人々を参考にすることで定められた[社会の上流階級とのつながりを特徴づけられた]「容認された」発音について語ることはますますできなくなってしまった。

119

問6 （中にはそれを「イギリス標準発音」と呼ぶ人もいるが）北米における一般的なアメリカ英語よりも，社会的にも地理的にもはるかに一般的ではなく，それはイングランドの訛（なま）りであって，発音がかなり異なるスコットランド，アイルランド，あるいは元イギリス植民地を代表するものでは決してないと考えている。

問7 容認された発音は，過去のものであり，上流階級のものであるという含意。

問1 難易度 ★☆☆ 　思考力

　今回は指示語thisの説明問題です。「指示語」と「説明問題」に関する*ルール*を使って答案を考えましょう。

>>> *Rule 51* 解法 指示語の答えは「前」！ ヒントは「後ろ」！

> 　指示語（this, that, itなど）を見るとすぐ前の内容に戻ってしまう受験生が多くいます。確かに**「答えは前にある」**わけですが，**「ヒントが後ろにある」**ことも多いので，必ず**指示語の後ろも確認する姿勢**を身につけておきましょう。
>
> 　例えば，That is 〜．という文があれば，当然Thatの内容はis以下と「イコール」の関係だとわかります。それを念頭に答案を考えていく必要があるのです。

　問題の英文でも，thisの後ろ，つまり下線部を含む文全体を見て答案のヒントを探してみます。下線部の後ろはthere had been greater diversity of speech among Britain's social eliteです。Before this「これの前には（〜多様な話し方が存在した）」ということは，**下線部thisの内容は「多様性がない，統一，単一」などがキーワードになる**と予測できます。しかも，「多様性の存在→多様性がない」という「変化」をもたらしているわけですから，**「変化」を表す語句**を探すのがよいでしょう。

>>> *Rule 62* 解法 説明問題の解法

(1)「説明問題」とは？
　「和訳する」問題ではないので，ただ日本語に置き換えただけでは合格点はもらえません。文字通りの意味（単なる和訳）を踏まえたうえで，「**それが本**

文でどういう意味を持つのか」を具体的に説明する必要があります。

(2) 答案作成の手順

1. まずは「型」を作る

　下線部分の「定義」を考え，答案の「型」を作ります。下線部分を一度日本語で説明してみると，それがそのまま型になることが多いです。例えば，paradoxとあれば，「矛盾，逆説」→「相反していそうで，実は両立すること」のように説明してみて，これをそのまま答案の「型」にすればいいのです。

2. 定義を念頭に該当箇所を探す

　paradoxの場合なら，心の中で「矛盾，矛盾…」と思いながら探すと，該当箇所に反応しやすくなる（該当箇所を見つけやすくなる）のでオススメです。

3. 該当箇所を「型」に代入する

　該当箇所を見つけたら，その内容をそのまま訳すのではなく，「型に当てはめる」イメージで答案を作ります。

4. 見直し

　できあがった解答を下線部に入れて，自然に意味が通るかを確認してください。

　ここでは，この（2）2を意識しましょう。下線部thisは「変化」がキーワードになるので，「変化」を表す語句を念頭に該当箇所を探します。

　すると前段落の各文中にhappened, began, changeといった単語が見つかりますね。以上から，**第1段落がまるまるthisの内容を指している**と判断し，ここを端的にまとめて解答を作ればOKです。

> ここが　**思考力** ▶ ## 該当箇所を自分で整理する

　普通の国公立大学の入試問題であれば，「該当箇所を見つけたらそこをすべて訳す」ことでそのまま解答になることがほとんどですが，大阪大学レベルではもうひと手間かける必要があります。

　下線部thisを表す第1段落の内容が少し冗長なので，**スッキリさせて答案を作る必要があります。**設問文に「具体的に説明しなさい」とあり，出題者もそれを要求していることがわかります。

　この場合，**抽象的な内容より具体的な内容を書く**ことが求められますし，**重複する内容をカットする**ことも必要となってくるのです。

この問題で言えば，something remarkable happenedは抽象的で，それ以降に書かれた具体的な事例を答案に採用すべきです。began to change the way they spokeよりも，直後のthey began to adopt the speech patterns of the upper classes in the London areaのほうが具体的ですね。

問2　難易度 ★★☆　　思考力

　下線部This eraは〈this + 名詞〉なので，当然「前の内容を1語でまとめるとera（時代）となる」と判断できます（**Rule 4**⇒p.17）。ということは，ここでも**「時代」というキーワードを念頭に前の部分から該当箇所を探す**わけです。

　今回はズバリ「時代」を意味する単語は見つかりませんが，20～21行目にFor a century and a halfという**時間表現**があるので，この英文を該当箇所だと判断します。ただし，このFor a century ～の文と関連することがその前にも（この段落の初めから）書いてあるので，そこから答案の材料を探します。

　18～19行目の**in the wake of ～**「**～の結果として**」はかなり難しい熟語ですが，因果表現なので非常に大事です。

≫≫ *Rule 16* 読解 「因果表現」を正しく把握する！（前置詞を使ったもの）

　causeなどの「動詞を使った因果表現」は**Rule 16**（⇒p.40）で扱いましたが，「前置詞を使った因果表現」も重要です。簡単なものも多いのですが，最難関レベルではbehindやin the wake of ～がポイントになることがよくあります。

前置詞を使った因果表現

① 「～が原因で」

☐ because of 原因 　　☐ due to 原因 　　☐ through 原因

☐ owing to 原因 　　※〈owe 結果 to 原因〉が分詞構文になったもの

☐ on account of 原因 　　※直訳「～という説明（account）に基づいて（on）」

☐ as a result of 原因 　　※〈原因. As a result, 結果.〉原因だ。その結果として結果だ。

☐ what with A and B 　AやらBやらで（= because of A and B）

　　　　　　　　　　　　　　※マイナスの原因を述べる

② 「～のおかげで」

☐ thanks to 原因 　　☐ by virtue of 原因

③ behindを使ったパターン

☐ 原因 is behind 結果 　　※be behind ～ ～の原因である

---

④「〜の結果として」

□ in the wake of 〜　　　※wake は「(船が通ったあとの) 波の跡」の意味で, 動詞 wake 「目を覚ます」とはまったく語源が違う単語

　答案は「〜という時代」で終える, **文末オウム返し**を使います (***Rule 61***⇒ p.57)。解答例1 はかなり長いですが, 単に該当箇所を訳しただけのもので, これが一番簡単に作れます。万が一, 解答欄の大きさが明らかに足りない場合のみ, 解答例2 のように端的にまとめることを考慮すれば十分です。

　ちなみに, With the loss of the American colonies and the defeat of Napoleon の部分は**名詞構文**になっています (***Rule 83***⇒p.105)。それぞれ the loss と the defeat を V′, of 以下を O′ と考えて, 「アメリカ植民地を失った」「ナポレオンを破った」と訳すと, 自然な日本語になりますね。

> ここが　**思考力**　▶ **further に注目**
>
> 　20〜21行目 For a century and a half に注目して, さらにこの前の内容も解答に含めるわけですが,「よく読んで判断しよう」とだけ言われても辛いですよね。ここでは22行目の**further**「さらに」に注目してください。「さらに」と追加するような内容がくるということは, 当然その前に関連事項があると判断できるのです。

問3　難易度 ★★★

　「本を書いた理由」が問われているわけですが, すぐに前の2文 (39〜41行目 Of course, the great majority of Britons never spoke RP, and in an age before radio many of them hardly even heard it. It was necessary to produce guides to this scarce but important commodity.) が見つかると思います。

　それだけに「ここが答えだ」と思い込んでしまいがちですが, ここでは「イギリス人の大多数はRPを話したことがない, 聞いたことがない」とあり, それを「ラジオが普及する前の時代では」と補足しているだけです。

　設問文に「当時の社会的背景を踏まえて」とありますが,「ラジオ (が普及していなかったこと)」は「聞いたことがない」ことだけに対する理由で, 発音の手引書を作る必要があった社会的背景とは言えません。そこで「**当時の社会的背景**」を念頭に本文を読み直し, 探す必要があるのです。

第6段落1〜2文（24〜26行目）A small country like Britain could only control a planetary empire through a strict hierarchy of power and authority. The Crown and the London court naturally sat at the top, and colonial subjects were at the bottom. も「当時の社会的背景」の描写ですが，続く Stratification and rank were vital, and this included ways of speaking. に必要な情報が集約されているので，ここを「当時の社会的背景」の1つとして採用します。

さらに続けて In addition と追加内容がありますが，この Britain's industrial powerhouse, fed by materials from the colonies, was generating a new class of people with wealth. よりも，その次の文 It was important for the ambitious and aspirational to acquire the manners of those at the top, and therefore to conceal regional and social markers. のほうが「社会的背景」としてまとまっています。ここも含めて訳しましょう。

ちなみに，45行目 The play mocks 〜. の文は具体例なので，解答に含める必要はありません（もちろん含めても OK）。

問4 難易度 ★★☆　思考力

下線部は「アメリカの事情」なので，**different という表現からイギリスの社会的背景と対比されるアメリカの背景を解答とすればいい**と判断できます。今回は，下線部を含む第9段落中の英文から必要な情報を取捨選択すれば OK です。

まず，直後の文 There, geographical and social origins mattered less に **less** という比較級があり，これはアメリカとイギリスを対比しているため，解答の一部として採用します。

この英文の続きである and the newly wealthy felt no need to ape aristocratic manners. は **否定文**，続く 50〜51行目の Immigrants could emulate the speech of the ordinary Americans they mingled with は **肯定文**になっています。この Immigrants could 〜はアメリカの事情なので，これも採用します（ちなみに，このあとの something that 〜 consequences. は，単なる「イギリスなら〜」という付加的な情報なので採用不要です）。

52〜53行目 Americans never had quite the same need that was felt in Britain for manuals and dictionaries showing the 'received' way to speak. は，アメリカとイギリスが対比されているので採用です。

53〜54行目 And in time, America naturally came to adopt as its standard the pronunciation of the majority も採用しますが，この文の続きの a family of closely-related accents known as General American. は「社会的背景」ではない

ので，採用する必要はありません。

ここが　思考力　▶　**対比を軸に解答を作る**

　この問題は「アメリカの事情」を説明するものなので，なんとなく下線部のあとにあるアメリカのことを拾って訳していけばそれなりの解答にはなりますし，普通の国公立大学の入試であればそれで合格点に達するでしょう。しかし，それでは大阪大学レベルの入試での合格点は期待できません。みなさんは下線部中のdifferentから，「（アメリカの事情を）何かと比べている」，つまり「**対比が軸になっている**」という一歩踏み込んだ解答方針を定める必要があります（そもそも**記述問題の答案は対比を軸に書かせることが多い**ことも知っておくといいでしょう）。

　この前に解いた**問3**の解答で確認した「イギリスの社会的背景」と対比されるアメリカの背景を答案にすればいいと判断することで，**1本筋の通った解答**が書けるようになります。

問5　難易度 ★★☆

■主語は名詞構文

　英文の骨格は**S, together with 〜, mean that ...** です。〈S mean O〉は言うまでもなく「SはOを意味する」ですが，難しい英文ではかなり柔軟に訳せることを知っておくと便利です。〈S＝O〉だけでなく〈S→O〉のイメージで，「SによってOとなる」などの訳出が可能です（実は「〜という結果を生みだす」といった意味が辞書に載っていることもあるのです）。

　主語は The stigmatization of noticeably upper class speech という**名詞構文**で「**〜を非難すること，〜が非難されること**」と訳せば自然な日本語になります（***Rule83***⇒p.105）。

　stigmatization「汚名を着せること，非難」を知らない場合，もし74〜75行目 Increasingly, noticeably upper class speech became an object of mockery or resentment に気づけば，「あざけり」か「非難」と訳すことができるでしょう。

※この入試問題は2020年に出題されましたが，この年は新型コロナウイルスの感染が拡大した年です。その際，感染者に対する偏見・差別などが「（社会的）スティグマ（stigma）」という言葉で表され，ニュースなどで使われました。

　また，**speech**は「話し方」という意味で，簡単なのでまったく注目されない

のですが，実は長文単語としてとても重要です。

>>> *Rule 35* 読解 長文単語・語句をマスターする！（speech）

> **speechの意味**
> ① 発言 ② 話をする能力 ③ 話し方 ④ スピーチ・演説

　speechを見ると，どうしても「スピーチ，演説」が浮かんでしまいますが，長文ではほかの3つの意味でよく使われます。

■ together with ～ influence

　the growing numbers of people from ordinary backgrounds in positions of influenceは「普通の出自の，影響力がある地位にいる，ますますたくさんの人々」が直訳です。これはthe growing numbers of peopleに2つの前置詞句（from ordinary backgrounds／in positions of influence）がかかっていると考えるわけですが，意訳としては（まるで〈with O C〉「OがCの状態で」のように）「**普通の生い立ちのますますたくさんの人々が影響力のある地位にいる**」としてもいいでしょう。

■ that節内

　it became ever less possible to talk of ～「～について話すことがますますできなくなった」は仮主語itの構文です。lessは否定の意味なので**less possible**は「できない」，〈**ever ＋ 比較級**〉は「**ますます 比較級 だ**」という意味になります。reference to ～「～への参照」→「～を参照すること」なので，**by reference to ～「～を参照することで[～を参考にすることで，～と照らし合わせることで]」**となります。

問6 難易度 ★☆☆

　Some call it 'General British', but ～「（世間では）それを General British と呼ぶ人もいるが～」という形から，**but以降をまとめる**と判断します（ただし，Some ～の内容も解答に含めた方がより丁寧な答案になります。***Rule 61*** ⇒p.57）。
　続く文（105～107行目）の It's an accent of England, and certainly not representative of Scotland, Ireland, or the former British colonies, where pronunciation is substantially different. も，Englandの説明ですし，さらには certainly「確実に，きっと」といった筆者の意見を示す語句もあるので，解答に

採用します。

問7 難易度 ★☆☆

　下線部を含む文は，Nowadays journalists and actors will often refer to RP with precisely these connotations in mind. で，these connotations 自体は「（最近に限らず）以前からあった」ことがわかります。つまり「**以前，昔」などがキーワードになる**わけです。当然，〈this＋名詞〉のルール（***Rule 4***⇒p.17）から，「前にある内容，かつ今回は these なので複数のもの」を念頭に探します。

　111〜112行目 But the term is linked in many people's minds with the past and with the upper classes. の past を見て，この文が該当箇所だと考えます（この文の *be* linked with 〜という形に注意してください）。あとは**文末オウム返し**（***Rule 61***⇒p.57）を使って，「〜という含意」とすれば OK です。

　ちなみに，connotation「含意，言外の意味」は難しいですが，大阪大学レベルであれば知っておきたい単語です（ニュースで使われますし，大学の言語学や英米文学の授業で必ずと言っていいほど出てくる単語です）。

文構造の分析

1 ¹ (Around the beginning of the nineteenth century), something remarkable happened (in Great Britain). ² (All over the country), people [at the top of society] began to change the way [they spoke]: they began to adopt the speech patterns of the upper classes [in the London area].

> **訳** ¹19世紀初頭頃, 驚くべきことがイギリスで起こった。²イギリス全土で, 上流階級の人々が話し方を変え始めた。彼らは, ロンドン地域の上流階級の人々の話し方を採り入れるようになったのだった。

> **語句** ¹remarkable 形 注目すべき, 驚くべき ²adopt 動 採り入れる, 採用する

2 ¹ (Before this), there had been greater diversity of speech (among Britain's social elite). ² But the London area model steadily became established (as uniquely respectable, or 'received'). ³ (By 1869), the phonetician Alexander Ellis could write of 'a received pronunciation all over the country, [not widely different (in any particular locality), and admitting of a certain degree of variety]. ⁴ It may be especially considered (as the educated pronunciation of the

consider A as B の受動態

metropolis, of the court, the pulpit, and the bar).'

> **訳** ¹それ以前は, イギリスのエリート層の間にはもっと多様な話し方が存在した。²しかし, ロンドン地域の話し方は着実に, 比類なく上品な, つまり「容認される」ものとして定着していった。³1869年までには, 音声学者のアレクサンダー・エリスは「どの特定の地域でも大きく異なることはないが, 一定の多様性は認めている, イギリス全土で容認される発音」について書くことができた。⁴「それは特に, 首都ロンドンや宮廷, 説教壇, 法廷で使われる, 教養ある発音としてみなすことができます」と。

> **語句** ¹diversity 名 多様性／²steadily 副 着実に, 一定不変で／establish 動 定着させる／respectable 形 品のある／³locality 名 地域／admit of ～ ～の余地がある／⁴metropolis 名 主要都市／court 名 宮廷, 法廷／pulpit 名 (教会の) 説教壇／bar 名 法廷

3 ¹ This Received Pronunciation (RP) included fashions [that had only

イコール表現

recently arisen in the South]. ² The word *after*, for example, was pronounced (with a new broad *a*, and without its final *r*). ³ (In America, [which had been settled earlier]), the traditional unbroadened *a* and final *r* were preserved.

> **訳** ¹この容認発音 (RP) の中には, 当時のごく直近にイギリス南部で生まれたばかり

の流行が含まれていた。²例えば，afterという単語では，aの発音は口を大きく開けた新しいもので，最後のrは発音されなかった。³それ以前に入植していたアメリカでは，aは従来通り口を大きく開けずに発音され，最後のrは消えずに発音されていた。

語句 ¹fashion 名 流行／arise 名 生じる／²broad 形 開口音の／³settle 動 植民する／unbroadened 形 開口音でない／preserve 動 保つ

4 Why and how did upper class people [all over Britain] 'clone' the speech of the social elite [in and around the capital]?

訳 イギリス中の上流階級の人々はどうして，またどのように，首都とその周辺のエリート層の話し方をそっくりそのまままねたのだろうか。

語句 ¹clone 動 クローンを作る，そっくりに作る

5 ¹The answers are related to the vast empire [which Britain built up φ in the wake of its industrial revolution]. ²(With the loss of the American colonies and the defeat of Napoleon), Britain threw its energies (into colonizing Africa and Asia). ³(For a century and a half), Britain ruled over an enormous part of the world's territory and population, (its economic domination extending ever further, over countries [such as China and Argentina]). ⁴This era was also the era of RP.

訳 ¹その答えは，イギリスが産業革命に続いて築き上げた広大な帝国に関係している。²アメリカ植民地を失い，ナポレオンを破ったイギリスは，アフリカおよびアジアの植民化に注力した。³1世紀半にわたって，イギリスは世界中の領地および人口のうち膨大な部分を支配し，その経済支配はさらに勢力を拡大し，中国やアルゼンチンなどの国々にも及んだ。⁴この時代はまた，RPの時代でもあった。

語句 ¹be related to ～ ～と関係がある／vast 形 広大な／empire 名 帝国／build up 築く／in the wake of ～ ～のすぐあとに続いて ※wakeは「（船などが）通った跡」。／²colony 名 植民地／defeat 名 打ち負かすこと／colonize 動 植民地化する／³rule over ～ ～を支配する／enormous 形 非常に大きい／domination 名 支配

文法・構文 ³extending ever further ～は，its economic domination を意味上のSとする独立分詞構文です。

6 ¹A small country [like Britain] could only control a planetary empire (through a strict hierarchy of power and authority). ²The Crown and the London court naturally sat (at the top), and colonial subjects were at the bottom. ³Stratification and rank were vital, and this included ways of speaking.

「重要な」を意味する形容詞　イコール表現

4 (In addition), Britain's industrial powerhouse, (fed by materials from the colonies), was generating a new class of people [with wealth]. **5** It was important for the ambitious and aspirational to acquire the manners of those

<u>to不定詞の意味上のS</u>

[at the top], and (therefore) to conceal regional and social markers.

訳 **1** イギリスのような国土の狭い国が世界中の帝国を支配するには，権力と権威の厳格な階級制を利用するしかなかった。**2** 王権およびロンドンの宮廷が必然的に最上位に位置し，植民地の住民は最下層だった。**3** 階層化と階級がきわめて重要であり，これには話し方も含まれていた。**4** さらに，イギリスの強力な大手企業は植民地から物資を受け，新たな富裕層の階級を生み出していた。**5** 野心的で向上心のある人々が，最上層のマナーを習得し，そうすることで自分の地理的・社会的な出自がわかってしまう特徴を隠すことは重要だった。

語句 **1** planetary 形 世界的な，地球上の／hierarchy 名 階級制度，ヒエラルキーauthority 名 権威／**2** the Crown 王権／naturally 副 当然（ながら）※「自然に」という意味のほかに，この意味も押さえておきましょう。／subject 名 臣民／**3** stratification 名 階層化／**4** industrial 形 産業の／powerhouse 名 強力企業／feed 動 与える，餌を与える／generate 動 生み出す／wealth 名 富／**5** 〈the 形容詞〉〜な人，〜なもの／ambitious 形 野心を抱いた／aspirational 形 上昇志向の／manner 名 （通例複数形で）マナー，作法／those 名 人々／conceal 動 隠す／regional 形 地方の／marker 名 印となるもの

文法・構文 **4** この文のようにSの直後に分詞構文が続く場合，Sの説明になることが多いです。**5** those は関係代名詞の続く those who 〜「〜な人々」の形が代表的ですが，過去分詞や，今回のように形容詞句が続くこともあります。

---

7 **1** Schooling was a key element (in the maintenance of both the empire and

<u>「重要な」を表す形容詞</u>

RP). **2** The empire required a large proportion of Britain's ruling class to live abroad; they left their sons (in boarding schools (known misleadingly as 'public schools') [where they were conditioned to behave with the manners of those in authority]), and (in terms of speech) this meant RP. **3** 'Public School

<u>「人々」の意味の those</u>   <u>Daniel Jones の同格</u>

Pronunciation' was the name [proposed for RP by Daniel Jones, the founding Professor of Phonetics at University College London].

訳 **1** 学校教育は，帝国とRP，双方の維持において重要な要素だった。**2** 大英帝国は，イギリス支配階級の大部分に海外で暮らすように要求した。彼らは息子を寄宿学校（紛らわしいことに「パブリックスクール」の名称で知られている）に残していき，そこで息子たちは権力者の振る舞いをするように教育された。話し方に関して言えば，RPを教えられたのであった。**3** 「Public School Pronunciation」というのは，ユニバーシティ・カレッジ・ロンドンの初代音声学教授であったダニエル・ジョーンズが，RPを指すものとして提唱した名称だった。

語句 ¹schooling 图 学校教育／element 图 要素／maintenance 图 維持／²〈require 人 to 原形〉人が〜することを要求する／the ruling class 支配階級／boarding school 全寮制学校／misleadingly 副 誤解を招くように，紛らわしく／public school パブリックスクール（イギリスの上流子弟の全寮制の私立中等学校（日本での中学・高校を合わせたもの）のこと）／〈condition 人 to 原形〉人が〜するように訓練する／those in authority 権力者たち／in terms of 〜 〜の観点から／³propose 動 提案する／founding 形 創立にかかわる，創立時の／phonetics 图 音声学

8 ¹(Of course), the great majority of Britons never spoke RP, and (in an age before radio) many of them hardly even heard it. ²It was necessary to produce guides [to this scarce but important commodity]. ³Jones was pre-eminent (among describers of RP), (producing *An English Pronouncing Dictionary* (1917) and *An Outline of English Phonetics* (1918)). ⁴Jones was also a real-life model (for 'Professor Higgins' in George Bernard Shaw's play *Pygmalion* (1913), [on which the musical *My Fair Lady* was later based]). ⁵The play mocks the injustice of a society [which condemns an intelligent woman to the gutter (unless she can conceal her origins with RP)], a

RPの同格

commodity [she can't afford ϕ]. ⁶(Higgins teaches her (as a bet).)

訳 ¹もちろん，イギリス人の大多数はRPを話すことはなく，ラジオが普及する前の時代には，イギリス人の多くはRPを聞くことさえほとんどなかった。²このまれだが重要なものの手引書を作る必要があったのだ。³ジョーンズはRPを説明する者たちの中でも傑出しており，『An English Pronouncing Dictionary』（1917）や『An Outline of English Phonetics』（1918）を出版している。⁴ジョーンズはまた，のちに『マイ・フェア・レディ』としてミュージカル化された，ジョージ・バーナード・ショーによる戯曲『ピグマリオン』（1913）に出てくる「ヒギンズ教授」の実在のモデルでもあった。⁵この戯曲は，聡明な女性であっても，彼女には手の届かないRPを身につけて出自を隠すことができない限り，どん底の生活を強いられてしまう社会の不公平を嘲っている。⁶（ヒギンズは賭けとして彼女にRPを教える。）

語句 ¹hardly 副 ほとんど〜ない／²guide to 〜 〜の手引書／scarce 形 乏しい／commodity 图 もの／³pre(-)eminent 形 傑出した，卓越した／describer 图 記述する者，説明する者／⁴real-life 形 現実の，（人物などが）実在の／George Bernard Shaw ジョージ・バーナード・ショー（イギリスの劇作家・批評家）／*be* based on 〜 〜に基づいている／⁵mock 動 馬鹿にする／injustice 图 不公平，不公正／〈condemn 人 to 〜〉人を〜に追いやる／gutter 图 （通例 the がついて）貧困生活 ※もともと「溝」という意味で，ボウリングの「ガター」もこの単語。／origin 图 生まれ／⁶bet 图 賭け

文法・構文 ²but は形容詞2つ（scarce／important）を結んでいます。⁵a commodity 〜はRPの同格で，RPが（劇中の女性にとって）どのようなものだったのかを説明しています。

Lesson 6

9 [1]Things were very different (in the United States). [2]There, geographical and social origins mattered less, and the newly wealthy felt no need [to ape aristocratic manners]. [3]Immigrants could emulate the speech of the ordinary Americans [they mingled with φ], something [that (in Britain) would have had

前文の内容の同格　　　　　　　　　　　仮定法過去完了

socially restrictive consequences]. [4]Americans never had quite the same need [that was felt in Britain for manuals and dictionaries [showing the 'received' way to speak]]. [5]And (in time), America naturally came to adopt (as its standard) the pronunciation of the majority, a family of closely-related accents [known as General American].

the pronunciation of the majority の同格

訳 [1]アメリカ合衆国では，状況はずいぶん違っていた。[2]そこでは，地理的・社会的な出自はそれほど重要ではなく，新興富裕層は貴族階級のマナーをまねる必要性を感じていなかった。[3]移民たちは交流のある一般のアメリカ人の話し方をまねたが，同じことをイギリスでやったら社会的に抑圧される結果を招いたことだろう。[4]アメリカ人は，「容認された」話し方を示した手引書や辞書に対して，イギリス人が感じていたのと同じ必要性を一度も感じたことがなかった。[5]そしてそのうちにアメリカは自然と，大多数の発音であり，「一般アメリカ語」として知られる，一群のほぼ同種の訛りの発音を標準として採用するようになっていった。

語句 [2]geographical 形 地理的な／matter 動 重要である　※2020年に話題となった Black Lives Matter（アメリカで起こった人種差別抗議運動）にも使われています。／ape 動 まねる／aristocratic 形 貴族の，上流階級の／[3]emulate 動 見習う，まねる／ordinary 形 普通の／mingle with ～ ～と交流する／restrictive 形 拘束的な／consequence 名 結果／[4]manual 名 手引き書／[5]in time やがて／adopt A as B　AをBとして採用する，採り入れる／family 名 （同種の物の）一群，集団／accent 名 訛り，発音／General American 一般アメリカ英語（米国 New England, New York と南部を除き中西部で広く使われている英語）

文法・構文 [3]something ～は前文（the speech ～ mingled with）の内容の同格です。また，would have had ～は in Britain が if 節の代わりを果たしている仮定法過去完了です（「仮にイギリスであれば」という仮定）。[5]adopt A as B「AをBとして採用する，採り入れる」という本来の語順から，Aに当たる語句が長いため，後ろに回った形です。

10 [1]The twentieth century brought mass communication and culture. [2](At first), this acted (in RP's favour). [3]RP dominated BBC radio (for fifty years). [4]'It was no accident ⟨that RP became synonymous (between the wars) (with the term "BBC English")⟩, for the BBC consciously adopted this type of

この for は「接続詞」

pronunciation' (Gimson 1981). [5]The general population were now exposed to RP regularly, and free of charge. [6]Many people modified their speech (towards

it）. **⁷** (To some) it seemed that regional and social accents might be lost (in
RP's steady spread). **⁸** (Instead), the social foundations [on which RP stood]
collapsed.

> 訳 **¹** 20世紀はマスコミュニケーションとマスカルチャーをもたらした。**²** 当初, これは
> RP に有利に働いた。**³** RP は50年にわたり, BBC ラジオを支配した。**⁴**「RP が2回の大戦
> の間に『BBC 英語』と同義になったのは偶然ではありませんでした。なぜなら BBC は, こ
> の種の発音を意識的に採用したからです」(ギムソン 1981) **⁵** いまや一般の人々は常に,
> しかも無料で RP に触れるようになっていた。**⁶** 多くの人々が自分の話し方をそれに合わせ
> て変えた。**⁷** 一部の人には, RP が着実に普及するなかで地域や社会階層に特有の訛りが失
> われかねないように思えた。**⁸** しかしそうはならず, RP が拠りどころとしていた社会基盤
> が崩壊したのだった。

> 語句 **²** in *one's* favour ～に有利に ※favour は favor のイギリス式つづり。／**³** dominate 動 支
> 配する, 強い影響力を持つ／BBC 英国放送協会 (British Broadcasting Corporation の略)／
> **⁴** synonymous with ～ ～と結びついた, ～と同義の／consciously 副 意識的に／**⁵** be
> exposed to ～ ～にさらされる, ～に触れる／regularly 副 定期的に, いつも／free of
> charge 無料で／**⁶** modify 動 変更する／**⁸** foundation 名 基礎, 基盤／collapse 動 崩壊する

11 **¹** Victorian notions of social hierarchy faded (as the new century

> 「変化を表す表現」→ 比例の as

progressed). **²** Women won the right to vote and men [returning from two
world wars] demanded greater economic equality, (while colonial peoples
were deemed worthy of self-government).

> 訳 **¹** 新世紀に入って時が経つにつれて, 社会階級というビクトリア時代の概念は薄れ
> ていった。**²** 女性が参政権を勝ち取り, 2回にわたる世界大戦から帰還した男性がいっそう
> の経済的平等を求める一方で, 植民地の住民は自治に値すると見なされた。

> 語句 **¹** notion 名 概念／fade 動 弱くなる, 衰える／progress 動 経過する／**²** right to
> 原形 ～する権利／demand 動 要求する／colonial 形 植民地の／people 名 国民, 民族
> ※単数形は a people (単数・複数扱い), 複数形は peoples。／〈deem O C〉O を C と見なす／be
> worthy of ～ ～に値する／self-government 名 自治, 自治政治

12 **¹** The pace of social change accelerated rapidly (in the 1960s). **²** Pop culture
brought new glamour (to Britons) (from the lower classes, like the Beatles).
³ The once accepted 'superiority' of the upper classes was undermined (by
political scandals and a new freedom in the media [to criticize and satirize]).

> not A but B と似た形・意味の no longer A but rather B

> freedom を修飾する同格

⁴ Social privilege was no longer seen (as prestigious), but rather (as unfair).
⁵ And, (for the first time), the speech patterns of those [at the top] began to be

perceived negatively.

訳 ¹1960年代になると，社会が変化するペースが急激に加速した。²ポップカルチャーが，ビートルズなどの下層階級出身のイギリス人に新たな魅力をもたらした。³かつては認められていた上流階級の「優位性」は，政治スキャンダルや，メディアが新たに手に入れた批判と風刺の自由によって損なわれた。⁴社会的特権はもはや名誉あるものではなく，むしろ不当なものと見なされた。⁵そして初めて，最上層の話し方が否定的に受け取られるようになった。

語句 ¹accelerate 動 加速する／²glamour 名 魅力，華やかさ／³once 形 かつての／superiority 名 優越／undermine 動 むしばむ／freedom to 原形 〜する自由／criticize 動 批判する／satirize 動 風刺する／⁴privilege 名 特権／prestigious 形 名声のある

文法・構文 ³後半は freedom to 原形 「〜する自由」の形です。freedom と to 〜の間に in the media という修飾語句が割り込んでいるためわかりにくくなっています。

13 ¹(Increasingly), noticeably upper class speech became an object of mockery or resentment, appropriate (for snobbish villains [on stage and

> beingが省略された分詞構文

screen]). ²Sociolinguist Peter Trudgill has written, 'RP speakers are perceived, (as soon as they start speaking), (as haughty and unfriendly) (by non-RP speakers) (unless and until they are able to demonstrate the contrary).'

訳 ¹次第に，明らかに上流階級であることがわかる話し方は嘲りや恨みの対象となり，舞台や画面に登場する気取った悪役にふさわしいものとなった。²社会言語学者のピーター・トラッドギルは，「RP話者は，話し始めるやいなや，非RP話者から横柄かつ薄情と思われてしまい，それは自分がそうではないことを証明できるまで続くのです」と書いている。

語句 ¹noticeably 副 人目を引くほどに／mockery 名 あざけり，笑いもの／resentment 名 憤り，恨み／snobbish 形 お高くとまった／villain 名 悪役／²perceive A as B AをBであると解釈する／haughty 形 高慢な／unless and until 〜するまで（ずっと）※untilの強調表現。／contrary 名 （通例theがついて）逆のこと

文法・構文 ¹upper class は形容詞の働きで，直後の speech を修飾しています。その前の副詞 noticeably は upper class を修飾し，noticeably upper class speech で「人目を引くほどの上流階級の話し方／明らかに上流階級であることがわかる話し方」ということです。²RP speakers are perceived 〜は perceive A as B が受動態になった形（A is perceived as B）で，perceived の直後に as soon as 〜という副詞節が割り込んでいます。

14 ¹(At the same time), it became easier for less privileged people to reach

> to不定詞の意味上のS

higher levels of attainment and success; all five Prime Ministers [from 1964 to

1997] were educated (at state schools). ²Those [who rose socially] felt less
pressure (than before) [to modify their speech], (including those [in

including ～ → 具体例！

broadcasting]). ³And many of those [at the very top], (consciously or
otherwise), modified their speech (towards that of the middle or lower classes).

訳 ¹同時に，特権に恵まれていない階級の人たちが，より高いレベルの目標を達成し，
より高いレベルの成功をおさめることが容易になった。1964年～1997年の間に首相を務
めた5名は全員，公立学校で教育を受けている。²社会的地位が上がった人たちは，放送業
界の人も含めて，話し方を変えなければならないというプレッシャーを以前ほど感じなく
なっていた。³そして，最上層にいる多くの人々が，意識的にせよ無意識的にせよ，自らの
話し方を中流階級または下層階級の話し方に寄せていったのである。

語句 ¹privileged 形 特権的な／attainment 名 達成／state school イギリスの公立学校／
²pressure to 原形 ～しなくてはいけないという圧力／modify 動 修正する／broadcasting
名 (ラジオ・テレビの) 放送／³A or otherwise Aであろうとなかろうと

文法・構文 ¹all以下は，直前の文の内容の具体例になっています（1964といった数字が具
体例の合図）。

15 The stigmatization of noticeably upper class speech, (together with the
growing numbers of people [from ordinary backgrounds in positions of
influence]), meant ⟨that it became ever less possible to talk of a
'received' accent [defined by reference to the social elite]⟩.

訳 明らかに上流階級であることが分かるような話し方が非難されたことと，一般階級
出身で有力な地位に就いている人の数が増えたことが相まって，社会的エリートを参考に
定められた「容認」発音について語ることはますますできなくなった。

語句 stigmatization 動 汚名を着せること ※stigmatize「汚名を着せる」の名詞形。／together
with ～ ～と共に ※withの強調形。／reference to ～ ～との関連，～の参考

16 ¹Daniel Jones, the first UCL Professor of Phonetics, referred to RP (in

Daniel Jonesの同格

1918) (as the pronunciation 'of Southern Englishmen [who have been educated
(at the great public boarding schools)])'. ²John Wells, the last UCL Professor of

John Wellsの同格

Phonetics, referred to it (in 1982) (as typically spoken by 'families [whose
menfolk were or are pupils (at one of the "public schools)])"'. ³This conception,
(established in the nineteenth century), (meaningful to Jones (during the First
World War) and to Wells (in the era of Margaret Thatcher)), has (in the

subsequent decades) become part of history.

訳 ¹初代UCL音声学教授のダニエル・ジョーンズは，1918年にRPを「名門寄宿パブリックスクールで教育を受けたイングランド南部出身者の」発音と称した。² UCL音声学科最後の教授のジョン・ウェルズは，1982年にRPを，主に「男性陣が『パブリックスクール』のうち1校の出身または在籍中である家族」が話すものとした。³ 19世紀に確立されたこの概念は，第一次世界大戦中はジョーンズにとって，またマーガレット・サッチャーの時代にはウェルズにとって意義深いものであったが，そこから数十年経って歴史の一部となった。

語句 ¹refer to A as B　AをBと呼ぶ／²typically 副 典型的に，典型的な例では／menfolk 名 （一家の，一社会の）男連中／pupil 名 生徒，学生／³conception 名 考え／subsequent 形 その後の／decade 名 10年間

文法・構文 ³established in 〜はThis conceptionを意味上のSとする分詞構文です（このように，主語の直後に続く分詞構文は主語の「補足説明」を加えることが多いです）。またmeaningful to 〜 は，beingが省略された分詞構文です。andは2つの前置詞句（to Jones 〜／to Wells 〜）を結んでいます。

17 ¹ (In contemporary Britain), diversity is celebrated. ² Prominent figures [in business, politics, academia and the media] exhibit a range of accents. ³ But London and the South are still dominant (in wealth, power and influence). ⁴ Accents of the South, particularly middle and upper-middle class accents, are heard more often than others (in public life), and (in the TV programmes and films [that are seen internationally]). ⁵ Southern speech of this type is a natural teaching standard (for 'British English' today); the abbreviation SSB is used (for this Standard Southern British pronunciation). ⁶ Some call it 'General British', but it 's socially and regionally far less general (than General American is (in North America)). ⁷ It 's an accent of England, and certainly not representative of Scotland, Ireland, or the former British colonies, [where pronunciation is substantially different].

訳 ¹現代のイギリスでは，多様性が称えられる。²ビジネス，政治，学問，メディアにおける著名人は，さまざまな訛りをしている。³しかし富，権力，影響力においては，ロンドンおよびイギリス南部がいまだに支配的である。⁴公職の場や，国際的に視聴されているテレビ番組や映画では，南部訛り，特に中流階級および上位中流階級の訛りを耳にすることがほかの訛りよりも多い。⁵この種の南部の話し方は，今日の「イギリス英語」の指導において，当然のように標準とされている。このイギリス南部標準発音には，SSBという略語が使われる。⁶中にはこれを「イギリス標準発音」と呼ぶ人もいるが，それは北米における「一般アメリカ語」の浸透具合に比べると，社会的にも地域的にもはるかに一般的ではない。⁷それはイングランドの訛りであって，発音がかなり異なるスコットランド，アイルランド，あるいは元イギリス植民地を代表するものでは決してないのである。

語句 ² prominent 形 卓越した，有名な／figure 名 人物／academia 名 学問の世界／exhibit 動 示す／³ dominant 形 有力な／⁴ public life 公職の場／programme 名 番組／※ program のイギリス式つづり。／⁵ natural 形 当然の／abbreviation 名 略語／⁷ representative 形 代表する／former 形 かつての／substantially 副 相当に

18 ¹ (Although the pace of socio-phonetic change has been rapid (in recent decades)), there was no overnight revolution (in speech patterns); modern pronunciation has much [in common with RP]. ² (Indeed), some phoneticians have made efforts [to keep the term 'RP' for the modern standard, (by redefining it)]. ³ But the term is linked (in many people's minds) (with the past and with the upper classes). ⁴ Nowadays journalists and actors will often refer to RP

付帯状況の with

(with precisely these connotations in mind).

訳 ¹ ここ数十年間における社会音声学的変化のペースは急激だったものの，一夜にして話し方に革命が起こったわけではない。現代の発音には，RP との共通点が多い。² 実際，一部の音声学者は，「RP」という用語を再定義することによって，現代の標準としてこれを残そうと尽力してきた。³ しかし多くの人々の頭の中では，この用語は過去および上流階級と結び付いている。⁴ 最近では，ジャーナリストや俳優が，まさにこういったニュアンスを念頭に RP に言及することが多い。

語句 ¹ socio- 社会の／overnight 形 一夜のうちの，突然の／have much in common with 〜 〜と大いに共通点がある／² phonetician 名 音声学者／term 名 専門用語／redefine 動 再定義する／³ be linked with 〜 〜と結び付いている／⁴ refer to 〜 〜に言及する／connotation 名 言外の意味，含意

19 ¹ A line was finally drawn (under the British Empire) (over twenty years ago), (with the handover of Hong Kong in 1997). ² The turn of the twenty-first century might be taken (as a convenient point [from which RP can be referred to (in the past tense)]).

訳 ¹ 20年以上前，1997年の香港返還と共に，ついに大英帝国に幕が下ろされた。² 21世紀への変わり目は，RP を過去形で呼ぶのに都合のよい節目だと考えられるかもしれない。

語句 ¹ draw a line under 〜 （区切りをつけて）〜を終わりにさせる／handover 名 譲渡，明け渡し／² past tense 過去形，過去時制

137

Around the beginning of the nineteenth century, // something remarkable happened in Great Britain. // All over the country, // people at the top of society began to change the way they spoke: // they began to adopt the speech patterns of the upper classes in the London area. //

Before this, // there had been greater diversity of speech among Britain's social elite. // But the London area model steadily became established as uniquely respectable, // or 'received'. // By 1869, // the phonetician Alexander Ellis / could write of 'a received pronunciation all over the country, // not widely different in any particular locality, // and admitting of a certain degree of variety. // It may be especially considered as the educated pronunciation of the metropolis, // of the court, // the pulpit, // and the bar.' //

This Received Pronunciation // (RP) // included fashions that had only recently arisen in the South. // The word *after*, // for example, // was pronounced with a new broad *a*, // and without its final *r*. // In America, // which had been settled earlier, // the traditional unbroadened *a* / and final *r* were preserved. //

Why and how did upper class people all over Britain / 'clone' the speech of the social elite in and around the capital? //

The answers are related to the vast empire / which Britain built up in the wake of its industrial revolution. // With the loss of the American colonies and the defeat of Napoleon, // Britain threw its energies into colonizing Africa and Asia. // For a century and a half, // Britain ruled over an enormous part of the world's territory and population, // its economic domination extending ever further, // over countries such as China and Argentina. // This era was also the era of RP. //

A small country like Britain could only control a planetary empire / through a strict hierarchy of power and authority. // The Crown and the London court naturally sat at the top, // and colonial subjects were at the bottom. // Stratification and rank were vital, // and this included ways of speaking. // In addition, // Britain's industrial powerhouse, // fed by materials from the colonies, // was generating a new class of people with wealth. // It was important for the ambitious and aspirational / to acquire the manners of those at the top, // and therefore to conceal regional and social markers. //

Schooling was a key element in the maintenance of both the empire and RP. // The empire required a large proportion of Britain's ruling class to live abroad; // they left their sons in boarding schools / (known misleadingly as 'public schools') // where they were conditioned to behave with the manners of those in authority, // and in terms of speech / this meant RP. // 'Public School Pronunciation' was the name proposed for RP by Daniel Jones, // the founding Professor of Phonetics at University College London. //

Of course, // the great majority of Britons never spoke RP, // and in an age before radio // many of them hardly even heard it. // It was necessary to produce guides to this scarce but important commodity. // Jones was pre-eminent among describers of RP, // producing *An English Pronouncing Dictionary* // (1917) // and *An Outline of English Phonetics* // (1918) . // Jones was also a real-life model for 'Professor Higgins' / in George Bernard Shaw's play // *Pygmalion* // (1913) , // on which the musical *My Fair Lady* was later based. // The play mocks the injustice of a society / which condemns an intelligent woman to the gutter / unless she can conceal her origins with RP, // a commodity she can't afford. // (Higgins teaches her as a bet.) //

Things were very different in the United States. // There, // geographical and social origins mattered less, // and the newly wealthy felt no need to ape aristocratic manners. // Immigrants could emulate the speech of the ordinary Americans they mingled with, // something that in Britain would have had socially restrictive consequences. // Americans never had quite the same need that was felt in Britain / for manuals and dictionaries showing the 'received' way to speak. // And in time, // America naturally came to adopt as its standard // the pronunciation of the majority, // a family of closely-related accents known as General American. //

The twentieth century brought mass communication and culture. // At first, / this acted in RP's favour. // RP dominated BBC radio for fifty years. // 'It was no accident that RP became synonymous between the wars with the term / "BBC English", // for the BBC consciously adopted this type of pronunciation' // (Gimson 1981) . // The general population were now exposed to RP regularly, // and free of charge. // Many people modified their speech towards it. // To some it seemed that regional and social accents might be lost / in RP's steady spread. // Instead, // the social foundations on which RP stood collapsed. //

Victorian notions of social hierarchy faded as the new century progressed. // Women won the right to vote / and men returning from two world wars demanded greater economic equality, // while colonial peoples were deemed worthy of self-government. //

The pace of social change accelerated rapidly in the 1960s. // Pop culture brought new glamour to Britons from the lower classes, // like the Beatles. // The once accepted 'superiority' of the upper classes / was undermined by political scandals // and a new freedom in the media to criticize and satirize. // Social privilege was no longer seen as prestigious, // but rather as unfair. // And, / for the first time, // the speech patterns of those at the top began to be perceived negatively. //

Increasingly, // noticeably upper class speech became an object of mockery or resentment, // appropriate for snobbish villains on stage and screen. // Sociolinguist Peter Trudgill has written, // 'RP speakers are perceived, // as soon as they start speaking, // as haughty and unfriendly by non-RP speakers // unless and until they are able to demonstrate the contrary.' //

At the same time, // it became easier for less privileged people to reach higher levels of attainment and success; // all five Prime Ministers from 1964 to 1997 were educated at state schools. // Those who rose socially felt less pressure than before to modify their speech, // including those in broadcasting. // And many of those at the very top, // consciously or otherwise, // modified their speech towards that of the middle or lower classes. //

The stigmatization of noticeably upper class speech, // together with the growing numbers of people from ordinary backgrounds / in positions of influence, // meant that it became ever less possible to talk of a 'received' accent / defined by reference to the social elite. //

Daniel Jones, // the first UCL Professor of Phonetics, // referred to RP in 1918 / as the pronunciation 'of Southern Englishmen / who have been educated at the great public boarding schools'. // John Wells, // the last UCL Professor of Phonetics, // referred to it in 1982 as typically spoken by 'families / whose menfolk were / or are pupils at one of the "public schools"'. // This conception, // established in the nineteenth century, // meaningful to Jones during the First World War / and to Wells in the era of Margaret Thatcher, // has in the subsequent decades become part of history. //

In contemporary Britain, // diversity is celebrated. // Prominent figures in business, // politics, // academia // and the media / exhibit a range of accents. // But London and the South are still dominant in wealth, // power // and influence. // Accents of the South, // particularly middle and upper-middle class accents, // are heard more often than others in public life, // and in the TV programmes and films that are seen internationally. // Southern speech of this type / is a natural teaching standard for 'British English' today; // the abbreviation SSB is used for this Standard Southern British pronunciation. // Some call it 'General British', // but it's socially and regionally far less general / than General American is in North America. // It's an accent of England, // and certainly not representative of Scotland, // Ireland, // or the former British colonies, // where pronunciation is substantially different. //

Although the pace of socio-phonetic change has been rapid in recent decades, // there was no overnight revolution in speech patterns; // modern pronunciation has much in common with RP. // Indeed, // some phoneticians have made efforts to keep the term 'RP' for the modern standard, // by redefining it. // But the term is linked in many people's minds with the past / and with the upper classes. // Nowadays / journalists and actors will often refer to RP / with precisely these connotations in mind. //

A line was finally drawn under the British Empire over twenty years ago, // with the handover of Hong Kong in 1997. // The turn of the twenty-first century might be taken as a convenient point / from which RP can be referred to in the past tense. //

Lesson 7 解答・解説

Rule 72 構文 分詞構文の訳し方のコツ ⇒ 問8

解答

問1 a taking　　b presents　　c comes
　　　 d making　　e benefited[benefitted]

問2 Japanese media and politicians have not regarded[did not regard / had not regarded] environmental problems[issues] as very[so] important until recently.

問3 プラスチックの廃棄問題に関連して，食糧不足と飢餓がいまだに問題となっている国々から来た人たちが衝撃を受ける問題がある。それはすなわち日本の膨大な量の廃棄される食品だ。

問4 環境省が見積もった，2015年の約646万トンという食品ロスは，2014年に世界中に配給された320万トン近くの食糧援助量の2倍以上だ。

問5 [解答例1] Kyoto {has} recently announced that it will make reducing food loss[food loss reduction] a top priority[one of its top priorities].
　　　 [解答例2] Kyoto {has} recently announced that reducing food loss[food loss reduction] will be a[its] top priority.
　　　 [解答例3] Kyoto {has} recently announced that it will be a[the city's] top priority to reduce food loss.

問6 **6番目** in　　**10番目** supposed[**6番目** which　　**10番目** to]

問7 こういった根拠のない「期限」の1つを逃すと，食品が実際にはまだ食べても安全であるにもかかわらず捨てられることになり得る。

問8 しかし，京都に限ったことではないが，より面倒な問題は，食品ロスを減らすために，コンビニエンスストアに運営方法を考え直させることである。

問9 環境への意識が高い消費者が，お店などで食品ロスを減らすさらなる努力がなされていないと知ったら[さらなる努力が見えなかった場合]，京都の国際的な評価が大打撃を被り得ると気づいているから。（75字[71字]）

問10 食品廃棄物およびプラスチック廃棄物を規制するために，他国で見られるようないっそう厳しい法規定を食品のメーカーや小売業者に課すこと。（65字）

Rule 59（⇒p.27）で扱ったように，**空所補充問題は品詞やペアなどの「形」から考えるのが原則**です。今回も「形」から考える問題ばかりで，（　a　）以外は簡単です。

a：**take place**「起こる，開催される」という熟語に気づくのは簡単ですが，ここでは下線部（**あ**）の日本文が「主節」になるため，「東アジアで起こっている〜」と直前のchangesを修飾する現在分詞takingにしないといけません。（×）be taken placeと受け身にしないように注意しましょう。

b：空所を含む文はthe problem 〜 challengesがS，areがVのSVCの構造です。空所を含むit（　b　）が直前のthe environmental challengesを修飾しており，challengesの直後に関係代名詞が省略されていて，itはS′，そして空所にはV′が入ると考えます。challengesとの相性がいい動詞は**present**「提示する」です。the environmental challenges it presents「それ（廃棄物とごみの問題）が提示する環境問題，それによって生まれる環境問題」となります（itはthe problem of waste and garbageを指します）。

c：**come in 〜**「〜の形で売られる，手に入る」は，あまり受験の世界では重視されていませんが，実際の英語では頻繁に使われる重要表現です。ここでは「食品がプラスチック容器に入れて売られる」ということです。先行詞Japan's 〜 foodに合わせてcomesとします。

d：**make an effort to 原形**「〜するよう努力する」という熟語です。この場合のeffortは可算名詞で使われることが多いという点までチェックしておきましょう。空所の直前にareがあるので現在進行形にします。

e：**benefit from 〜**「〜から利益を得る，〜から恩恵を受ける」という熟語です。benefitは今回の自動詞以外に，他動詞として「〜のためになる」の意味でも使われます。空所の直前にhaveがあるので現在完了形にします。

> ここが　思考力　▶ **日本文も考慮する問題**

（　a　）は（英文中にある）日本文までを考慮して，形を判断しないといけない問題です。「こんな問題アリなの？」と思いませんか？　正直，ボクは思いました。しかしこれは本書の創作問題ではなく，**実際の出題そのまま**なのです。つまり**慶應義塾大学医学部の入試はここまでのレベルを要求してくる**ということがわかり，同じことはほかの大学・学部の入試でも起こり得る

わけです。だからこそ「予想問題」よりも「過去問」をしっかりやりこむ必要があるのです。たまに「過去問は一度出たからもう出ない問題ばかり」などと言う人もいるのですが，それがとんでもない間違いだとわかるでしょう。**志望大学の過去問をやりこむことで，こういった設問でのポイントや暗黙の了解など，さまざまなことを感じ取ることができるのです。**

問2 難易度 ★★☆

■ 主語を決める

主語「日本のメディアと政治家」は**Japanese media and politicians**とします。JapaneseはJapan's，mediaはmass mediaとしてもOKです（mediaは本来medium「媒体，メディア」の複数形なので，medias としてはいけません）。

■ 動詞を決める

「〜をそれほど重視してこなかった」を直訳するのではなく，「**〜をそれほど重要だと思わなかった**」と言い換えると，regard［view / see］*A* as *B*「AをBとみなす」などの有名な熟語を使うことができます。have not regarded environmental problems as very［so］important「環境問題をそれほど重要だとみなしていなかった」とすればOKです（problemsはissuesでもOK）。

時制は「（過去〜最近・現在まで）重視してこなかった」と考えて現在完了形を使うのが無難ですが，「（過去に）重視していなかった」とみなすこともでき，過去形（did not regard）や過去完了形（had not regarded）も可能ではあります。

ちなみに，「重視する」にはたくさんのパターンがあるので，以下にまとめておきます。この中の表現であればどれを使ってもOKです。

> **「重視する」のバリエーション**
> regard *A* as important Aを重要だとみなす／consider *A* {to be} important Aを重要だと考える／think {that} 〜 is important 〜を重要だと考える／take 〜 seriously 〜を真剣に考える／give a lot of attention to 〜 〜に多くの注意を払う／give serious［much］thought to 〜 〜を真剣に［よく］考える／give great importance to 〜 〜を重視する／place great importance on 〜 〜を重視する

ほかの「重視する」を使った表現例

have <u>given</u> environmental problems <u>little attention</u>

have not <u>considered</u> environmental problems {to be} important

have not <u>taken</u> environmental problems <u>seriously</u>

「最近まで（ずっと）」は**until**［**till**］**recently**で，文頭，文中（have, until recently, p.p.の形），文末のどこに置いても OK です。

問3 難易度 ★☆☆

<u>Related to the plastic waste problem</u>　<u>is</u>　<u>one</u> ［that shocks visitors from
_c　　　　　　　　　　　　　　　　　v　　s
countries ［where food shortages [and] starvation remain issues］］: Japan's ～.

■ 第2文型の倒置

構文把握では，**第2文型（SVC）の倒置CVS**を見抜くことがポイントになります（**_Rule 73_**⇒p.16）。元々は One that shocks visitors from ～ is related to ... で，元の形（SVC）に戻して「～に衝撃を与えるのは…に関連している」と訳しても OK ですが，今回は倒置が起きた英文（CVS）の順番通りに「…に関連しているのは～に衝撃を与えるものだ」と訳した方が自然でしょう。

■ oneが指しているものは？

is の直後の**one は前の the plastic waste problem** を指しています。Related to the plastic waste problem is one that shocks visitors from countries ～は，「プラスチックの廃棄問題に関連しているのは，～国々から来た人たち（訪問客）に衝撃を与える問題だ」→「プラスチックの廃棄問題に関連して，～国々から来た人たち（訪問客）が衝撃を受ける問題がある」とすると，より自然な和訳になります。

■ 多義語のissue

where ～ issues は関係副詞節で，countries where food shortages and starvation remain issues「食糧不足と飢餓がいまだに問題となっている国々」と訳します。
この issue は「問題」という意味で，問2の解答例でも使いました。

> **多義語issue** ［核心］「ポンと出てくる」
> ① 問題，論争　　② （雑誌の）号　　③ 発行する，出す

「ポンと出てくる」→「問題，論争」，「雑誌がポンと（書店に）出てくる」→「（雑誌の）号」，「本や雑誌をポンと出す」→「発行する，出す」です。

■ コロンの役割

コロン（:）は厳密には「大 → 小」といった関係を表すものです。漠然とした話を具体的に言い換えるときなどによく使われます。ここでは「**それはすなわち〜**」などと訳せばOKです。もちろん日本語の文法にコロンはないので，和訳の答案でコロンを使ってはいけませんよ。

今回の英文では，コロンの前に「〜問題がある」と言っているので，コロンの後ろではその「問題」を説明しているとわかります。

> 補足 セミコロン（;）は左右の関係が対等な場合に使われます。左右共に「文（SV）」がくるのが特徴で，「結果」や「理由」，「対比関係」などを表します。

■ 〈*A* of *B*〉の訳し方

最後のJapan's huge volume of wasted foodでは，〈*A* of *B*〉の訳し方を押さえておきましょう。〈*A* of *B*〉は「BのA」と訳すのが原則ですが（この場合「廃棄される食品の膨大な量」），**Aに数量表現がくると「AのB」と訳す**ことがほとんどなので，解答例は「膨大な量の廃棄される食品」としました（今回はどちらでも意味が通ります）。数量表現とは，a lot of 〜「たくさんの〜」やa series of 〜「一連の〜」などです。今回の文ではvolumeが使われています。

問4 難易度 ★☆☆

■ 〈double 名詞〉「名詞 の2倍」

英文はSVCの構造です。Cは **more than double 〜「〜の2倍以上」** の形で，more than double the nearly 3.2 million tons of food assistance 〜「〜320万トン近くの食糧援助量の2倍以上」となります。3.2 million tons of 〜は数量表現なので，「AのB」と訳しています。nearlyは「〜近く，ほぼ〜」です。

■ That の内容を明らかにする

指示語の指す内容を明らかにするために，後ろにヒントを求めます（***Rule 51*** ⇒ p.120）。That'sと「イコールを示すis」があるので，「**That ＝ 320万トン近くの食糧援助量の2倍以上**」の関係です。これを念頭に置いて下線部より前を見ると，直前の文 The Environment Ministry estimated food loss at about 6.46 million tons in 2015. に「640万トン（＝ 320万トンの2倍）以上」に該当する数字があるため，Thatはこの部分を指していると判断できるわけです。今回の英文ではThatは主語なので，「環境省は，2015年の食品ロスを約646万トンと見積もった」→「環境省が見積もった，2015年の約646万トンという食品ロス」と，名詞のカタマリとしてまとめます。

問5 難易度 ★★☆

　英文中の英作文（英文の中で一部が日本語になっているものを英訳する）のコツは，とにかく「**前後から引用すること**」です。もちろん，知っている語彙で素直に英文を作れるなら問題はありませんが，使える単語・構文・言い回し等々，使えるものは徹底的に使う姿勢が重要です。極論を言うなら「前後からのコピペだけで英文を作るつもりで」英作文してください（むしろそちらのほうがキレイな英文になることがよくあります）。

■ 中心部分

　「京都は〜すると最近発表した」なので，**Kyoto {has} recently announced that 〜を文の骨格**とします。announce「発表する」は難しい単語ではありませんが，直後の文（22行目）にある announcing を利用すれば，つづりのミスを防げます。

　また，「最近」は recently を使っていますが，英作文では「最近」を表す語句の使い分けが大切なポイントになります。

> **「最近」を表す語句の区別**
> **"days"系**　these days / nowadays　（昔と違って）最近は　※現在形
> **"-ly"系**　recently / lately　（ちょっと前から今までの）最近，この間
> 　　　　　　　　　　　　　　　　　　　　　　　※現在完了形 or 過去形
> 　[補足] lately は使い方に制限があるので，英作文では recently を使うほうが無難です。

　ここでは**単に「ちょっと前，この間」を意味しているので recently** を使います（時制は現在完了形・過去形のどちらでも OK）。位置は解答例以外に，announced の直後・文頭・文末などに置いても OK です。

■ that 〜 以下

　「**〜することを最優先とする**」は〈**make O C**〉の形を使い，it will make O a top priority［one of its top priorities］とします。priority「優先」は日本語でも「プライオリティが高い」のように使われるので，理解しやすいでしょう。「〜することを最優先とする」→「〜することが最優先になる」と考え，動名詞を主語にした別解[解答例2]や仮主語 it を使った別解[解答例3]も可能です。

　O には「食品ロスを減らすこと」が入ります。直前に reduce food loss があるので，これを利用して **reducing food loss「食品ロスを減らすこと」**とすればいいでしょう。ちなみに，本文最終文に reducing food loss という言い回しがそのま

ま出てきます。また，第5段落下線部中にある food loss reduction という表現を
使っても OK です。

問6 難易度 ★☆☆

SV の把握がポイントです。日本文の骨格は「2つ目は〜した期間である」なの
で，まず The second is the period とします。次に the period「期間」を修飾する
ため，in which 〜（前置詞＋関係代名詞）を後ろに続けます。関係詞節は，日本
文の「〜することとした」と語群にある supposed に注目して，*be* supposed to
原形「〜することになっている」という表現を中心に考えましょう。retailers are
supposed to sell the product「小売業者が製品を販売することとした」とすれば
OK です。英文は The second is the period in which retailers are supposed to sell
the product. となります（ちなみに in を後置した The second is the period which
retailers are supposed to sell the product in. でも OK ですが，これは会話でよく使
われ，今回のような英文であれば in which がより適切です）。

　the を使う箇所で悩むかもしれませんが，直前の文 The first is the time it takes
food manufacturers to get the food to retailers. が参考になります。second,
period, product には the が必要で，retailers には the は不要だと判断できますね。
英文中の整序問題でも，前後の英文がヒントになることがあるわけです。

問7 難易度 ★★☆

■ **arbitrary の意味は？**
　arbitrary は「恣意的な」というのが辞書的な意味で，この訳語を覚えていれば
そのまま書いてもよいですし，意訳して「根拠のない」などとしても OK です。
arbitrary は「**気まぐれの，論理性がない，思いつきの**」といった感じで使われる
重要単語です。
　ちなみに，arbitrary を含む部分は〈these ＋ 名詞 〉の形で前の内容をまとめて
います（**Rule 4**⇒p.17）。下線部の直前では「1つ目は〜の期間／2つ目は〜の期
間／3つ目は〜の期限」という「3分の1ルール」について書かれており，これら
をまとめて「こういった根拠のない『期限』」と言い表しているわけです。
　また，これが説明問題だったら "deadlines" の「クオーテーションマーク」の意
図を読み取らないといけませんが（**Rule 7**⇒p.25），今回は和訳問題なので「**ク
オーテーションマーク**」はそのまま「**カギカッコ**」にすれば **OK** です。「（本当は
大丈夫なのにみんな几帳面に守る）ある意味，期限と言えるもの」といった皮肉
です。arbitrary「恣意的な」とも意味が合いますね。

■イコールを意識して訳す

can mean はそのまま「意味し得る」でいいのですが（canは推量「〜し得る」），meanが「イコール表現」であることを意識して，〈**S can mean O.**〉「**SはOになり得る**」くらいに意訳すると，さらに自然な和訳を作ることができます。mean の後ろにはthat節がきています。

throw away は，直訳「離れたところに（away）投げる（throw）」→「捨てる」の意味です。語彙問題ではよく，put away「離れたところに（away）置く（put）」→「片づける」との区別が狙われますが，この問題の英文では文脈から「捨てる」の意味になることは明らかなので，問題ないでしょう。

■ despite the fact that 〜 をキレイに訳す

despite「〜にもかかわらず」の後ろは，同格のthatを使ってthe fact that 〜「〜という事実」となっています。despite the fact that 〜は「〜という事実にもかかわらず」→「**〜であるにもかかわらず**」くらいに意訳すると，より自然な和訳になります。

that以下のit remains safe to eatは「食べても安全な状態のままである」→「実際はまだ食べても安全である」とします。ここでのsafeはeasy, difficult, tough などで有名な〈**S is 形容詞 to 原形**〉の形で「**〜する点において形容詞だ**」を表しています。safe to eat「食べる点において安全だ」→「食べても安全だ」です。

問8 難易度 ★☆☆

全体はSVCの形です（Cに動名詞getting）。また，not limited to Kyoto は**分詞構文**になっています。

>>> *Rule 72* 構文 分詞構文の訳し方のコツ

分詞構文は従来，5つの訳し方（時／原因・理由／条件／譲歩／付帯状況）が羅列されてきましたが，それを丸暗記する必要はありません。そもそも分詞構文は2つの文を**補足的に**くっつけたものなので，意味も**軽く（適当に）**つなげればOKなんです。

さらに詳しく説明すると，**分詞構文の意味は「位置」で決まります**。

分詞構文の「意味」
① 文頭　-ing 〜, S V.　→　**適当な意味**
② 文中　S, -ing 〜, V.　→　**適当な意味** ※主語の説明になることが多い
③ 文末　S V(,) -ing 〜.　→　**「そして〜だ，〜しながら」**

文頭・文中にある場合は，主節との関係を踏まえて**適当（適切）な意味**を考えてください。手っ取り早いのは「**〜して[〜で]，SVだ**」のように，「て，で」を使う方法です。

　分詞構文が**文末**にある場合は，「そして〜だ，〜しながら」が便利です。「**SVだ。そして〜だ**」か「**〜しながら，SVする**」の意味がほとんどです。下線部の和訳問題では両方を検討して，適切なほうの訳にすればよいです（どちらの意味でも通る場合があります）。

　問題の英文では分詞構文が**文中**にあるので，**適当な意味**でつなげればOKです。But the tougher problem, not limited to Kyoto, 〜は「しかし，より面倒な問題は，それは京都に限ったことではないのだが〜」とするか，分詞構文に相当する日本語を前に持ってきて，「しかし，京都に限ったことではないが，より面倒な問題は〜」とすればOKです。

※問題の英文のように分詞構文が**主語の直後**に置かれる場合は，**主語を説明する**ことがほとんどです。今回も主語のthe tougher problemを，「京都に限ったことではない」と説明していますね。

■〈get O to 原形〉と〈the way S´V´〉を正しく訳す

　そのあとは〈**get O to** 原形〉「**Oに〜させる**」の形で，getting convenience stores to rethink 〜「コンビニエンスストアに〜を考え直させること」となっています。そして，rethinkの目的語として〈**the way S´V´**〉「**S´V´する方法**」が続いています。theyはconvenience storesを指し，the way they operate「コンビニエンスストアが運営する方法」となります。so as to reduce food lossは「食品ロスを減らすために」です（so as to 原形「〜するために」）。

問9 難易度 ★★☆

　今回も，まずは「形」から考える姿勢が大切です。下線部を含む英文全体（第5段落まるごとですね）を見ると，前半のAware that 〜は**分詞構文**になっています（これはBeingが省略された形で，こういった形容詞で始まる分詞構文に注意してください）。

　分詞構文ということは，ここは何かしらの補足を表していると判断できます。つまり，**この問題で問われている「理由」がここに書かれているだろうと予測できる**ので，この分詞構文の部分を訳してまとめればOKです。could take a serious hitは「大打撃を被り得る」で，このcouldは「推量（〜かもしれない）」を表しています。

　if以下は，don't see more efforts to 〜「〜するさらなる努力がなされていない

と知る［～するさらなる努力が見えない］」です。combatは「戦い，対立」の意味が代表的ですが，実際には問題の英文のように「（環境問題などに）取り組む，対処する」といった意味でよく使われます。to combat food lossは「食品ロスに対処する，食品ロスを減らす」ということです。

　これらの点を踏まえて和訳すると，「京都は，国籍にかかわらず環境への意識が高い消費者が，観光ブームによって増加しつつある，レストランやスーパーマーケット，コンビニエンスストアにおいて食品ロスを減らすさらなる努力がなされていないと知ったら［さらなる努力が見えなかった場合］，京都の国際的な評価が大打撃を被り得ることに気づいているため，～と認識はしている」のようになりますが，これだと75字以内に収まらないので，補足部分（国籍にかかわらず／観光ブームによって増加しつつある）をカットしたり，「レストランやスーパー，コンビニエンスストア」を「お店など」のように言い換えて表したりすればOKです。

問10　難易度 ★☆☆

　問われているのがthat next stepなので，**next／stepをキーワードとして最終段落を読み直す**と，すぐに1文目 What Kyoto needs to do next is to impose ～ が見つかります。この文を訳せばOKです。

　この文は**関係代名詞WhatがSを作り，to impose ～がC**になっています。あとは比較級の強調を表すeven，impose A on B「AをBに課す」の表現がわかれば，問題なく解けるでしょう。onは本来「接触」ですが，「接触してグイグイ影響を与えるイメージ」から「影響」の意味が生まれました。impose A on Bにはこの「影響のon」が使われています。

　今回の問題はnextに注目すれば，簡単に該当箇所が見つかりましたね。意味だけに頼るのではなく，こういった客観的な手がかりを探す姿勢が大切なのです。

文構造の分析

1 ¹ (Compared with constitutional revision, the economy, celebrity gossip, and Japan's role [in the geopolitical changes [taking place in East Asia]]), Japanese media and politicians have not regarded environmental problems (as very important) (until recently). ² Suddenly, though, the environment is back (on the agenda). ³ A record-hot summer and natural disasters [in western Japan], [including the flooding of Kansai International Airport], drove home the importance of dealing with climate change. ⁴ But (in cities [like Kyoto], [where international tourism drives large sectors of the local economy]), the problem of waste and garbage and the environmental challenges [it presents] are the more urgent problems.

> **訳** ¹憲法改正や経済，有名人のゴシップ，東アジアで起こっている地政学的な変化における日本の役割に比べると，日本のメディアと政治家は最近まで環境問題をそれほど重視してこなかった。²しかし突然，環境問題が再び議題に上がるようになった。³記録的な暑さの夏や関西国際空港での浸水などの西日本における自然災害によって，気候変動に対処することの重要性がはっきりと認識されたのだ。⁴しかし，国際観光が地元経済の大部分を動かしている京都などの都市では，廃棄物とごみの問題や，それによって生まれる環境問題のほうがより緊急性の高い問題なのである。

> **語句** ¹compared with ～ ～と比較すると／constitutional revision 憲法改正／celebrity 名 有名人／gossip 名 ゴシップ，うわさ話／role 名 役割／geopolitical 形 地政学的な／take place 起こる／²on the agenda 議題に上がっている ※agenda は「議題，(取り組むべき)問題」。／³record 名 記録的な ※形容詞的に使われています。／disaster 名 災害／flooding 名 洪水，氾濫／drive ～ home ～を痛感させる，～を納得させる／deal with ～ ～を処理する，～を解決する／⁴drive 動 動かす，推進する，活発にする／challenge 名 課題，難題／present 動 引き起こす，生じさせる／urgent 形 緊急の

> **文法・構文** ³⟨drive O home (C)⟩「O を痛感させる，O を納得させる」の O が長いため，後置されています。 ⁴1 つ目の and は waste と garbage を，2 つ目の and は the problem of ～ と the environmental challenges を結んでいます。it は the problem of waste and garbage を受けています。

2 ¹ Japan's ubiquitous use of plastic and the environmental problems [associated with it] have long been noted (by those [from countries [with strict local
   〔「人々」という意味〕
ordinances or national legislation to control the use of plastic]]). ² Related to the plastic waste problem is one [that shocks visitors from countries [where
   〔SVC → CVS の倒置〕

food shortages and starvation remain issues]]: Japan's huge volume of wasted food, [which often comes (in plastic containers)]. ³ The Environment Ministry estimated food loss (at about 6.46 million tons) (in 2015). ⁴ That 's more than double the nearly 3.2 million tons of food assistance [that was distributed worldwide (in 2014)], (according to the United Nations' World Food Programme).

訳 ¹日本のいたるところで見られるプラスチック利用とそれに関連した環境問題は長い間，プラスチックの利用を規制するための厳しい地方条例や国の法令が制定されている国の人々によって指摘されてきた。²プラスチックの廃棄問題に関連して，食糧不足と飢餓がいまだに問題となっている国々から来た人たちが衝撃を受ける問題がある。それはすなわち日本の膨大な量の廃棄される食品であり，そうした食品はプラスチック容器に入っていることが多い。³環境省は，2015年の食品ロスを約646万トンと見積もった。⁴国際連合の世界食糧計画によると，それは2014年に世界中に配られた320万トン近くの食糧援助量の2倍以上だ。

語句 ¹ubiquitous 形 至るところに存在する，遍在する／be associated with ～ ～に関連している　※associateは「関連づける」。／note 動 言及する，指摘する／ordinance 名 法令，条例／legislation 名 法律／²shortage 名 不足／starvation 名 飢餓／container 名 容器／³ministry 名 省／estimate ～ at ... ～を…と見積もる／⁴double 形 2倍の　※〈double 名詞〉は「名詞の2倍の」。／distribute 動 配布する／World Food Programme 世界食糧計画（途上国に対し食糧援助を行う国連の機関）　※programmeはprogram「計画」のイギリス式つづり。

文法・構文 ¹itはJapan's ubiquitous use of plasticを受けています。thoseはthose who ～「～な人々」の形が代表的ですが，過去分詞や，今回のように形容詞句が続くこともあります（訳し方は変わりません）。orはwithの共通の目的語である名詞2つ（strict local ordinances／national legislation to ～）を結び，このカタマリがまとめてcountriesを修飾しています。

---

3 ¹Local governments [around the country] are making efforts [to reduce food loss and food waste], and Kyoto recently announced ⟨that it will make reducing food loss a top priority⟩.
make OC を予想
² (Earlier this month), Mayor Daisaku Kadokawa cited the 6.46-million-ton food loss figure (in announcing new efforts). ³ The city's calculations are ⟨that food loss in Kyoto, [with a population of 1.4 million], is about 64,000 tons annually — 1 percent of Japan's total⟩. ⁴Kyoto's goal is to reduce food loss (to 50,000 tons) (by 2020). ⁵To achieve that goal means pressuring food sellers and distributors to revise
イコール表現
the so-called one-third rule, [whereby the period [from when a food product is

produced to its designated "consume-by" date] is divided (into three shorter periods)]. ⁶The first is the time [it takes food manufacturers φ to get the food (to retailers)]. ⁷The second is the period [in which retailers are supposed to sell the product]. ⁸The third is by when consumers are recommended to eat it. ⁹Missing one of these arbitrary "deadlines" can mean ⟨ food is thrown away,

イコール表現

(despite the fact ⟨that it remains safe to eat⟩)⟩.

訳 ¹国中の地方自治体が食品ロスおよび食品廃棄物を減らそうと努力していて，京都は食品ロスを減らすことを最優先とすると最近発表した。²今月に入って，京都市長の門川大作氏は，新たな試みを発表する中で，646万トンという食品ロスの量に言及した。³市の見積もりでは，人口140万人の京都市における食品ロスは年間約6万4000トンだということだ。これは日本における総量の1パーセントに当たる。⁴京都市の目標は，2020年までに食品ロスを5万トンまで削減することだ。⁵その目標を達成するということは，食品の販売者や卸業者に，いわゆる3分の1ルールを見直すように働きかけるということだ。3分の1ルールでは，食品の製造日から指定の賞味期限までの期間が3つのより短い期間に分割される。⁶1つ目は，食品メーカーが食品を小売業者に届けるのにかかる期間である。⁷2つ目は，小売業者が製品を販売することとした期間である。⁸3つ目は，消費者がそれを食べることを推奨されている期限である。⁹こういった根拠のない「期限」の1つを逃すと，食品が実際にはまだ食べても安全であるにもかかわらず捨てられることになり得るのである。

語句 ¹local government 地方政府／make efforts 努力をする／make ～ a top priority ～を最優先にする／²mayor 图 市長／cite 動 引用する，挙げる／figure 图 数字，数量／in –ing ～するときに／³calculation 图 見積り，推定／annually 副 毎年，年間で／⁴reduce A to B AをBまで減らす／⁵achieve 動 達成する／⟨pressure 人 to 原形⟩ 人 に～するよう圧力をかける／distributor 图 卸業者，流通業者／revise 動 改める／so-called 形 いわゆる／whereby 副 それによって～する（≒ by which・in which）／designated 形 指定された　※designate は「指定する」。／"consume-by" date 消費期限　※ただし本文では「賞味期限」の意味で用いられているので，和訳では「賞味期限」と訳してあります。／⁶⟨it takes 人 時間 to 原形⟩ ～するのに 人 に 時間 がかかる／manufacturer 图 メーカー／retailer 图 小売業者（仕入れた商品を消費者に直接販売する業者）／⁷be supposed to 原形 ～することになっている／⁹arbitrary 形 恣意的な（論理的な必然性がなく，勝手気ままなこと）／deadline 图 期限／throw away 捨てる

文法・構文 ⁴be 動詞の補語に to 不定詞の名詞的用法（「～すること」）がきている形です（「～することになっている」を意味する⟨be to 原形⟩ではありません）。⁵実は whereby は関係詞で，by which と同じ意味があります。ここでは直前の the so-called one-third rule の内容を補足説明しています。⁹直訳は「これらの根拠のない『期限』の1つを逃すことは，～にもかかわらず食品が廃棄されることを意味し得る」です。また，easy／difficult など「難易」を表す形容詞は，⟨S is 難易 to 原形（不完全）⟩の形になります（safe も「難易」を表す形容詞の1つです）。It remains safe to eat it. の it というカードをはがして先頭に持っていくイメージで，it remains safe to eat φ. となり，後ろははがれっぱなし（不完

全）になります。

4 ¹Some supermarkets [in Kyoto] have responded to efforts [to change the rules], and Kadokawa says ⟨ they have the backing of most Kyoto residents⟩. ²But the tougher problem, (not limited to Kyoto), is getting convenience

〖get 人 to 原形〗

stores to rethink the way [they operate (so as to reduce food loss)]. ³There were more than 55,000 convenience stores nationwide (as of August), (according to data [from the Japan Franchise Association]). ⁴Kyoto Prefecture had just over 1,000, and unofficial estimates [from Kyoto-based environmental activists] say ⟨ the city of Kyoto has (at least) 600 convenience stores⟩.

> **訳** ¹京都市内の一部のスーパーマーケットはこうした規制を変えるための試みに応じており，門川氏によると，ほとんどの京都市民の支持を得られているということだ。²しかし，京都に限ったことではないが，より面倒な問題は，食品ロスを減らせるようにコンビニエンスストアに運営方法を考え直させることである。³日本フランチャイズチェーン協会のデータによると，8月時点で全国には5万5000店以上のコンビニエンスストアがある。⁴京都府には1000店強のコンビニエンスストアがあり，京都に拠点を置く環境活動家が出した非公式な推定によると，京都市には少なくとも600店のコンビニエンスストアがあるということだ。

> **語句** ¹backing 图 支持／²rethink 勔 考え直す／operate 勔 運営する／so as to 原形 ～するために／³nationwide 副 全国で／as of ～ ～時点で／Japan Franchise Association 日本フランチャイズチェーン協会／⁴unofficial 形 非公式の／estimate 图 見積もり／〈場所-based〉～に本拠地を置く／activist 图 活動家

5 (Aware ⟨that Kyoto's international reputation could take a serious hit (if environmentally conscious customers, (regardless of nationality), don't see more efforts [to combat food loss [in restaurants, supermarkets, and convenience stores] — which is increasing due to the tourist boom —]⟩⟩) Kyoto

〖先行詞は food loss〗　〖因果表現〗

(at least) recognizes ⟨that food loss reduction is now an immediate economic, political, and public relations issue, as well as an environmental one⟩.

> **訳** 京都は，国籍にかかわらず環境への意識が高い消費者が，観光ブームによって増加しつつある，レストランやスーパーマーケット，コンビニエンスストアにおける食品ロスを減らすさらなる取り組みが行われていないと知ったら[さらなる取り組みが見えなかった場合]，京都の国際的な評価が大打撃を被り得ることに気づいているため，食品ロスの削減が，環境的な問題であるだけでなく，今や経済，政治，PRにかかわる喫緊の問題でもあることを少なくとも認識はしている。

語句 *be* aware that 〜 〜ということに気づいている，自覚している／reputation 图 評価，評判／take a hit 打撃を被る／environmentally conscious 環境問題意識の高い／regardless of 〜 〜にかかわらず／nationality 图 国籍／combat 動 闘う，対処する／recognize 動 認識する／immediate 形 急を要する／public relations 広報，宣伝（PR のことです）

6 [1] What Kyoto needs to do next is to impose even tougher legal requirements of the kind [found in other countries] on food suppliers and retailers (to control food and plastic waste). [2] Japan's convenience stores have benefited (from the tourism boom [in Kyoto] and elsewhere). [3] They are politically powerful and will fight hard (to ensure ⟨ reduction policies are as voluntary as possible⟩). [4] (However), (if Kyoto is serious about becoming a role model for the rest of the nation in reducing food loss), the mayor and the city know ⟨that it 's now time [to take that next step]⟩.

訳 [1] 京都が次にしなければならないことは，食品廃棄物およびプラスチック廃棄物を規制するために，他国で見られるようないっそう厳しい法規定を食品のメーカーや小売業者に課すことである。[2] 日本のコンビニエンスストアは，京都などにおける観光ブームの恩恵を受けてきた。[3] コンビニエンスストアは政治的な力が強く，削減政策ができる限り任意のものになるよう奮闘するだろう。[4] しかし，京都が本気で食品ロスの削減における国内の他の地域のお手本になろうとしているのなら，今がその次の段階に進むべき時だと市長も市民も分かっている。

語句 [1] impose *A* on *B* A を B に課す／legal requirement 法規定，法的要件／supplier 图 供給業社，メーカー／[2] benefit from 〜 〜の恩恵を受ける／[3] politically 副 政治的に／ensure 動 確実に〜であるようにする／policy 图 政策／voluntary 形 任意の，自主的な／[4] *be* serious about -ing 本気で〜しようとしている／role model 他人の手本となる存在，ロールモデル／take the next step 次の段階に進む

Compared with constitutional revision, // the economy, // celebrity gossip, // and Japan's role in the geopolitical changes taking place in East Asia, // Japanese media and politicians have not regarded environmental problems / as very important / until recently. // Suddenly, / though, // the environment is back on the agenda. // A record-hot summer and natural disasters in western Japan, // including the flooding of Kansai International Airport, // drove home the importance of dealing with climate change. // But in cities like Kyoto, // where international tourism drives large sectors of the local economy, // the problem of waste and garbage / and the environmental challenges it presents / are the more urgent problems. //

Japan's ubiquitous use of plastic / and the environmental problems associated with it // have long been noted by those from countries with strict local ordinances / or national legislation to control the use of plastic. // Related to the plastic waste problem is one that shocks visitors from countries / where food shortages and starvation remain issues: // Japan's huge volume of wasted food, // which often comes in plastic containers. // The Environment Ministry estimated food loss / at about 6.46 million tons in 2015. // That's more than double the nearly 3.2 million tons of food assistance / that was distributed worldwide in 2014, // according to the United Nations' World Food Programme. //

Local governments around the country are making efforts to reduce food loss / and food waste, // and Kyoto recently announced that it will make reducing food loss a top priority. // Earlier this month, // Mayor Daisaku Kadokawa cited the 6.46-million-ton food loss figure / in announcing new efforts. // The city's calculations are that food loss in Kyoto, // with a population of 1.4 million, // is about 64,000 tons annually // — 1 percent of Japan's total. // Kyoto's goal is to reduce food loss to 50,000 tons by 2020. // To achieve that goal means pressuring food sellers and distributors / to revise the so-called one-third rule, // whereby the period from when a food product is produced / to its designated "consume-by" date / is divided into three shorter periods. // The first is the time it takes food manufacturers to get the food to retailers. // The second is the period in which retailers are supposed to sell the product. // The third is by when consumers are recommended to eat it. // Missing one of these arbitrary "deadlines" / can mean food is thrown away, // despite the fact that it remains safe to eat. //

Some supermarkets in Kyoto have responded to efforts to change the rules, // and Kadokawa says they have the backing of most Kyoto residents. // But the tougher problem, // not limited to Kyoto, // is getting convenience stores to rethink the way they operate so as to reduce food loss. // There were more than 55,000 convenience stores nationwide as of August, according to data from the Japan Franchise Association. // Kyoto Prefecture had just over 1,000, // and unofficial estimates from Kyoto-based environmental activists say / the city of Kyoto has at least 600 convenience stores. //

Aware that Kyoto's international reputation could take a serious hit / if environmentally conscious customers, // regardless of nationality, // don't see more efforts to combat food loss in restaurants, // supermarkets, // and convenience stores // — which is increasing due to the tourist boom — // Kyoto at least recognizes that food loss reduction / is now an immediate economic, / political, / and public relations issue, // as well as an environmental one. //

What Kyoto needs to do next is to impose even tougher legal requirements / of the kind found in other countries on food suppliers and retailers / to control food and plastic waste. // Japan's convenience stores have benefited from the tourism boom / in Kyoto / and elsewhere. // They are politically powerful / and will fight hard to ensure reduction policies are as voluntary as possible. // However, // if Kyoto is serious about becoming a role model / for the rest of the nation / in reducing food loss, // the mayor and the city know that it's now time to take that next step. //

Lesson 8　解答・解説

▶問題 別冊 p.35

このLessonで出てくるルール

Rule 53 解法　下線部和訳のパターンを知る！
Rule 54 解法　関係詞の「訳し方」を整理する！ ⇒ (2)
Rule 70 構文　〈SV that ～〉は「Sは～と思う・言う」の意味！ ⇒ (2)

解答

(1) 普段起きているときの意識がはっきりした状態では，前脳は，さまざまな種類の脳の体内や体外からの，理性ではとらえられない情報を整理し，意味のある世界観を作り上げる。睡眠中に，未発達の部位の後脳によって作り出された，大量の脈絡がない情報に直面すると，より高度な知能の中心である前脳は，脳に入ってくる情報に秩序を与えようとして，夢に出てくる物語の構造がたとえどんなものであっても，それを作り上げてしまう。

(2) この仮説が正しいとすれば，幼少期の経験は，きっと脳に深く，その痕跡を残したに違いない。その跡が，大人になってから非常に不安になったとき，なんらかの形で目を覚ます。また，社会生物学者の中には，もっと踏み込む者もいて，次のように推測している。落っこちてしまうという恐怖感は結局のところ，寝ているときに木から落ちてしまう可能性があった先史時代の先祖から受け継がれた遺伝的な本能，もしくは反射作用に由来する，と。

---

(1) 難易度 ★★☆ 思考力

　本書をここまで進めてきたみなさんであれば，京大の入試レベルでは下線部だけ読んで訳してもよい解答にならないことは十分おわかりでしょう。今回の問題も同様ですので，まずは下線部の前にある重要なポイントを確認していきましょう。

■第2段落3文目

While such dreams are **reasonably straightforward**,　　※「シンプル」

many others appear **disconnected** and **nonsensical**.　　※「複雑」

158

この文では disconnected and nonsensical を while による対比構造を利用して意味を類推します。まず，reasonably straightforward は「納得がいくほどシンプル」くらいの意味です（reasonably は「理にかなった」→「納得がいくほど」ですが，「すごく」と考えてもいいでしょう。実際，辞書にも「かなり」という意味が載っています。**Rule 34**⇒p.109）。

一方，many others（= many other dreams）では disconnected and nonsensical と続きます。〈dis + connect〉で「つながらない，切れた」というイメージはつかめると思います。

ここで**while**や**such dreams**と**many others**の対比から，当然**reasonably straightforward**と**disconnected and nonsensical**も対比関係にあると予想できます。単純に，reasonably straightforward の反対で「納得いかないぐらい複雑である，わかりにくい」と推測するのが一番簡単でしょう（disconnected と nonsensical をまとめて考える）。

ちなみに辞書的な意味としては，disconnected は「分断された，切れ切れの」→「支離滅裂な，一貫性のない」，nonsensical は「ナンセンスな」→「無意味な，ばかげた」です。

■第2段落4文目

> The fact that most dreams have a surrealistic quality — a quality that causes
>
> disconnected and nonsensical との言い換え
>
> them to be highly resistant to interpretation — has influenced many people to dismiss dreams as altogether meaningless.

surrealistic は「超現実（主義）的な」で，「**現実を超越した，現実とはかけ離れた**」という意味から**disconnected**とつながりがあることも想像できます。

ただ，もしも意味を直接知らなくても，文脈から自然な意味を考えることが可能です。most dreams は，第2段落3文目の such dreams／many others の対比のうち，many others と同じ側のことなので，この surrealistic は disconnected と同じ内容だと予測できるのです（ちなみに，nonsensical は highly resistant to interpretation「とても解釈しづらい，わかりにくい」と同じ内容です）。

さらに，文末にある**meaningless**も，disconnected, nonsensical, surrealistic と同じような意味です。むしろ一番わかりやすい単語がmeaningless「意味がない」なので，これを中心に考えて，ほかの単語を連想してもOKです。

> According to one scientific theory, here roughly sketched, dreams are the result of the forebrain's attempts to understand the **random** electrical signals that are generated by the hindbrain during sleep.

random「無作為の」も disconnected, nonsensical, surrealistic, meaningless と同じような意味だと考えられます。

signalsは脳の話では必ず出てくる単語で,「合図, 情報, 信号」という意味です。hindbrain「後脳」のhindはforeの反対だと予測したいところです。少なくともforebrain「前脳」に対し,「前以外の部分の脳」と考えることはできますね (hindは「後ろ」という意味で, behind「～の後ろに」のhindです)。

■ **単語の意味を2つに分ける**

ここで一度, 出てきた語句の意味を2つに分けて整理しましょう。

「わかりやすい」系	「わかりにくい」系
● reasonably straightforward	● disconnected and nonsensical ● surrealistic ● highly resistant to interpretation ● meaningless ● random

今後もこういった「2つに分けるならどっち?」という視点から整理していくと, 訳しにくい単語の言い換えに気づきやすくなります。直訳すると不自然な日本語, いまいち何を言っているのかわかりにくい日本語の場合, 積極的に言い換えられた語句の訳語を利用することが大切です。今回の問題でも, まさにその発想が問われています。

>>> *Rule 53* 解法 下線部和訳のパターンを知る!

> 下線部の和訳問題3パターン
> ①**構文型** 構文をきちんと把握する
> ②**意訳型** 直訳すると日本語として不自然なところを自然に直す
> ③**その他** 文法・熟語などがポイントになる

①構文型

　下線部の和訳問題は，まずは**構文を把握する**のが鉄則で，特に**重要構文（強調構文や倒置など）**はポイントになります。その場合，「きちんと構文を把握していること」をアピールする和訳が必要となります。

②意訳型

　構文が難しくない場合や，本書が目指す最難関大学のように**構文把握はできて当然の場合**，「意訳型」の問題だと判断します。

　意訳する箇所は**直訳すると日本語として不自然なところ**です。辞書の訳をそのまま書いたような和訳では減点されてしまいます。例えば，高度で抽象的な内容であっても，中学生がみなさんの答案を読んで「わかる」と言ってくれる和訳を目指してください。

　よくある質問「**どこまで意訳すればいいのですか？**」

　これは受験生からよくされる質問なのですが，「**根拠がある限りできるだけ**」がボクの回答です。自分の経験や予想だけで意訳するのではなく，英語のルール（文法・構文）を根拠に訳を考えたり，本文の中で置き換えられる語彙を探してそれで代用したりしながら，意訳しないといけません。英語や文脈に根拠があれば優れた答案になりますし，自分勝手なものは妄想（的外れな答案）になってしまいがちです。

　そして，みなさんはその根拠を普段の勉強の中で身につけていくわけです。「あの先生はこういうやり方を教えてくれた」「この本ではこういう意訳の方法を提示してくれた」と，1つずつ身につけていきましょう。普段から「どこまで・どのように」意訳をしているか，お手本になるものをしっかり観察しながら勉強することが大切です。

　さて，いよいよ下線部の英文に入ります。

　下線部和訳問題の基本は「構文を把握すること」ですが，今回の問題は②**意訳型**が中心で「**内容・語彙の置き換え**」に集中してほしいので，**構文ではなく内容のみを示していきます。**構文の確認には「文構造の分析」ページを参照してください（⇒p.172）。

■下線部（1文目）

In normal waking consciousness, the forebrain sorts through various kinds of internal and external sensory data to construct a **meaningful** view of the world.

In normal waking consciousnessは起きているときの「わかりやすい系」の状態だということを意識しながら，続きを解釈していきましょう。

the forebrain sorts through ～では，**sort through ～「～を仕分ける」**の意味ですが，前文に出てきたthe result of the forebrain's attempts to understand the random electrical signalsなども参考になります。

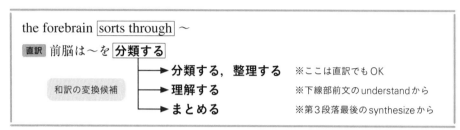

internalは「体内の」，externalは「体外の」です。ここでのinternalは体内から来る身体の機能などの情報，externalは体外から来る五感を通して認識する情報だと考えられます。

sensory dataは「感覚の（知覚の）情報」です。**dataは「情報」，signalsは「合図」という意味ですが，これが交換可能なので**，和訳の際の変換候補として押さえておくといいでしょう。2文目の後半で出てきます（dataを「データ」とカタカナ語で訳すことは多いですが，今回は採点官にごまかしていると思われないように，ほかの訳語を使いたいですね）。

to constructは不定詞の副詞的用法で，「作り上げるために」（目的）でも，「そして作り上げる」（結果）でもOKです。

meaningfulは，反対の意味のmeaninglessが第2段落4文目に出てきて「わかりにくい」系に属していることから，当然「わかりやすい」系に属することがわかりますね。つまり，このmeaningfulを「理にかなった」などとあえて意訳してもいいわけです。view of the worldは「世界観」です。

この文の概要は「起きているときには前脳は知覚情報を整理して意味のある世界観を作り上げる」です。次の文はこれと対比される内容になっていて，「寝ているときの無意味な情報」の話になります。

■ 下線部（2文目前半／分詞構文）

Faced with a flood of **disconnected, random inputs** generated by more primitive areas of the brain during sleep, the higher mental centers attempt to impose order on **the incoming signals**, creating whatever narrative structure dreams have.

冒頭のFaced with 〜が分詞構文で，the higher mental centersがS，attempt to imposeがVです。Faced with 〜は「文頭にある」分詞構文なので，適当に訳して「〜に直面して」とすれば十分ですが（**Rule 72**⇒p.148），少し意訳して「直面すると」などとするとより自然でしょう。

disconnectedやrandomは下線部より前の部分で出てきました。inputは signals, dataと同じで，「頭に入ってくる情報」のことです（ここもカタカナ語で「インプット」と訳すと，採点官にはごまかしていると思われるでしょう）。

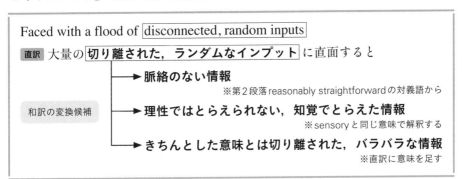

Faced with a flood of disconnected, random inputs
直訳 大量の 切り離された，ランダムなインプット に直面すると

和訳の変換候補
→ 脈絡のない情報
　　　　　※第2段落 reasonably straightforward の対義語から
→ 理性ではとらえられない，知覚でとらえた情報
　　　　　　　※ sensory と同じ意味で解釈する
→ きちんとした意味とは切り離された，バラバラな情報
　　　　　　　　　※直訳に意味を足す

〜 more primitive areas of the brainは「脳のより原始的な部分〜」が直訳ですが，不自然な日本語なので，ここも語彙が変換できると考えます。**すでに出ている「前脳」に対して「より原始的」と比較しているので，これは「後脳」です。**ズバリ「後脳」とだけ訳しても合格点でしょうが，primitive area of 〜の意味を強調して「未発達の部位である後脳」のように訳せると完璧です。

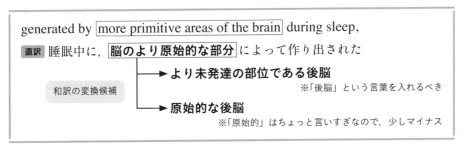

generated by more primitive areas of the brain during sleep,
直訳 睡眠中に，脳のより原始的な部分 によって作り出された

和訳の変換候補
→ より未発達の部位である後脳
　　　　　　　※「後脳」という言葉を入れるべき
→ 原始的な後脳
　　　　　　※「原始的」はちょっと言いすぎなので，少しマイナス

■ **下線部（2文目後半／主節）**

主語の the higher mental centersは，**more primitive areas of the brainと対比されるものなので「前脳」のことです。**higher と mental を活かして「より高度な知能の中心である前脳」などと訳せれば理想的です（mental の「頭の中で行う，思考を伴う，知能の」という意味は110ページでも出てきました）。

動詞はattempt to 原形「〜しようとする」，impose A on B「A を B に課す［押しつける］」です。orderは多義語で，ここでは「整理，秩序」といった意味が自然

です。impose order on the incoming signals で,「脳の中に入ってくる雑多な情報を,整理した状態にする［きちんと意味を持った秩序だった状態にする］」ことを表しているわけです（直後の文 just clusters of incoherent images「単なる支離滅裂な映像の集まり」との対比もヒントになります）。impose order on ～は,よくデモ隊に対して「（抑制の）命令を課す」という意味で使われますが,今回は order がこの意味では不自然ですね。

---

the higher mental centers attempt to impose order

直訳 より高度な知能の中心 は秩序を与えようとする

和訳の変換候補 ──▶ より高度な（知能の中心である）前脳

※「前脳」と入れたい

---

the incoming signals は disconnected, random inputs を言い換えてい
ます。変換候補を確認しておきましょう。

---

on the incoming signals ,

直訳 脳の中に入ってくる信号 に

和訳の変換候補 ──▶ 脳の中に入ってくる信号　※直訳でOK
　　　　　　　──▶ 脳の中に入ってくる情報　※signals ＝ data が言い換えられる

---

creating ～は**文末にある分詞構文**なので,「そして～だ,～しながら」という訳語を意識してください。この問題ではどちらの訳語も OK ですが,「そして～だ」のほうが「整理する,秩序を与える」から「作り出す」の意味になり,より自然な和訳になります。

whatever narrative structure dreams have では,**whatever が複合関係形容詞**として使われています。大事なことは,これが名詞節で create の目的語になっているということです。構造面に関しては以下のイメージを持てば理解できるでしょう。

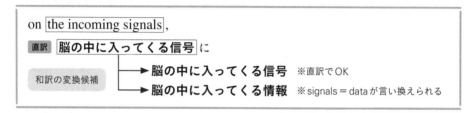

what dreams have 「夢が持っている もの 」　※関係代名詞

　⇓ -ever がついた whatever に変える

whatever dreams have 「夢が持っている ものなら何でも 」　※複合関係代名詞

　⇓ whatever の直後に名詞 narrative structure をくっつける

whatever narrative structure dreams have

　　　　　　　「夢が持っている 物語の構造 は何であれ 」　※複合関係形容詞

---

whateverは，直後の名詞narrative structureを修飾する形容詞の働きなので，複合関係形容詞と呼ばれるわけです。ただ，上記のように関係代名詞whatが少し変化したものととらえれば簡単ですね。

haveは無生物主語なので，「持つ」より「ある」のほうが自然で，「夢が持つ」を「夢の中にある」と意訳すれば完璧でしょう。分詞構文（creating ～）のところと合わせると，「そして，夢の中にある物語の構造がたとえどんなものであっても，それを作り上げる」という意味になります。

ちなみに，先に解説した第3段落1文目 According to one scientific theory, here roughly sketched, dreams are the result of the forebrain's attempts to understand the random electrical signals that are generated by the hindbrain during sleep. も「寝ている間」の話なので，2文目の和訳を考える際の参考になります。

ここが　思考力　▶　「語彙を変換する」という発想

ここまでの解説を読みながら，「本番でもこんなふうに意訳していいのだろうか」という疑問を持った人は少なくないでしょう。「直訳すべき」という指導者もいますが，これに関しては，ボクはよく授業で以下のように言います。

　「ボクの言うことを信じる」「あの先生の言うことを信じる」ではなく，「英語と日本語を信じよう」

今回は京大の入試問題です。京大レベルの受験生が，直訳ができないわけがありません。つまり，直訳は誰にでもできるのです。そして何より，例えば今回の問題英文を直訳したとしたら，その和訳の日本語は支離滅裂ではないでしょうか。大変「美しくない」日本語ができあがっているはずです。

そもそも英語では **「同じ語彙を使いたがらない／語彙は置き換える」** というのが教養あるネイティブの発想なのです。それがこの問題で体現されているわけで，**その発想に沿って語彙の変換を考える作業こそ，まさに京大が求めていることだ**と思います。みなさんはそれを念頭に，英語での語彙の置き換えを理解し，まともな，そして美しい日本語の答案を作ってほしいと思います。

　英文全体は〈**If S´V´, then SV.**〉の形です。this hypothesis「この仮説」の部分は指示がない限り，どんな仮説かを書く必要はありません。

　また〈this + 名詞〉の形なので，もしhypothesisの意味を知らなければ，「（今言った）このこと」とごまかして訳すこともできます（**Rule 4**⇒p.17）。ちなみにhypothesisを知っている場合，やはり〈this + 名詞〉「その前の内容をまとめている」ルールから，前文のPsychologists speculate that 〜の動詞speculateを「仮説を立てる」の意味だと予測することができます。speculateは2文目で訳さなければいけないので，もし知らなければここの予測が役立つので押さえておきましょう。

　imprintは「〜の上に（im）印刷する（print）」→「跡，痕跡」の意味で，さらに「（深い）影響」という意味もあります。must have left deep imprints in the brain「脳に深い痕跡を残したに違いない［脳の中に深く影響を残したに違いない］」です。

■ 関係詞節の訳し方

　brainの後ろのthatは関係代名詞ですが，that are 〜と続いているので，先行詞は複数形のimprintsです（the brainではありません）。「深く痕跡［影響］を残した」と述べたあと，that以下でそれが「どんな影響なのか」を説明しているわけです。

　that以下は後ろから訳して「activateされる痕跡」と考えてもOKですが，**今回はthatの前でいったん区切って，「〜に違いない。その痕跡が〜」と前から訳したほうが自然**になります。最難関レベルの和訳問題は英文が長いため，関係代名詞の前で区切って訳した方がキレイになることが多いです。

---

then childhood experiences must have left deep imprints in the brain ／

いったん区切る

that（= the imprints in the brain）are somehow activated in adult life during periods of high anxiety.

[訳し方] 関係代名詞thatの前で区切って訳すと，「〜に違いない。／そして，その痕跡・影響が，大人になってから非常に不安になったとき，なんらかの形で目を覚ます」となります（*be* activated「活性化させられる，目を覚ます」）。

>>> *Rule 54* 解法 関係詞の「訳し方」を整理する!

関係詞はあくまで「形容詞節を作る(前の名詞を修飾する)」ことを意識して,それを和訳に反映させることが大切です。結論から言ってしまうと,**制限用法・非制限用法の区別なく,関係詞は一度文を切って訳しても,後ろから修飾した形で訳しても,どちらでもOK**なのです。

---

(1) 制限用法の場合
　① 返り読みする　　　　　　形容詞節の範囲を意識して**後ろから訳す**
　② 文を切って訳し下す　　　先行詞を関係詞に代入して**前から訳す**
(2) 非制限用法の場合
　① 文を切って訳し下す　　　補足説明を意識して**前から訳す**
　② 返り読みする　　　　　　誤解が生じない限り**後ろから訳してもOK**

多くの文法書では「非制限用法はコンマで区切って訳す」と説明されるので,「非制限用法は必ず一度切って訳すものだ」と思われていますが,それは誤解です。より自然な和訳をしたければ,「**非制限用法でも返り読みはアリ**」なんです。というのも(英語と違って)**日本語では制限・非制限を言葉の上で示す必要がないか**らです。例えば,以下の英文の先行詞は固有名詞なので非制限用法が使われていますが,切って訳しても,後ろから修飾して訳しても(日本語訳では)同じことです。

非制限用法の例文・訳例
Mahatma Ghandi, who fought for India's independence from the British, is loved by many people around the world.
①**文を切って訳し下す**⇒マハトマ・ガンディー, 彼はインドがイギリスから独立するために闘った人物だが, 世界中の多くの人に愛されている。
②**返り読みする**⇒インドがイギリスから独立するために闘ったマハトマ・ガンディーは, 世界中の多くの人に愛されている。

■ **第5段落4文目**
Some sociobiologists ～は「何人かの社会生物学者」ではなく,「～な社会生物学者もいる」と訳すとキレイですね。
　文全体としては「社会生物学者の中にはthat以下～と言う人もいる」となります。speculate「推測する」は覚えておくべき単語ですが, もし知らない場合はこの(2)の冒頭で解説したように「仮説を立てる」と予測することができます。ま

167

た，実はそれ以外にも，〈**SV that 〜**〉という形に注目することで，必殺技を使って意味をつかむこともできるのです。

>>> *Rule 70* 構文 〈SV that 〜〉は「Sは〜と思う・言う」の意味！

> 〈S V that 〜〉という形（直後にthat節）をとる動詞は「思う・言う」の意味になります。例えば，I think[say] that he is rich. とは言いますが，eat, run, have などはNGですよね。実は，**直後にthat節をとる動詞は「認識・伝達」の意味を持つ動詞に限られる**のです。
>
> この決まりを逆手に取れば，〈S V that 〜〉は「思う・言う」の意味という必殺技ができあがるわけです。これを使えば，知らない動詞が出てきても〈SV that 〜〉の形に注目するだけで，大体の意味をつかめます。
>
> ※The problem is that 〜のような〈S is that 〜〉はSVCなので，このルールは当てはまりません（is がわからない人はいないでしょうが，念のため）。

Some sociobiologists have further speculated that 〜は〈**SV that 〜**〉の形なので「**思う・言う**」の意味だととらえられます。

元々speculateの意味を知っていた人も，この必殺技が適用できることで，ここは「投機する」の意味ではなく「推測する」の意味だと確信が持てるわけです（ちなみに他大学では，speculate that 〜の形でspeculateに下線が引かれ，同じ意味を表す語としてguessを選ぶ問題が出題されたこともあります）。

ここまでで一度，接続詞thatの前で和訳を区切り，「**社会生物学者の中には，もっと踏み込む（further）者もいて，次のように推測している。〜（that以下の内容）**」とすると，よりスッキリした和訳になりますね。

■ that節中

ultimatelyはよく「究極的には」と訳されますが，実際には「結局のところ，最終的には，突き詰めるところ」といった意味で使われることが多いです（finallyに似た意味）。the fear of falling ultimately derives from 〜「落っこちてしまうという恐怖は結局のところ，〜に由来する」となります。**derive from 〜「〜に由来する」**は，〈結果 derive from 原因〉という一種の因果関係を作ります。

an inherited instinct or reflex handed down by our prehistoric ancestorsは，**instinct or reflex**という名詞のカタマリをほかの語句が前後から修飾しています。前はinherited「遺伝による」，後ろはhanded down by our prehistoric ancestors「先史時代の先祖から受け継がれた」が修飾語句です。

reflex「反射作用」を訳せない場合は，instinctとまとめて「本能」としてしま

うか，名詞なので「もの，こと」でごまかしましょう（多少減点されるか，採点が甘ければ減点なしで済むかもしれません）。

■ who ～以下

who could fall out of trees の **could** は「**過去の推量（～しかねなかった，～するときもあった，～があり得た）**」を表しています。

ここの関係詞は非制限用法ですが，前述のルール（***Rule 54*** ⇒ p.167）のとおり，（誤解が生まれない限り）普通の関係詞と同じく後ろから訳しても OK です。この英文では，コンマで区切って訳そうとすると苦労しますが，普通に「**寝ているときに木から落ちてしまう可能性があった先史時代の先祖から受け継がれた～**」とすればよいわけです。

最後に余談として，今回の英文に sociobiologist「社会生物学者」が出てきましたが，「社会」「生物」のように 2 つの単語が並ぶときは，前が「研究対象」で，後ろが「研究手法」になります。「社会のことを，生物学的観点から捉える学者」のことです。これが社会経済学者なら「世の中を経済的な視点から考える学者」となります。また，人間科学部は「人間を科学的手法で研究する学部」です。

ここが　思考力 ▶ **an inherited instinct or reflex handed down by our prehistoric ancestors のとらえ方**

an inherited instinct or reflex handed down by our prehistoric ancestors に関して，instinct or reflex という名詞のカタマリが前後から修飾されていると解説しました。

これが構造上一番美しいのですが，**inherited と handed down の意味が重複している**ことが気になった人はなかなか鋭いです。その場合は，an inherited instinct で 1 つのカタマリ，or を挟んで reflex handed down by our prehistoric ancestors でもう 1 つのカタマリと考えることになるでしょう。

どちらの解釈になるかは文脈判断するしかありませんし，実はこれは指導者間でも意見が割れる，かなり難しいことです。

本書の立場としては，前者の考え方を採ります（instinct or reflex が名詞のカタマリで前後から修飾されているという考え方）。構造が美しいこと，分詞形容詞の意味が重複しているものの，こういうことは英文ではたまにあること，そして英文は左から右に読むわけですが，ここでは「inherit された instinct or reflex がある。そしてその instinct or reflex というのは，hand down されたものなのだ」という流れで解釈できるからです。

本番でここまでの判断ができる人などいませんし，実際にその必要もありませんが，今は実力を養成する段階なので，みなさんの参考になればと思い，ここでちょっと奥深い英語の世界に一歩踏み込んでもらいました。

文構造の分析

1 ¹There are various ways of accounting for dreams. ²Some claim ⟨that they are mysterious experiences [in which the soul travels (out of the body)]⟩. ³Others assert ⟨that they are the reflections [of hidden desires or socially unacceptable urges]⟩. ⁴Still others are inclined to think ⟨that they do not conceal any deep significance⟩.

訳 ¹夢というものを説明する方法は色々とある。²夢は魂が肉体から遊離する神秘的な体験だと主張する人もいれば，³夢は秘められた欲望や社会的に受け入れられがたい衝動を反映するものだと主張する人もいる。⁴さらに，夢には深い意味など一切隠されていないと考える傾向にある人もいる。

語句 ¹account for 〜 〜を説明する／²claim 動 主張する／soul 名 魂／³assert 動 主張する／reflection 名 反映／unacceptable 形 受け入れられない／urge 名 衝動／⁴still 副 (another, other, further, more などと共に)まだその上，さらに／be inclined to 原形 〜したいと思う，〜する傾向にある／conceal 動 隠す

文法・構文 ³the reflections of hidden desires は名詞構文で，名詞 reflection「反映」を動詞 reflect「反映する」と読み換えると，「隠された欲望を反映したもの」と理解しやすくなります。⁴2文目からこの文にかけて，some ... , others 〜「…する人もいれば，〜する人もいる」という相関表現を用いて，夢に対するさまざまな解釈を羅列しています（今回はさらに，still others 〜が続いています）。この相関表現で，2文目の claim が3文目の assert／4文目の think に言い換えられています。

2 ¹Some dreams are little more than traces of recent experiences. ²(If, for

> 文頭 if → 具体例

instance, we spend the day (driving across the country)), it would not be unusual to dream about driving down a highway. ³(While such dreams are reasonably straightforward), many others appear disconnected and nonsensical. ⁴The fact ⟨that most dreams have a surrealistic quality — a quality [that

> a surrealistic quality の同格

causes them to be highly resistant to interpretation]⟩ — has influenced many people to dismiss dreams as altogether meaningless.

訳 ¹夢の中には，最近体験したことをただたどっているだけのものもある。²例えば，もし国中をドライブして一日を過ごせば，幹線道路を車で飛ばしている夢を見てもおかしくはないだろう。³そのような夢が納得のいくほど直接的でわかりやすいものである一方，ほかの多くの夢はまとまりがなく意味を成さないように思われる。⁴ほとんどの夢には超現実的な性質，つまり，夢がきわめて解釈しづらい原因となっている性質があるため，多

くの人は夢をまったく無意味なものとして片づけてきた。

語句 ¹ little more than ～ ～にすぎない，～と大差ない／trace 图 跡／² down 前 ～を通って ※この down は「下に」という意味ではなく，「話し手や話題の中心から離れる」ことを意味するだけであることが多いです。／highway 图 幹線道路（日本の「国道」「県道」などに相当するもの）／³ reasonably 副 もっともなほど，納得がいくほど／straightforward 形 直接的な，わかりやすい／disconnected 形 非連続の，まとまりのない／nonsensical 形 意味をなさない／⁴ surrealistic 形 超現実的な，現実離れした／quality 图 特性，特質／ be resistant to ～ ～に耐性がある，～されにくい／〈influence 人 to 原形〉 人 に（間接的に）～するよう働きかける／dismiss A as B A を B として片づける ※〈V A as B〉は基本的に「A を B とみなす」という意味になりますが，dismiss A as B は少数ある例外のうちの 1 つです。／altogether 副 完全に

3 ¹ (According to one scientific theory), (here roughly sketched), dreams are the result of the forebrain's attempts [to understand the random electrical signals [that are generated by the hindbrain (during sleep)]]. ² (In normal waking consciousness), the forebrain sorts through various kinds of internal and external sensory data (to construct a meaningful view of the world). ³ (Faced with a flood of disconnected, random inputs [generated by more primitive areas of the brain (during sleep)]), the higher mental centers attempt to impose order (on the incoming signals), (creating whatever narrative structure dreams have). ⁴ Many dreams [that are just clusters of incoherent images] represent incoming
〔イコール表現〕
groups of signals [that the forebrain was simply not able to synthesize].

訳 ¹ ここでざっとした概略を述べると，ある科学的な理論によれば，夢は，睡眠中に後脳が発生させる脈絡のない電気信号を前脳が解釈しようとした結果として生まれるものだということだ。² 普段起きているときの意識がはっきりした状態では，前脳は，さまざまな種類の体内や体外からの，理性ではとらえられない情報を整理し，意味のある世界観を作り上げる。³ 睡眠中に，未発達の部位の後脳によって作り出された，大量の脈絡がない情報に直面すると，より高度な知能の中心である前脳は，脳に入ってくる情報に秩序を与えようとして，夢に出てくる物語の構造がたとえどんなものであっても，それを作り上げてしまう。⁴ 支離滅裂な映像が集まっただけの多くの夢は，脳に入ってきた信号のうち前脳がどうしても総合することができなかったものの寄せ集めを表しているのだ。

語句 ¹ sketch 動 概略を述べる／forebrain 图 前脳／hindbrain 图 後脳，菱脳／² sort through ～ ～を仕分ける／internal 形 内部の／external 形 外部の／sensory 形 知覚の，感覚にかかわる／construct 動 構成する／meaningful 形 意味のある／³ a flood of ～ 大量の～ ※ flood は「洪水」。／input 图 情報，入力／primitive 形 未発達な／higher 形 より高度の，より進化した／impose A on B A を B に課す／order 图 秩序，整頓／incoming 形 入ってくる／narrative 形 物語の／⁴ cluster 图 集合，集団／incoherent 形 支離滅裂の，ま

とまりのない／simply 副 （否定語の前で）どうしても〜ない，まったく〜ない／synthesize 動 統合する

文法・構文 ³creating whatever narrative structure dreams have の whatever は「複合関係形容詞」で，「夢の中にある物語の構造がたとえどんなものであっても，それを作り上げてしまう」という意味です。

4 ¹Not all dreams are, (however), utterly senseless. ²Take, (for example),
 s   v   c   v
 具体例の合図
those [we have all seen φ (at one time or another)] [in which we are falling,
 o
flying, or appearing naked in public]. ³Dreams of this kind most likely have
                                                                           v
their bases (in experiences and anxieties [shared by all human beings]).
 o   s

訳 ¹しかし，すべての夢がまったく意味を成さないわけではない。²例えば，私たちが誰でも一度や二度は見たことのある，自分が落下していたり，飛んでいたり，裸で人前に出たりする夢を例に考えてみよう。³この種の夢は十中八九，人類共通の経験や不安に根差しているのだろう。

語句 ¹not all 〜（部分否定）すべてが〜というわけではない／utterly 副 完全に／senseless 形 無意味な／²take 〜 for example 〜を例にとる／at one time or another（正確な日付は覚えていないが）いつか，一度や二度は／naked 形 裸の／³base 名 根拠，起点

5 ¹Falling is a good example of a shared dream motif. ²Psychologists
 s   v   a   s
speculate ⟨that falling dreams are rooted (in our early experiences [as toddlers
 v   o   s   v
taking our first steps])⟩. ³(If this hypothesis is correct), then childhood
                                       s   v   c
experiences must have left deep imprints (in the brain) [that are somehow
            v   o
activated in adult life (during periods of high anxiety)]. ⁴Some sociobiologists
                                                                 s
have (further) speculated ⟨that the fear of falling ultimately derives from an
 v   o   s   v
                                                               因果表現
inherited instinct or reflex [handed down by our prehistoric ancestors, [who
could fall out of trees (during their sleep)]]⟩.

訳 ¹落下は皆に共通する夢の主題のよい例である。²心理学者は，自分が落下する夢は，幼児の自分が歩き始めた，幼少期の経験に根差していると推測している。³この仮説が正しいとすれば，幼少期の経験は，きっと脳に深く，その痕跡を残したに違いない。その跡が，大人になってから非常に不安になったとき，なんらかの形で目を覚ます。⁴また，社会生物学者の中には，もっと踏み込む者もいて，次のように推測している。落っこちてしまうという恐怖感は結局のところ，寝ているときに木から落ちてしまう可能性があった先史時代の先祖から受け継がれた遺伝的な本能，もしくは反射作用に由来する，と。

語句 ¹motif 名 モチーフ／²speculate 動 推測する／be rooted in 〜 〜に根差している

／toddler 图 よちよち歩きの幼児　※toddle は「よちよち歩く」。／³ hypothesis 图 仮説／
imprint 图 跡／activate 動 動かす，活性化する／⁴ sociobiologist 图 社会生物学者／
derive from ～ ～に由来する／inherited 形 遺伝による／instinct 图 本能／reflex 图 反
射作用／hand down 後世に伝える／prehistoric 形 先史時代の（文献によってその様相が
知られていない遠古の時代のこと）

6 〈Where all dreams come from〉 is still uncertain, but one can hope for
the day [when an explanation of their origins is no longer a dream].

訳 夢がいったいどこから来るのか，まだはっきりとはわかっていない。しかし，夢が
どこから来るのかを説明することがもはや夢ではない日が来ることは期待してもいいだろ
う。

語句 origin 图 起源

There are various ways of accounting for dreams. // Some claim that they are mysterious experiences / in which the soul travels out of the body. // Others assert that they are the reflections of hidden desires / or socially unacceptable urges. // Still others are inclined to think that they do not conceal any deep significance. //

Some dreams are little more than traces of recent experiences. // If, / for instance, / we spend the day driving across the country, // it would not be unusual to dream about driving down a highway. // While such dreams are reasonably straightforward, // many others appear disconnected and nonsensical. // The fact that most dreams have a surrealistic quality // — a quality that causes them to be highly resistant to interpretation — // has influenced many people to dismiss dreams as altogether meaningless. //

According to one scientific theory, // here roughly sketched, // dreams are the result of the forebrain's attempts / to understand the random electrical signals / that are generated by the hindbrain during sleep. // In normal waking consciousness, // the forebrain sorts through various kinds of internal and external sensory data / to construct a meaningful view of the world. // Faced with a flood of disconnected, / random inputs / generated by more primitive areas of the brain during sleep, // the higher mental centers attempt to impose order on the incoming signals, // creating whatever narrative structure dreams have. // Many dreams that are just clusters of incoherent images / represent incoming groups of signals / that the forebrain was simply not able to synthesize. //

Not all dreams are, // however, // utterly senseless. // Take, / for example, / those we have all seen at one time or another / in which we are falling, // flying, // or appearing naked in public. // Dreams of this kind most likely have their bases in experiences and anxieties / shared by all human beings. //

Falling is a good example of a shared dream motif. // Psychologists speculate that falling dreams are rooted in our early experiences / as toddlers taking our first steps. // If this hypothesis is correct, // then childhood experiences must have left deep imprints in the brain / that are somehow activated in adult life during periods of high anxiety. // Some sociobiologists have further speculated / that the fear of falling ultimately derives from an inherited instinct or reflex / handed down by our prehistoric ancestors, // who could fall out of trees during their sleep. //

Where all dreams come from is still uncertain, // but one can hope for the day when an explanation of their origins is no longer a dream. //

Lesson 8

Lesson 9　解答・解説

▶問題 別冊 p.39

このLessonで出てくるルール

Rule 3 　読解 In factを意識する！⇒3
Rule 2 　読解 「重要な」という意味の重要単語に注目！⇒4
Rule 17 　読解 「前後関係」の表現に注目！（precede）⇒6

解答

A	1. ③	2. ②	3. ①	
B	4. ③	5. ④	6. ①	7. ③	8. ②

Aの指示文の訳

この文章の文脈に照らし，それぞれの空欄を埋めるのに最も適切な表現を選びなさい。

1 難易度 ★☆☆

まずは「形から考える」のが原則です（***Rule 41***⇒p.13）。ここでは空所直後に we humans can feel 〜とS´V´が続いていますね。選択肢の中で**後ろにS´V´をとる**のは③ so thatだけです。〈so that S´ |助動詞| V´〉「S´V´するために，S´V´するように」の形になります。① aiming toは後ろに動詞の原形，② resulting inと④ such asは後ろに名詞がきます。

選択肢の訳

①〜しようとしている　②〜という結果を生む　**③〜するように**　④〜のような

2 難易度 ★☆☆

一見「意味」を考える問題に見えますが，この問題も「形」がポイントです。空所直後のisに注目すると，空所には**単数扱いの名詞**が入るとわかります。選択肢の中で単数扱いになるものは② everyone elseだけです。〈most of |名詞|〉の単数扱いor複数扱いは，ofの後ろにくる名詞が単数か複数かによって決まります。よって，① most of themは複数扱いなので，ここではNGだとわかりますね。

選択肢の訳　① 彼らのうちのほとんど　**② ほかの全員**　③ ほかの人々　④ 数人の敵

3 難易度 ★★☆

直前の文 I tell myself as much as possible in any potentially divisive situation, "It's not a competition." と，直後の it almost never is a competition とのつながりを考えてください。「私は〜『これは争いではない』と言い聞かせるようにしている」に対し，空所のあとでは「争いであることはほぼない」と実際の状況が伝えられ，**主張が補強**されています。この流れに合うのは① in fact「実際に」です。

>>> *Rule 3* 読解 In factを意識する！

in factは「実際に」という訳語がよく知られていますが，意外な意味や使い方があります。実は**主張を補強する**役割と**前の文と反対の意見を述べる**役割の2つがあるのです。

A. In fact B
(1) 「実際に，もっと言えば」（A ≒ B）
　前の文の補強・さらなる具体例を出す
(2) 「しかし実際は，実際はそれどころではなく」（A ⇔ B）
　　1. 否定文のあとで，butのバリエーションとして
　　not A 一般論. **In fact** B 主張. Aではない。（Aではなくて）実際はBだ。
　　※not A but Bという基本形において，but→in factになるイメージ（*Rule 1*⇒p.60）
　　2. 肯定文のあとで，その内容と相反することを述べる
　　※in factの前にbutやhoweverが置かれることも多いが，ない場合もある

この問題のin factは，上記ルール（**1**）の補強の役割に当たりますね。

選択肢の訳　① 実際に　② それにもかかわらず　③ 念のため　④ さらに悪いことに

Bの指示文の訳

この文章の文脈に照らし，それぞれの問いに対する最も適切な選択肢を選びなさい。

4 難易度 ★★☆

第3段落最終文 That said, this does not prevent people from holding inconsistent opinions within their own belief systems. が，③ People can hold contradictory opinions within their own belief systems と一致します。

こういった内容一致問題は，本文と選択肢の英文を和訳して，その意味を比べ

てから「同じである」と解説するのが普通です。しかし，今回の英文のような**抽象的な内容の場合，日本語に訳して考えるよりも，英文同士を比べるほうが速く確実に解けます**。難しそうに思えますが，習慣にしてしまうことができればこっちのやり方のほうがラクなことも多いです。

　ちなみに，選択肢②の essential，④の critical はどちらも「重要な」という意味の単語で，長文問題ではぜひ押さえておきたいものです。

>>> *Rule 2* 読解 「重要な」という意味の重要単語に注目！

　本文の中に「重要だ」という表現があれば，大事な内容（つまり設問で聞かれる）に決まっていますよね。ですから，「重要だ」を意味する単語に反応することが大切なのです。しかし，important はよく知られていても，その類義語は意外と知られていません。多くの単語集では significant「意義深い」，fundamental「根本的な」，critical「批判的な」，vital「致命的な」といった訳語が最初に挙げられているからです。もちろんそれらも間違いではありませんが，長文問題ではまず**「重要な」という意味を考えることが大切**なんです（実際に英英辞典を引いてみると，最初の意味に important を載せている辞書がたくさんあるんですよ）。

「重要な」という意味の重要単語（形容詞編）
☐ crucial 　　　　☐ essential 　　　☐ significant 　　☐ fundamental
☐ indispensable 　☐ priceless 　　　☐ invaluable
☐ principal 　　　☐ integral 　　　☐ critical 　　　　☐ vital
☐ key 　　　　　　☐ grave 　　　　 ☐ primary 　　　　☐ leading
☐ foremost 　　　 ☐ capital

「重要だ」という意味の重要単語（動詞編）
☐ matter 名 もの，こと 　動 重要だ 　※「中身が詰まった」が原義
☐ count 動 数える，重要だ 　※「（数に入れるくらい）重要だ」

　ちなみに，Lesson 6 の別冊問題文27行目に vital があります。

設問文と選択肢の訳

　下記のもののうち，信念体系について筆者の考えと一致するものはどれですか。
　① 人々の信念体系は生まれながらにして相入れない
　→ inherently「生まれながらにして，本来的に」とは書かれていません。
　② 信念体系の違いは，意見を一致させるのに不可欠である

→ 本文に書かれていません（consensus は「（意見などの）一致，合意」）。

③ 人々は，自らの信念体系の内に，矛盾した考えを持つことがある

④ 誰の信念体系が正しいのかを決めることは，有意義な議論に不可欠である

→ 筆者はむしろ，「誰が正しいかを決めるより，お互いの意見を聞いて理解し，協力するのがよい議論」と主張しています（fruitful は「有益な」）。

---

5 難易度 ★★☆

今回は設問文中で except「〜を除いて」が使われ，**第5段落で筆者が述べていないもの**が問われています。NOT問題（**_Rule 42_** ⇒ p.83）の一種なので，選択肢をそれぞれ確認していきます。

① We live in a world that tends to prioritize speed over logical process
「私たちは，論理過程よりもスピードを優先する傾向にある世界に住んでいる」

37〜40行目に，Logic is slow and can fail us when we need to make a quick decision. When we are not in an emergency, however, we should have slow arguments. Unfortunately, the world tends to drive things faster and faster, with shorter and shorter attention spans meaning that 〜とあります。「論理には時間がかかるが，世界は物事を速く推し進める傾向にある」→「論理よりスピードを優先する傾向にある世界に住んでいる」と言えるので，本文とこの選択肢は合致します。

② Subtle details and implications are often neglected in a hasty discussion
「急ぎの議論では，細かな部分や言外の意味は無視されることが多い」

急いだ議論について，43〜44行目に But this leaves little room for nuance or investigation, or for understanding how we agree and disagree. とあります。「微妙な意味合いや探求の余地などがほとんど残らない」→「細かな部分や言外の意味は無視される」と言えるので，本文とこの選択肢は合致します。

ちなみに，本文の room は「部屋」ではなく「余地」ですね（この意味の場合，不可算名詞扱い）。

③ Emotions can make the logic of a discussion more accessible to the listeners
「感情は，議論の論理を聞き手にとってより受け入れやすくし得る」

34〜35行目に It invokes emotions to make connections with people, to create a path for logic to enter people's hearts, not just their minds. とあります。「感情をかき立てるのは，人々と心を通い合わせ，論理が心に入る道を開

くため」→「感情は論理をより受け入れやすくする」と言えるので，本文とこの選択肢は合致します。

④ **Sophisticated logical arguments usually accelerate emergency management**「洗練された論理的な議論はたいてい，危機管理を促進する」
　emergencyについては38〜39行目にWhen we are not in an emergency, however, we should have slow arguments. とありますが，内容はまったく異なります。Sophisticated logical arguments が何かに働きかけることに関しては本文中で言及されていません。よって，この④が正解（本文に合わないもの）です。

設問文の訳　第5段落で筆者は，| 5 |を除いて次の論点をすべて述べています。

---

6 難易度 ★★★

　下線部の直後に In other words, we first have to persuade people to want those bridges, before we have any hope at all of building them. とあり，before を使って前後関係が示されています。ここでは「橋を望むように説得する必要がある（前）」→「橋を架けることを願う（後）」という前後関係で，これと合致するのは ① The question of whether we need bridges precedes that of how we build them です。「橋を必要としているかどうか（前）」→「どのように橋を架けるか（後）」という前後関係になっています（that = the question）。
　この文では**precede**による「前後関係の把握」がポイントになっています。

≫≫ *Rule 17* 読解 「前後関係」の表現に注目！（precede）

　precede を単に「先に進む」と訳語で覚えても，長文を読む際には役に立ちません。〈**A precede B**〉「AはBより先に進む」，つまり「**A ➡ B**」の順を意識することが重要です。〈前 **precede** 後〉（〈後 follow 前〉の真逆 ※*Rule17*⇒p.82）として覚えてもいいでしょう。
　受動態の〈**B is preceded by A**〉の場合も同じように順番を意識します（無理に「先に行かれる」と和訳しても意味がわかりづらいですよね）。「**B ⬅ A**」で，「Bの前にAがくる」とするか，A ➡ B という事実は受動態になっても変わらないので思い切って「Aの次にBがくる」のように理解すればOKです。

　ちなみに「前後関係」ではありませんが，accompany も受動態になるとつなぐ内容同士の関係がわかりづらいので，一緒にチェックしておきましょう。

accompanyは「付き添う，伴う」という意味ですが，〈 サブ accompany メイン 〉と理解するといいでしょう。受動態も「～によって付き添われる」では意味がとりづらいので，以下のように考えてください（長文で使われたり，下線部の和訳問題で問われたりします）。

A メイン is accompanied by B サブ . まずA メイン ，それにB サブ が伴う。

例文 Anyone under the age of 16 needs to be accompanied by a parent or adult guardian. 「16歳未満の方は，親または保護者同伴でないといけない」

設問文と選択肢の訳

次のうち，第6段落で言及されている背後にある問題を最もよく表しているのはどれですか。

① どのように橋を架けるかという問題の前に，私たちが橋を必要としているかどうかという問題があること

② 私たちが橋を必要としているかどうかという問題の前に，どのように橋を架けるかという問題があること

→ 本文と「前後関係が逆」なのでアウトです。

③ 橋の重要性が明らかなとき，橋を架けることはほとんどの人に利益をもたらす

④ 橋の重要性が疑わしいとき，橋を架けることはほんの少しの人にしか利益をもたらさない

→ 選択肢③ではmost，④ではonly a fewが使われていますが，本文で「利益を受ける人の数の大小」は話題になっていません。

---

7 難易度 ★★☆

57～59行目にBlack-and-white arguments cause division and extreme viewpoints. The division between logic and emotions, or that between different opinions, is artificial and misleading. とあり，〈 原因 cause 結果 〉の形で「白か黒かの議論」→「分断」という因果関係を表しています。これに合致する③ The supposed "divisions" between people are often illusions that are formed by black-and-white thinking「人間同士の間の『分断』と思われているものは，白か黒かの両極端な考え方によって作られた錯覚であることが多い」が正解です。本文の因果関係が，選択肢ではbe formed by ～「～によって作られている」で表されています。また，illusionは「幻想」と思い込んでいる人も多いのですが，今回のように「思い違い，錯覚」の意味でもよく使われます。

下記のもののうち，異なる意見の人々を結びつけることに関する筆者の考えと一致するものはどれですか。

① 他人に邪魔されたくない人は，自主的に孤立して生きることを認められるべきだ

→ 52〜53行目に If we were all hermits living in isolation, humanity would not have reached the place it has. とありますが，これは仮定の話であり，「孤立して生きることを認められるべき」とは書かれていません。

② 自分と意見が異なる人との関係を築くことにおいて，感情は論理ほど役に立たない

→ 筆者は全体を通じて，「論理と感情の両方が大事」と主張しています。第1文 I want to see 〜や55行目 But I firmly believe that 〜，さらに最終文 With logic and emotions 〜などから，この主張は明らかです。

よって，「感情は論理ほど役に立たない」はアウトです。本文にない比較関係を利用したひっかけですね（***Rule 47*** ⇒ p.79）。

③ **人間同士の間の「分断」と思われているものは，白か黒かの両極端な考え方によって作られた錯覚であることが多い**

④ 論理は，白黒をはっきりさせるためのものであり，多くの一貫性のない考えを理解するためのものではない

→ 本文とはまったく逆の方向性なので，すぐにアウトだと判断できます。

8 難易度 ★☆☆

先ほどの7の選択肢②で解説したように，**筆者の主張は「論理と感情の両方が大事（議論や，世の中・お互いの理解に役立つ）」**というものでした。これに合致する② Logic and emotions together help us understand the complexities of human reality and communicate effectively「論理と感情は共に，私たちが人間というものの複雑さを理解し，効果的に意思疎通をするのに役立つ」が正解です。きちんと主張がつかめていれば，問題ないでしょう。ほかの選択肢は，どれも明らかに主張とは異なります。

下記のもののうち，筆者の主張を最もよく要約しているものはどれですか。

① 論理は私たちの日々の経験の機微を隠し，私たちを解決に向かって急き立てる

② **論理と感情は共に，私たちが人間というものの複雑さを理解し，効果的に意思疎通をするのに役立つ**

③ 感情よりも論理を優先させれば，意見が異なる2つの集団間の議論において誤りをなくすことができる

④ 私たちの議論は，支離滅裂になったり非論理的になったりしないように，しっかりと自らの信念体系に基づく必要がある

文構造の分析

1 ¹I want to see more good arguments [in which logical ˈandˈ emotional elements fuse together]. ²A good argument is like a well-written mathematical paper, (ˈasˈ it has a fully watertight logical proof, ˈbutˈ it also has a good explanation [in which the ideas are sketched out (ˈso thatˈ we humans can feel our way through the ideas ˈas well asˈ understand the logic step by step)]). ³A good discussion also addresses apparent inconsistencies [in which the logic seemingly contradicts our intuition].

> **訳** ¹私は，論理的な要素と感情的な要素が入り混じった，よい議論をもっと見たい。²よい議論とは，よく書けている数学の論文のようなものである。なぜならそれには，まったく隙のない論理証明が書かれているが，私たち人間が段階を追って論理を理解できるだけではなく，その発想を手探りで進んでいくことができるように，発想の概略が示された十分な説明も書かれている。³よい議論はまた，論理が一見私たちの直観と相反するように思える，見かけ上の矛盾を取り扱う。

> **語句** ¹logical 形 論理的な／element 名 要素／fuse together 入り混じる／² ⟨well-[過去分詞]⟩ 上手く～された／paper 名 (可算名詞で) 論文／watertight 形 隙のない／proof 名 証明／sketch out あらましを描く，概略を述べる／feel one's way through ～ ～を手探りで進む／step by step 段階を追って／³address 動 取り組む，取り扱う／apparent 形 (通例名詞の前で) 外見上の／inconsistency 名 矛盾／seemingly 副 一見／contradict 動 矛盾する，相反する／intuition 名 直観

> **文法・構文** ²as ～は「理由（～なので）」を表しています。but は 2 つの節（it has ～／it also has ～）を，as well as は動詞 2 つ（feel／understand）を結んでいます。また，so that ～は「目的（～するために）」です。

2 ¹(ˈIfˈ we disagree with each other in an argument), the important first step is to find the true root of disagreement. ²We should do this (by following long chains of logic (on both sides of the argument)). ³Next, we should build some sort of bridge (between our different positions). ⁴We should use our ability [to see things (in the abstract)] (to try ˈandˈ understand ⟨ˈthatˈ we are really just at different parts of a gray area [on the same principle]⟩). ⁵We should then engage our emotions (to grasp ⟨where we are emotionally⟩) ˈandˈ try ˈandˈ edge slowly (to ⟨where we all can meet⟩).

> **訳** ¹私たちが議論において互いに意見が合わなかった場合，重要な第一歩は，意見の不一致の真因を突き止めることだ。²これは，議論の双方の立場から論理の長い鎖をたどっていくことによって行うべきである。³次に私たちは，自分と相手の異なる立場の間に，何

らかの橋を架けるべきだ。⁴物事を抽象的に見る力を用いて，自分たちが本当はただ，同じ原理に基づいた，どっちつかずの領域の異なる部分にいるだけなのだと理解しようとすべきなのだ。⁵それから感情を絡ませて，自分たちの感情的な立ち位置を確認し，全員が交わることのできる所にゆっくり近づいていこうとすべきである。

語句 ¹root 名 本質，根源 ※本来「草木の根」のことですが，今回のように「(問題の) 根源」の意味でよく使われます。／²chain 名 鎖／⁴in the abstract 抽象的に／try and 原形 ～しようとする ※try and 原形 は try to 原形 とほぼ同じ意味です。／gray 形 どっちつかずの，どちらとも言えない ※日本語でも判別しがたい領域のことを「グレーゾーン」と言いますね。／principle 名 原理，原則／⁵engage 動 かかわらせる／grasp 動 把握する／edge 動 少しずつ進む

文法・構文 ⁵1つ目の and は should に続く動詞の原形（engage／try）を結んでいます。all は we の同格です。

3 ¹I think ⟨ a good argument, (at root), is one [in which our main aim is to understand everyone]⟩. ²How often is that actually the case? ³(Unfortunately), most of the time, people argue (with the goal of defeating others) — most individuals are trying to prove ⟨that they are right and everyone else is wrong⟩. ⁴I don't think ⟨ this is productive (as a primary purpose)⟩. ⁵I used to be guilty of this (as much as anyone), but I have come to realize ⟨that discussions really don't have to be competitions⟩. ⁶We must first grasp the obvious truth ⟨that it is not necessarily the case of one person being right and the other being wrong⟩. ⁷Rather, (when people disagree), it is often a reflection of differing belief systems. ⁸Their opinions may contradict each other but they usually have their own internal logic. ⁹(That said), this does not prevent people (from holding inconsistent opinions (within their own belief systems)).

動名詞の意味上のS　　But のバリエーション　　動名詞の意味上のS

訳 ¹私はよい議論とは，根本において，主目的が全員を理解することであるものだと思う。²実際にそれが当てはまるのは，どれくらいの割合なのだろうか。³残念ながらたいていの場合は，人々は他者を打ち負かすことを目的に議論をしている。言い換えればほとんどの人は，自分が正しく，自分以外の全員が間違っていることを示そうとしているのだ。⁴私は，これは主目的として非生産的だと思う。⁵私はかつて，誰にも増してこの非生産的な行為を犯していたが，実は議論は争いである必要はないことにだんだんと気づいたのだ。⁶私たちはまず，必ずしも一方が正しく，もう一方が間違っているとは限らないという，明白な真理を理解しなくてはならない。⁷そうではなく，人々の意見が一致しないときは，異なる信念体系の影響であることが多い。⁸人々の意見は互いに相反するかもしれないが，たいていは自分なりの論理を持っている。⁹とはいえ，そうだからと言って，人々が自身の信念体系の内に一貫性のない意見を抱えないというわけではない。

語句 ¹at root 本質的に／aim 名 目的／²case 名 (通例 be the case の形で) 事実／³with the goal of ～ ～を目的として／defeat 動 打ち負かす／prove 動 証明する／⁴productive 形 生産的な／⁵be guilty of ～ ～を犯している／as much as anyone 誰にも増して, 他の誰にも劣らぬほど／competition 名 競争／⁶obvious 形 明白な／not necessarily ～ (部分否定) 必ずしも～ではない／⁷reflection 名 反映, 影響／belief 名 信念／⁸internal 形 内部の, 固有の／⁹that said とはいえ／prevent 人 from -ing 人 が～することを妨げる／inconsistent 形 一貫性のない

文法・構文 ²直訳「実際にそれはどれくらいの頻度で事実なのだろうか」→「実際にそれが当てはまるのは, どれくらいの割合なのだろうか」となります。 ³argue with ～「～と口論する」で1カタマリではなく, with the goal of ～「～を目的として」で1カタマリです。また, ―(ダッシュ)のあとで, 前文の内容を具体的に説明しています。 ⁴日本語ではふつう「～ではないと思う」と言いますが, 英語の場合, 今回の英文のように I think this isn't ～ と言うよりも, I don't think this is ～ と言うのが普通です(「思う」と似た意味を表す suppose, believe, expect, imagine などの場合も同様です)。 ⁷前文で not を使って一般論を否定し, 次にこの文を Rather ～から始めることにより, 筆者の主張を示しています。このように, not A but B の but が消え, Indeed, Instead, In fact, Rather などが代わりに使われることが頻繁にあります。 ⁹That said「とはいえ」は, 独立分詞構文である that {having been} said「そうは言ったものの」から having been が省略された形です。

4 ¹Too many arguments turn into a cycle of attack and counterattack. ²(In a good argument), however, nobody feels attacked. ³People don't feel threatened (by a different opinion or a different point of view). ⁴All those [participating in a given discussion] should be responsible for creating this kind of safe environment. ⁵I tell myself (as much as possible) (in any potentially divisive situation), "It 's not a competition." ⁶And, (in fact), it almost never is a competition.

訳 ¹あまりに多くの議論が, 攻撃と反撃の応酬に陥っている。²しかし, よい議論では, 誰も攻撃されたと感じることはない。³人々は, 異なる意見や異なる考え方におびえることはない。⁴ある1つの議論に参加している全員が, こういった安全な環境を作り出す責任を負うべきである。⁵私は, 意見が分かれる可能性がある状況ではできる限り自分自身に「これは争いではない」と言い聞かせるようにしている。⁶そして実際に, それが争いであることはほとんどないのだ。

語句 ¹turn into ～ ～に変わる, ～に転じる／attack 名 攻撃／counterattack 名 反撃／⁴given 形 特定の, ある／be responsible for ～ ～に責任がある／⁵potentially 副 可能性として, 潜在的に／divisive 形 意見が分かれる, 軋轢(あつれき)のもととなる

文法・構文 ⁴those は関係詞の続く those who ～「～な人々」の形がよく知られていますが, those present「出席者」のように後ろに形容詞が続いたり, 今回のように分詞が続いたりすることもあります。

5 [1] A good argument does invoke emotions, but (not for intimidation or belittlement). [2] It invokes emotions (to make connections with people, to create a path for logic [to enter people's hearts, not just their minds]). [3] This takes longer (than throwing sarcastic comments (at each other) and trying to fire the "killer shot" [that will end the discussion]). [4] Logic is slow and can fail us (when we need to make a quick decision). [5] (When we are not in an emergency), however, we should have slow arguments. [6] (Unfortunately), the world tends to drive things faster and faster, (with shorter and shorter attention spans meaning ⟨that we are under pressure [to convince people (in 280 letters), or (in a brief comment [accompanying an amusing picture]), or (in a clever one-liner) — correct or otherwise — (so someone can declare "mind = blown" or "mic drop")]⟩)." [7] But this leaves little room (for nuance or investigation, or for understanding ⟨how we agree and disagree⟩). [8] It leaves no time [for building bridges].

強調の助動詞
不定詞の意味上のS
付帯状況の with
「目的」を表す so {that}

訳 [1] よい議論は，確かに感情をかき立てる。しかし，それは威嚇のためでもけなすためでもない。[2] 人々と心を通い合わせ，論理が人々の頭だけでなく心に入り込むための道を切り開くために感情をかき立てるのだ。[3] これには，互いに辛らつな言葉を投げかけ，議論を終結させるような「キラーショット（致命的な一撃）」を放とうとするよりも，長い時間がかかる。[4] 論理には時間がかかり，迅速な判断を下さないといけないときには役に立たないことがある。[5] しかし，緊急に迫られていないときには，時間をかけて議論すべきだ。[6] 残念ながら，世界は物事をますます速く推し進める傾向にあって集中力が続く時間はますます短くなりつつある。それはつまり，私たちは，それが正しいかどうかは別にして，280字以内で，あるいはおもしろい写真付きの手短なコメントで，またあるいは巧みな1センテンスの言い回しで，誰かが「すごいね」または「もう言うことないね」と明言できるように人々を説得する必要に迫られている。[7] しかしこれでは，微妙な意味合いや探求の余地，あるいは自分たちがどれだけ同意見で，どれだけ異なる意見なのかを把握する余地がほとんど残らない。[8] これでは，橋を架ける時間がないのだ。

語句 [1] invoke 動 かき立てる／intimidation 名 威嚇／belittlement 名 けなすこと，見くびること／[3] sarcastic 形 辛らつな／[4] fail 〜（こと・物などが）〜の役に立たない ※ fail to 原形「〜し損なう」が代表的ですが，今回のように名詞が続いて「（こと・物などが）〜の役に立たない」という使い方もあります。／[6] convince 動 納得させる／brief 形 簡潔な／accompany 動 伴う／one-liner 名 1センテンスの気の利いた言い回し／declare 動 宣言する／mind＝blow [mind-blow] 動 興奮させる／mic drop マイクドロップ（スピーチやトークの出来が最高によかったので，もはや誰もマイクを取って話をする必要がないという意味で，わざとマ

イクを床に落とすこと）／⁷room 名（不可算名詞）余地　※可算名詞だと「部屋」という意味。／nuance 名 微妙な意味合い／investigation 名 探求，調査

文法・構文 ²前の文では not が使われ，not A. {But} B. のパターンになっています。enter の共通の目的語として，heart と mind が対比されています。heart は喜怒哀楽などの感情を抱く「心」ですが，mind は主に「思考」に関連する部分を指します。「知能・精神」が存在する心のことです。 ⁶with shorter and shorter attention spans meaning ～は〈with O C〉の形で，主節の内容を補足説明しています。1番目の or は，2番目の or と共に，3つの前置詞句（in 280 letters／in a brief comment ～／in a clever one-liner）を結んでいます。また，so ～は「目的」を表す so {that} から that が省略された形です。ちなみに「280字」とは Twitter のことです（英語では280字まで書き込めます）。 ⁷1つ目の or は名詞2つ（nuance／investigation）を結び，for の共通の目的語になっています。また，2つ目の or は前置詞句2つ（for nuance or investigation／for understanding ～）を結んでいます。

6 ¹I would like us all to build bridges [to connect us to people [with whom we disagree]]. ²But what about people [who don't want bridges]? ³People [who really want to disagree]? ⁴Here we have a meta problem. ⁵(In other words), we first have to persuade people to want those bridges, (before we have any hope (at all) of building them).

訳 ¹私は，私たち全員に，自分と意見が異なる人と自分たちを繋ぐための橋を架けてほしいと思っている。²しかし，橋を望まない人々はどうだろうか。³心の底から意見に反対したがっている人々はどうだろうか。⁴ここで，問題の背後にさらなる問題があるのである。⁵つまり，そもそも橋を架けることを願う前に，まず人々がそういった橋を望むように説得する必要があるのだ。

語句 ⁴meta 形 背後にある，高次の／⁵persuade 動 説得する／at all（疑問文・if を含む文・肯定文などで）そもそも，少しでも

文法・構文 ¹(people) with whom we disagree は，we disagree with people. を元の文として，people が whom に変わり，with を伴って文頭に出た形です。 ²what about ～? ～はどうだろうか ³前文の people who don't want bridges「橋を望まない人々」という抽象的な表現を，具体的な表現に言い換えています。 ⁵at all は，否定文で使われる場合（not ～ at all「少しも～ではない」）が代表的ですが，この英文のように否定文以外で用いられると「そもそも，少しでも」という意味になります。

7 ¹(As humans in a community), our connections [with each other] are really all [we have φ]. ²(If we were all hermits [living in isolation]), humanity

［仮定法過去完了］　［仮定法過去］

would not have reached the place [it has φ]. ³Human connections are usually thought of (as being emotional), and logic is usually thought of (as being

think of A as B の受動態　　　　　　think of A as B の受動態

187

Lesson 9

removed (from emotions) and thus removed (from humanity)). ⁴But I firmly believe ⟨that logic, (used in conjunction with emotions), can help us build

help 人 原形

better and more compassionate connections [between humans]⟩. ⁵And we must do it (in a nuanced way). ⁶Black-and-white arguments cause division and

因果表現

extreme viewpoints. ⁷The division [between logic and emotions], or that [between different opinions], is artificial and misleading.

訳 ¹コミュニティに属する人間として，私たちにはお互いの関係こそがすべてである。²もし私たちが皆孤立して暮らす隠遁者(いんとん)だったら，人類は今の地位に到達していないだろう。³人間関係はたいてい感情的なものだと見なされており，論理はたいてい感情からかけ離れたものだと考えられているので，人間（らしさ）ともかけ離れたものだと考えられている。⁴しかし私は，論理は感情と併せて使われれば，私たちが人間同士の間によりよく，より心のこもった繋がりを築くのに役立ち得ると確信している。⁵そして，私たちは論理とも感情とも言い切れないどっちつかずの方法でそれをやらないといけない。⁶白か黒かの両極端な議論では，分断や過激な意見が生まれる。⁷論理と感情の分断，あるいは異なる意見間の分断は，人間が生み出すものであり，人々を間違った方向に導きやすい。

語句 ²hermit 名 隠遁者／in isolation 孤立して／⁴firmly 副 断固として／in conjunction with ～ ～と併せて，と併用して／compassionate 形 思いやりのある，心のこもった／⁵nuanced 形 微妙な，どっちつかずの／⁶black-and-white 形 白か黒かの両極端な ※日本語の「白か黒か」とは順番が逆なので注意してください。／division 名 分裂，対立／⁷artificial 形 人工の，人為的な／misleading 形 誤解を招きやすい，人を間違った方向に導きやすい

文法・構文 ²⟨If S´ 過去形, S would have p.p.⟩は，仮定法の形としてあまり取り上げられませんが，この英文のように使われることがあります。前半が現在の話をしている（仮定法過去は現在の話です）のに，後半で過去の話をしているのは，前半が時制に関係のない一般論を述べているためです。また，all は we の同格です。³2つ目の and は，2つの p.p. のカタマリ（removed from emotions／removed from humanity）を結んでいます。⁴used in conjunction with ～は logic を意味上の S とする分詞構文で，「論理が使われる」という受動関係なので p.p. から始まっており，「論理は感情と併用すれば」という「条件」を表しています（今回のように分詞構文が S の直後にきた場合は，S の説明をすることが多いです）。⁵形容詞 nuanced は動詞「微妙な違い［ニュアンス］を与える」の過去分詞から派生した単語で，「微妙な違い［ニュアンス］を与えられた」→「微妙な，どっちつかずの」という意味です。今回は，「理論か感情かの2つに1つというやり方ではなく，その両方を折衷したやり方で行う」ことを意味しています。⁷that は文頭 the division の代わりになる代名詞です。

8 ¹We should not place ourselves (in futile battles [against other humans [with whom we are trying to coexist on this earth]]). ²And we should not let logic battle (against emotions). ³ A good argument is not a battle. ⁴ It 's not a competition. ⁵ It 's a collaborative art. ⁶ (With logic and emotions working together), we will achieve better thinking, and thus the greatest possible understanding [of the world and of each other].

付帯状況の with

訳 ¹ 私たちは自らを，この地球で共存していこうとしているほかの人間との無益な戦いに放り込むべきではない。² そして，私たちは論理と感情とを戦わせてはいけない。³ よい議論は，戦いではない。⁴ 競争ではない。⁵ 力を合わせて作り出す芸術作品なのだ。⁶ 論理と感情が力を合わせれば，私たちはよりよい考えにたどりつくことができ，それによって世界とお互いのことを最大限に理解することができるだろう。

語句 ¹ futile 形 無益な／coexist 動 共存する／⁵ collaborative 形 共同制作の／⁶ greatest possible 最大限の　※ possible は後ろから the greatest を修飾しています（最上級を強める形容詞は，今回のように1語でも名詞の後ろに置かれることがあります）。

文法・構文 ¹ (other humans) with whom ～ earth は，we are trying to coexist with other humans on this earth を元の文として，other humans が whom に変わり，with を伴って文頭に置かれた形です。

Lesson 9

189

I want to see more good arguments / in which logical and emotional elements fuse together. // A good argument is like a well-written mathematical paper, // as it has a fully watertight logical proof, // but it also has a good explanation / in which the ideas are sketched out / so that we humans can feel our way through the ideas / as well as understand the logic step by step. // A good discussion also addresses apparent inconsistencies / in which the logic seemingly contradicts our intuition. //

If we disagree with each other in an argument, // the important first step is to find the true root of disagreement. // We should do this by following long chains of logic / on both sides of the argument. // Next, / we should build some sort of bridge between our different positions. // We should use our ability to see things in the abstract / to try and understand that we are really just at different parts of a gray area / on the same principle. // We should then engage our emotions to grasp where we are emotionally // and try and edge slowly to where we all can meet. //

I think a good argument, // at root, // is one in which our main aim is to understand everyone. // How often is that actually the case? // Unfortunately, // most of the time, // people argue with the goal of defeating others // — most individuals are trying to prove / that they are right / and everyone else is wrong. // I don't think this is productive as a primary purpose. // I used to be guilty of this as much as anyone, // but I have come to realize that discussions really don't have to be competitions. // We must first grasp the obvious truth / that it is not necessarily the case of one person being right / and the other being wrong. // Rather, // when people disagree, // it is often a reflection of differing belief systems. // Their opinions may contradict each other // but they usually have their own internal logic. // That said, // this does not prevent people from holding inconsistent opinions / within their own belief systems. //

Too many arguments turn into a cycle of attack and counterattack. // In a good argument, // however, // nobody feels attacked. // People don't feel threatened by a different opinion / or a different point of view. // All those participating in a given discussion / should be responsible for creating this kind of safe environment. // I tell myself as much as possible in any potentially divisive situation, // "It's not a competition." // And, // in fact, // it almost never is a competition. //

A good argument does invoke emotions, // but not for intimidation or belittlement. // It invokes emotions to make connections with people, // to create a path for logic to enter people's hearts, // not just their minds. // This takes longer than throwing sarcastic comments at each other / and trying to fire the "killer shot" that will end the discussion. // Logic is slow and can fail us when we need to make a quick decision. // When we are not in an emergency, / however, / we should have slow arguments. // Unfortunately, // the world tends to drive things faster and faster, // with shorter and shorter attention spans // meaning that we are under pressure to convince people in 280 letters, // or in a brief comment accompanying an amusing picture, // or in a clever one-liner // — correct or otherwise — // so someone can declare // "mind=blown" or "mic drop." // But this leaves little room for nuance or investigation, // or for understanding how we agree and disagree. // It leaves no time for building bridges. //

I would like us all to build bridges / to connect us to people with whom we disagree. // But what about people who don't want bridges? // People who really want to disagree? // Here we have a meta problem. // In other words, // we first have to persuade people to want those bridges, / before we have any hope at all of building them. //

As humans in a community, // our connections with each other are really all we have. // If we were all hermits living in isolation, // humanity would not have reached the place it has. // Human connections are usually thought of as being emotional, // and logic is usually thought of as being removed from emotions / and thus removed from humanity. // But I firmly believe that logic, // used in conjunction with emotions, // can help us build better and more compassionate connections between humans. // And we must do it in a nuanced way. // Black-and-white arguments cause division and extreme viewpoints. // The division between logic and emotions, // or that between different opinions, // is artificial and misleading. //

We should not place ourselves in futile battles against other humans / with whom we are trying to coexist on this earth. // And we should not let logic battle against emotions. // A good argument is not a battle. // It's not a competition. // It's a collaborative art. // With logic and emotions working together, // we will achieve better thinking, // and thus the greatest possible understanding of the world / and of each other. //

Lesson 10 解答・解説

▶問題 別冊 p.45

このLessonで出てくるルール

Rule 56 解法 知らない熟語は「正しい直訳」から攻める！ ⇒ (1)
Rule 52 解法 意外と訳しづらいwhatを攻略！ ⇒ (2)

解答

(1) 彼が自分のこと（内面）をあまり明かさないというよい例だ。

(2) その一方で，子どもの頃は読書をしなかったかなり多くの人たちは，文章を書くことは，言ってみれば自分たちとは違った「ものを書く環境に恵まれた」人たちがすることだと，ひょっとすると感じたことがあるだろうが，私はそういうことを感じたことは一度たりともない。

(3) もしリズムがなかったら，ものを書くことなんて，一体できるのであろうか（できるわけがないのだ）。

(1) 難易度 ★★☆　思考力

a good example of 〈 how $\underset{s'}{}$ he $\underset{v'}{}$ doesn't give $\underset{o'}{}$ much away 〉.

■「形」からのアプローチ

下線部は英文の一部で，a good example of ～ という名詞のカタマリにすぎません（SVにはなっていない）が，「～を示すよい例（である）」のように「である」を補うのはアリでしょう。

ofの後ろには名詞節（how節）が続きます。このhowは，結論から言えば**接続詞thatと同じ意味のhow**です。howには「単に名詞節を作るだけで特別な意味を持たない」という接続詞用法があります（難しい用法ですが，辞書にも「thatと同じ」と載っており，最難関大学入試ではたまに出てきます）。したがって，ここは「～ということ」と訳すのが正解です。howを「手段（どのように）」や「(how muchと混同した）どれほど」などと訳すとミスになります。

give ～ awayは直訳「与えて（give）離す（away）」から，「与えてしまう，あげてしまう，放つ」くらいには予測してほしいところです。辞書には**「無料であげる，配る，（秘密を）漏らす」**などの意味が載っています。ちなみに，慶應義塾

大学法学部の入試では，I don't think I'd be giving anything away if I told you ～.「君に～だと話したとしても，<u>秘密を何か漏らした</u>ことにはならないと思う」→「だから言っちゃうけど，～」で，下線部分が空所補充選択問題として出題されました。

■「文脈」からのアプローチ

　下線部のexampleはそれより前の内容をまとめているので，当然そこにhow he doesn't give much awayの具体例になる内容があると判断できます。そこでまず1文目を見ると，It's perhaps not much known that Ish has a musical side.で「イッシュに音楽的な面があることはあまり世間に知られていない」ことがわかります。続けて下線部を含む2文目を見るとI was only dimly aware of it, if at all ～ for several yearsとあり，only「ただ～だけ」やif at all「たとえあったとしても」，さらにはthough I'd known him by then for several yearsから，（世間だけでなく）**筆者も知らない**であろうことがわかりますね。

　この「知られていない」をまとめたのが，下線部のhow he doesn't give much awayなのです。**「彼（イッシュ）は，情報を明かさない・教えない」**くらいの意味を推測できれば，十分に合格点でしょう。

> ここが　思考力 ▶ **知らない語句の意味を推測する「思考力」**

　howに「thatと同じ意味がある」のは最難関大学志望であれば知っておいて損はありませんが，知らない場合はまず「どのように」と考えるはずです。しかし，下線部の前は「事実（知られていない・私も知らない）」を述べているだけで，howの「手段」の内容ではありません。つまり，**howを全面に出した訳は求められていない**と判断するわけです。

　これは東大の入試問題でよく必要とされる思考です。みなさんは**過去問を通してそういった思考が必要だと気づかなければなりません**が，知らなければできないのも当然なので，まず「そういう『思考力』を問う大学もある」ということを頭に入れておいてください。

　また，give awayも知識ではなく「思考力」を使って和訳することが求められています。間違っても「知り合いなのに，知らなかったということは…」なんて根拠のない思い込みだけで意味を推測するのは，ただのこじつけでしかないので，絶対にやめましょう（本番で，意味がどうしてもわからないときは仕方ないですが）。

Lesson 10

193

≫≫ *Rule 56* 解法 知らない熟語は「正しい直訳」から攻める！

　　見たことのない熟語は，まず「直訳」から考えて，それを文脈に合った内容にアレンジしていくのが正攻法です。ただしその直訳のときに，自分の知っている意味だけでなんとなく考えてはいけません。**その単語の核となる本来の意味で考えないと「正しい直訳」はできない**からです。

　　例えば，今回のaway「離れて」であればあまり問題ないでしょう。副詞は難しくないのですが，前置詞の場合は核となる本来の意味が誤解されていることが多いです。正しい直訳をするために，以下の前置詞とその核となる本来の意味をチェックしておきましょう。

前置詞	本来の意味	補足
□ by	近接	「〜によって」のイメージが強いですが，本来は「近くに」です。stand by「傍観する，味方する，待機する」は，すべて直訳「そばに立つ」が元になっています（「(精神的に)そばに立つ」→「味方する」など）。
□ for	方向性	「〜のために」が有名ですが，本来は「〜に向かって」です。「気持ちが向かう」→「賛成」などに特に注意を。
□ of	分離	「所有」の意味で使われることが多いのですが，本来は真逆の「分離」でした。be independent of 〜「〜から自立している」などで使われています。
□ with	相手	「〜と一緒に」の意味で使われることが多いだけに，本来の「〜を相手に」という意味で使われると混乱する受験生が多いです。be angry with 〜「〜を相手に怒っている」が第一義です。
□ on	接触	「(行為に)接触」→「〜中」や，「(精神的に)接触」→「依存」の意味などにも発展します。
□ from	起点	fromの核となる「起点」の意味は基本ですが，これが発展した「分離」→「区別（頭の中で分離）」の意味には注意してください。「引き離されている」イメージです。tell A from B「AとBを区別する」などで使われていますね。
□ under	下	これも核となる「下」の意味は基本ですが，そこから「被支配」の意味が生まれます（under control「支配下で」など）。さらに「(支配されている)最中」→「〜中」ともなります（under construction「建設中」など）。

I 've never felt, (on the other hand), (though a great many people [who've grown up and read books] have perhaps felt it), ⟨ that writing is what those other, 'writerly' people do ϕ ⟩.

■ **it を「形」から理解する**

主節と though 節を整理すると，以下のように feel that ～の形だとわかります。

I've never felt that writing is what those other, 'writerly' people do

‖

though a great many people ～ have perhaps felt it

つまり，**though 節の it は，主節の that 節**（that writing is what those other, 'writerly' people do）**を指す**わけです。普通ならこの it を無理に訳出する必要はないのですが，今回は設問文中に「it が何を指すか明らかにすること」という指示があります。もしも though 節から先に訳すのであれば，it と that ～を入れ替えて訳す必要があります。「多くの人たちは ～だということを ひょっとすると感じたことがあるだろうが，私は そういうことを 感じたことは一度もない」とするわけです。

■ **though 節**

a great many ～「かなり多くの～」です。また，who've grown up and read books は「成長して，そして本を読んだ」が直訳で，「大人になってから読書をした」ということです。このままでも OK ですが，下線部の前で「（筆者の）家庭環境」について触れられているので，「子どもの頃は読書をしなかった」とすればより自然でしょう（ちなみにここは原典の英文に戻してあるところなのですが，東大の入試では who didn't grow up reading books と表現が変更されていました）。

■ **that 節（writerly 以外の語句）**

writing is what those other, 'writerly' people do は「文章を書くことは，（あの）自分たちとは違った 'writerly' な人たちがすること」が骨組みになります。当然 **'writerly' の処理がポイント**になりますが，その前にほかの語句を処理します。

まず write は単に「書く」ではなく「ものを書く」と訳すことが多いので知っておいてください。those は（that 同様，心理的な遠さを表すので）「あの，例の」

という意味（辞書にも載っている普通の用法です）で，特に訳出しなくてもOK
です。other「ほかの」は「音楽にしろ，ものを書くことにしろ，別の世界の人が
すること」といった流れを受けて，「自分たちとは違った（世界で生きている）」
ことを表しています。

■ 'writerly' を考える

そして，肝心の 'writerly' です。下線部の直前に music was what those other,
'musical' people did という文があり，これを理解することが 'writerly' を解釈する
大きなヒントになります。そこで music 関係の内容を確認すると本文全体から探
すと9行目に 'musical home' が見つかります。これは6〜7行目 His wife, Lorna,
sings and plays; so does his daughter. Evenings of musical entertainment in the
Ishiguro household can't be at all uncommon. のことです。つまり，'musical
home' は「音楽が当たり前のようにある［音楽に慣れ親しんだ／音楽の環境に恵ま
れた］家庭」だとわかります。

'writerly' people はこの「音楽」を「ものを書く」に置き換えればいいので，
本文の流れから「『ものを書く環境に恵まれた』人たち，『ものを書くことに慣れ
親しんだ』人たち」などの訳がよいと考えられます。

ここが　思考力　'writerly' をもう一歩深く考える

この 'writerly' の訳は，世間でも指導者の間でもさまざまな意見がありま
す。答案にどう点を与えるかはもちろん公表されていないことですが，おそ
らく「もの書きらしい」とか「文学的な」といった，なんとなく考えたよう
な訳語でも，それなりに意味は通るだけに部分点はもらえるでしょう。

しかし，やはり本文に沿って考えれば，**'musical' を念頭に置いてとらえ
るべきだというのがボクの意見です。**

しかも，下線部直後に This dichotomy is strange とあります。dichotomy は
「2つに分けること」という意味で，「2つに分けることが奇妙だ」と言ってい
ます。実際にはこの単語を知らない受験生が大半でしょうので，みなさんは
〈this + 名詞〉（**Rule 4**⇒p.17）から「今言ったこのこと」と考えるべきとこ
ろです。ただこれがわからなくても，この英文の続きが since increasingly I
feel that a lot of my instincts and intuitions about writing are in fact
musical, and I don't think that writing and music are fundamentally so far
apart とあることから，やはり「'musical' と 'writerly' はセットで考える」とい
う確信が得られるのです。

ちなみにここは和訳問題なので，クオーテーションマークは機械的に「カギカッコ」に変換すればOKですが，このクオーテーションマークの意味は「特殊な意味を持たせている」，場合によっては「皮肉」と取ることもできます（**Rule 7**⇒p.25）。

Rule 52 解法 意外と訳しづらいwhatを攻略！

　whatは関係代名詞の場合「もの・こと」と訳すのは常識で，確かに今回も単純に「（～する）こと」と訳せば問題ありませんでした。しかし，**whatは意訳することのほうが多い**という事実を知っておくことは，最難関大学の受験生にとっては有益です。以下，よく出るのに自力では気づきにくいwhatの意訳のパターンを示しておきます。

■ SVO・SVOCの主語になる what
　Rule 32「無生物主語・第3文型は『受動態』で訳す！」（⇒p.107）と**Rule 82**「〈SV + 人 + to ～〉を使いこなす！」（⇒p.59）の応用です。この場合，**原因を表すことを意識します。**

例文 **What** makes writing so terrifying is the writer's perpetual exposure to criticism. 「なぜものを書く作業がそれほど恐ろしいかというと，作家は常に批判にさらされているからなのである」（京都大学）

⇒ What makes writing so terrifying がSVOCで，これ全体で名詞節になっています。直訳は「ものを書く作業をそれほど恐ろしくするもの」ですが，「ものを書く作業がそれほど恐ろしくなる原因［なぜものを書く作業がそれほど恐ろしいか］」と訳すときわめて自然な和訳になります。

■ what I am 型
時制と**動詞**で意味が決まります。
- [ ] **what** I am「現在の私」
- [ ] **what** I was［used to be］「過去の私」
- [ ] **what** one should be「人のあるべき姿」　※oneは「一般の人」
- [ ] **what** she looks like「彼女の外見」
- [ ] **what** it seems「それの見た目」

■ what S is all about「Sの本質」
　aboutは本来「周辺（～の周りに）」を表し，そこから「約～」や「～について」の意味が生まれました。そして，「周辺」がさらに発展して「本質」の意味が生まれます。まず，〈S is about *A*〉は直訳が「SはAの周りにある」，

つまり「（Ｓはいつも Ａから離れないので）Ｓの重要な点（本質）はＡだ」です。

さらに「強調の all」が付き，Ａが関係代名詞 what になって語順が変わると，〈what S is all about〉の形になります。「**Ｓの本質であるもの**」の直訳から「**Ｓの本質**」となるわけです。

> 例文 Playing is **what** childhood is all about.「遊びとは子ども時代になくてはならないものだ（直訳：遊びとは子ども時代の本質だ）」（東京大学）

(3) 難易度 ★★☆

■ 文末にきた疑問文

この英文は疑問文です。下線部のあとに同格の名詞が続きますが，最後は "?" で終わっていますね。これは**修辞疑問文（反語）**です。

こういったものは「当然，修辞疑問である」「文脈から判断する」と説明されがちですが，本文の最後にある疑問文なので（下線の引き方で惑わされますが），何よりもまず「形」から修辞疑問ではないかと見当をつけます（**Rule 6** ⇒p.63）。そのあと，問題になっている英文の内容を確認しながら，確信を持って答案を書けばいいのです。

ちなみに，この文は would と without から仮定法の形になっていますが，修辞疑問で訳すことを考えると，（それを優先するがために）仮定法としての訳出はしづらい（できない）です。

■ 直訳から意訳へ

rhythm は「リズム」でいいでしょう。安易にカタカナ語にするのには注意が必要ですが（⇒p.109），ここでは文脈上も問題なく，そもそも音楽の話をしているので「（音楽のような）リズム」でOKです。

また，（2）の ここが 思考力 で触れたとおり，下線部の前は **'musical'** と **'writerly'** はセット・似たもの という内容です。これも内容面でのヒントになります。

以上を踏まえて直訳すると，「もしリズムがなかったら，ものを書くことはどこにあるのだろう」です。反語的に「ものを書くことはどこにあるのだろう」→「どこにもない」→「ものを書くことなんてできない」ということです。

答案としては，思い切って反語的に「できない」と締めくくるか，そこまでの自信が持てない場合は「修辞疑問だって気づいてますよ」というアピールとして，少し大げさな疑問文のように「もしリズムがなかったら，ものを書くことなんて，一体できるのであろうか」とするテクニックが便利です。

文構造の分析

1 ¹ It 's (perhaps) not much known 〈that Ish has a musical side〉. ² I was (only dimly) aware of it, (if at all), 〈when I made this interview with him〉, (though I 'd known him by then for several years) — a good example of 〈how he doesn't give much away〉. ³ Ish plays the piano and the guitar, both well. ⁴ I 'm not sure 〈how many different guitars he now actually possesses〉, but I wouldn't be surprised (if it 's in double figures). ⁵ His wife, Lorna, sings and plays; so does his daughter. ⁶ Evenings of musical entertainment [in the Ishiguro household] can't be (at all) uncommon.

訳 ¹ イッシュに音楽的な面があることはあまり知られていないと思う。² 私が彼にこのインタビューを行ったとき，彼とはすでに数年来の知り合いであったが，私はそのことに気づいていたとしてもうっすらといった程度だった。彼が自分のことをあまり明かさないというよい例だ。³ イッシュはピアノとギターを弾くのだが，両方とも上手い。⁴ 現時点で彼が実際に何本ギターを所有しているのかははっきりわからないが，2ケタだとしても驚きはしない。⁵ 彼の妻のローナは，歌も楽器演奏もする。彼の娘も同様だ。⁶ イシグロ家で音楽会の夕べが催されるのはまったく珍しいことではない。

語句 ¹ side 名 (性格などの) 一面／² dimly 副 ぼんやりと／if at all たとえ〜したとしても，たとえあったとしても／give away 内面を表に出す／⁴ possess 動 所有する／double figures 2桁の数字／⁶ household 名 家族，所帯／uncommon 形 珍しい

文法・構文 ⁵ so V S で「S も V する」という意味です。

2 ¹ One of the few regrets of my life is 〈that I have no formal grounding [in music]〉. ² I never had a musical education or came (from the sort of 'musical home' [that would have made this possible or probable]), (though I was born at a time [when an upright piano was still a common piece of living-room furniture]). ³ I need to be a little careful about what I'm saying φ. ⁴ I never came (from a 'writerly' home) either: I didn't feel 〈 that was a barrier〉, and (if I 'd got involved in music at an early age), might it only

仮定法過去完了

have thwarted my stirrings [as a writer]? ⁵ Or just left me (with bad memories of piano lessons)?

訳 ¹ 私の人生における数少ない後悔の1つは，音楽のきちんとした基礎を習っていないことだ。² 私はアップライトピアノがまだ一般的なリビングの家具として置かれていた時代に生まれたが，音楽教育をまったく受けていないし，教育を与えてくれるかまたはその

見込みのあるいわゆる「音楽一家」の出でもない。³私は少し, 自分の発言に気をつける必要がある。⁴私は決して,「ものを書く（環境に恵まれた）」一家の出でもないのだ。だからといって, 私はそれを障壁に感じることはなかった。それに, もし私が幼いうちから音楽に携わっていたら, そのことは私の作家としての湧き上がる衝動を阻むだけだっただろうか？⁵それとも単に, ピアノレッスンの嫌な思い出が残るだけだっただろうか？

語句 ¹regret 图 後悔／grounding 图 基礎／²upright piano アップライトピアノ（グランドピアノに対して, 弦を縦に張った箱型のピアノのこと）／⁴writerly 形 作家の, 作家に特徴的な／barrier 图 障害, 障壁／get involved in ～ ～にかかわる／thwart 動 妨げる, 妨害する／stirring 图 （通例複数形で）感情の芽生え

文法・構文 ⁵前文末の疑問文 might it ～ as a writer? と共通関係にあるため, Or {might it} just {have} left me ～? のように might it, have が省略されていると考えられます。

3 ¹The fact is, 〈 I grew up (very appreciative of music), but (with no ability to make it, no knowledge of it from the inside), and (always rather readily assuming 〈that music was what those other, 'musical' people did φ〉)〉. ²I 've never felt, (on the other hand), (though a great many people [who've grown up and read books] have perhaps felt it), 〈that writing is what those other, 'writerly' people do φ〉.

訳 ¹実際には, 私は音楽にとても感謝して育ったが, 作曲の才能もなければ, 音楽の仕組みに関する知識もなく, 音楽は自分とは別の「音楽的な」人種がやるものだと, いつもやや安直に思い込んでいた。²その一方で, 子どもの頃は読書をしなかったかなり多くの人たちは, 文章を書くことは, 言ってみれば自分たちとは違った「ものを書く環境に恵まれた」人たちがやることだと, ひょっとすると感じたことがあるだろうが, 私はそういうことを感じたことは一度たりともない。

語句 ¹be appreciative of ～ ～に感謝して／inside 图 内部, 内側／readily 副 たやすく, あっさりと／assume 動 当然のことと思う／²a great many 非常に多くの／perhaps 副 ひょっとすると

4 ¹This dichotomy is strange, (since increasingly I feel 〈that a lot of my instincts and intuitions [about writing] are in fact musical〉), and I don't think 〈that writing and music are fundamentally so far apart〉. ²The basic elements of narrative － timing, pacing, flow, recapitulation, tension and release － are musical ones too. ³And where would writing be (without rhythm), the

〔仮定法過去〕

large rhythms [that shape a story], or the small ones [that shape a paragraph]?

訳 ¹このように二分するのはおかしい。なぜなら私は, 自分の文筆の才能および直観力の多くは実は音楽的であると次第に考えるようになったからだ。文章と音楽は, 根本的

にそれほどかけ離れたものではないと思うのだ。²タイミング，テンポ，流れ，反復，緊張と緩和など，物語の基本的な要素は音楽の要素でもある。³そして，物語を形成する大きなリズムにしろ，段落を形成する小さなリズムにしろ，もしリズムがなかったら，ものを書くことなんて，一体できるのであろうか（できるわけがないのだ）。

語句 ¹dichotomy 名 （2つの間の）大きな相違／intuition 名 直観／fundamentally 副 基本的に，根本的に／²pacing 名 （小説などの）ストーリー展開のテンポ／recapitulation 名 要点を繰り返して述べること，再現部（ソナタ形式で，提示部を展開部のあとで再現すること） ※ここは原典の表現に戻してあるのですが，入試ではrepetition of theme「主題の繰り返し」と言い換えられています。／tension 名 緊張／release 名 開放／³rhythm 名 律動，リズム／shape 動 形づくる

It's perhaps not much known that Ish has a musical side. // I was only dimly aware of it, // if at all, // when I made this interview with him, // though I'd known him by then for several years // － a good example of how he doesn't give much away. // Ish plays the piano and the guitar, // both well. // I'm not sure how many different guitars he now actually possesses, // but I wouldn't be surprised if it's in double figures. // His wife, / Lorna, / sings and plays; // so does his daughter. // Evenings of musical entertainment in the Ishiguro household / can't be at all uncommon. //

One of the few regrets of my life is that I have no formal grounding in music. // I never had a musical education / or came from the sort of 'musical home' / that would have made this possible or probable, // though I was born at a time when an upright piano / was still a common piece of living-room furniture. // I need to be a little careful about what I'm saying. // I never came from a 'writerly' home either: // I didn't feel that was a barrier, // and if I'd got involved in music at an early age, // might it only have thwarted my stirrings as a writer? // Or just left me with bad memories of piano lessons? //

The fact is, // I grew up very appreciative of music, // but with no ability to make it, // no knowledge of it from the inside, // and always rather readily assuming that music was what those other, / 'musical' people did. // I've never felt, // on the other hand, // though a great many people who've grown up and read books have perhaps felt it, // that writing is what those other, / 'writerly' people do. //

This dichotomy is strange, // since increasingly I feel that a lot of my instincts and intuitions about writing / are in fact musical, // and I don't think that writing and music are fundamentally so far apart. // The basic elements of narrative // － timing, / pacing, / flow, / recapitulation, / tension / and release － // are musical ones too. // And where would writing be without rhythm, // the large rhythms that shape a story, // or the small ones that shape a paragraph? //

Lesson 11 解答・解説

▶問題 別冊 p.47

このLessonで出てくるルール

Rule 63 解法 文整序・段落整序問題の解法

解答

1. ③   2. ③

■ **全体について**

　文の順番と段落の順番を正しく並べ替える，**文整序・段落整序問題**です。この形式の問題は，英語長文の問題集で取り上げられることはあまりないのですが，東大・早慶などの入試問題では珍しい形式ではありません。

　この手の問題の解説は「～という意味なので，次に…という内容が続く」のように，ただ「訳して，意味だけから考える」のようになりがちです。かといってディスコースマーカー（howeverなど）だけを手がかりに解けるような問題は，難関大学以上ではもはやほとんど出ません。

　そこで今回は，この本だからこそできる解説方法として，**著者が実際にどう解いたのか**を中心に解説します（よくある「意味からの解説」は和訳を見ればわかります）。ちなみにボクはこの問題を1分くらいで解きました。これから教える発想は，人によっては「テクニックだ」と言うでしょうが，「使えるならテクニックも大事」「そのテクニックですら，この本のルールに集約されている」ということを証明できるものだと考えます。では，前置きはこれくらいにして，解説に入っていきましょう。

>>> *Rule 63* 解法 文整序・段落整序問題の解法

- ⅰ）設問文と選択肢を確認する
- ⅱ）並べ替えて1番目に来るものを考える（けど，無理はしない）
- ⅲ）確実な組み合わせに注目する

　Lesson 11の問題は，1は（段落内の）文整序問題で，2は（英文全体の）段落整序問題です。2の選択肢を見ると，**本文が必ずしも段落 A から始まらないこと**がわかります。「**ならば，1から解かずにまず2を解いて，全体の流れを把握した**

203

ほうがいいだろう」というのがボクの考えたことです。

さらに、選択肢のパターンがバラバラで、**1番目にくるものがすべて違うこと**もわかります。ということは、極論を言えば、1番目にくるものがわかってしまえば即答できるのです。

ここまでがルールの **i・ii** の内容ですが、ここで1つ注意があります。ii の考え方を教えると、まじめな受験生ほど「1番目」にこだわりすぎてしまいます（確かにそれで答えも決まるのですが）。しかし当然、選択肢の内容の1番目にくるものを決めるのが難しいときもあります。「なら、2番目にくるものを決めればいいんでしょ？」と考えがちですが、1番目にくるものを決めるのが難しいのに、2番目を決めることはできません。

次にすべきことは、**iii の確実な組み合わせに注目する**ことです。例えば、「1番目にくるものはわからないけど、Bのあとには絶対Dが続く」などと判断できれば、それだけでも答えが選べる（少なくとも選択肢を絞れる）わけです。

現実問題、早稲田大学理工学部（やほかの最難関大学）の入試問題であれば、そのように解かないと時間切れになるでしょう。短時間で答えを出す方法を身につけることも大切です。

もちろん、本書での演習はまだ本番ではありません。実力をつける段階なので、復習として全文をしっかり読んで理解し、実力をつけることも非常に大切なことです。

さて、ここからは全体を把握するために、**2を先に解説**します。

2 難易度 ★★☆

■各段落の出だしをチェック

Rule 63 でも言いましたが、各選択肢は1番目にくるものがバラバラです。そのため、まずは先頭にくる段落を考えていきます。

---

①⇒段落 **A** （1ですでに）バラバラなので一旦スルーします。

②⇒段落 **B** Another powerful technology, ～と **Another で始まっている**ので、これが1番目にくることはありえませんね。

③⇒段落 **C** There is a range of ～と There is 構文で始まっています。There is 構文が途中で出てくることも十分あり得ますが、**There is 構文にはそもそも「新情報を提供する」働きがある**ため、これは1番目にくる段落の有力候補になります。

---

④ ⇒ 段落 **D**　If the mind should wander, ～とIfで始まっています。**文章中にIfがくると，その文から補足説明が始まる**のでしたね（*Rule 9*⇒ p.65）。しかし，だからといって「Ifの文は先頭にこない」と言い切ることはできません（入試英文には原典から一部が抜粋されていることも多く，その原典の補足説明の文が切り出されて使われている場合も考えられます）が，1番目にくる段落の最有力候補ではありません。キープする感じにしておきましょう。

■ 段落間のつながりをチェック

次は，**確実な組み合わせに注目する**です。選択肢の続きを見てみましょう。選択肢③を最有力候補と考え，これをざっと読んでいきます。 **C**－**E**－**B**－**D**－**A** の順です。

■ **C** → **E**

C では21～22行目 This technology uses virtual-reality computer hardware and software to help ～で，a range of assistive technologies「さまざまな支援技術」の1つとして具体的な内容が挙げられています。これは，**E** の1文目（34行目）Using a platform and a headset, ～に「支援技術の活用方法」が書かれていることと，うまくつながると判断できます。

また，help individuals with specific phobia or post-traumatic stress disorder (PTSD)（20～21行目）と reproduce the real-world setting (e.g., an airplane for fear of flying, an elevator for fear of heights, a combat situation for a person with PTSD)（35～37行目），そして providing them with a gradual exposure to the feared object（23行目）と Then the individual is gradually exposed to stimuli from the setting until they get used to that level of stimulation, ～（37～38行目）などもうまくつながります。**C** で抽象的に述べたことを，**E** でより具体的に詳しく説明していることが確認できますね。

■ **E** → **B**

B は Another powerful technology で始まるので，この前では powerful technology について話されているはずです。**another は長文における重要単語で，「もう1つは～」とくるということは，「この前に似た内容がある」とわかる**わけです。さらに，何かを説明したあとに another ～ が出てくれば，実は「前に述べたことよりもこっちのほうが重要なんだ」ということを示唆することがよくあるんです。

Ｅでは「a platformやa headsetなどの技術」を利用した恐怖・不安の解消法が説明されていましたね。よって，このあとにＢで「新たな技術」に関する話が導入されるのは，自然な流れと言えます。

■ Ｂ → Ｄ

Ｄは If the mind should wander, ～ と始まっています。

Ｂで**mindfulness**の話→Ｄで**mind**の話とつながっていますね。しかも，Ｄは Ifで始まっている（Ifの文から補足説明が始まる）ので，とてもよい流れです。Ｂの最終文とＤの１文目も，「意識・注意が『今』にとどまる」→「もし注意がそれたら，再び意識を呼吸に向ける」というきわめて自然な流れになっています。

ちなみにここで，選択肢④のように段落Ｄが先頭の段落になるのはナシだなとわかります。Ｃ－Ｅ－Ｂのつながりが理解しにくかったとしても，ここでＢ－Ｄのつながりに自信が持てれば，その視点でも選択肢を吟味することができます。ほかにＢ－Ｄのつながりを持つ選択肢はないので，ここで③を選べたら，本番ならば次の問題にいくべきです。もちろん時間が許せば確認のためにも残りの英文も読んだほうがいいですが，少なくとも早稲田大学の入試問題ではその時間はないでしょう。この問題の選択肢の作り方から推察すると，こうやって**要領よく解いてほしいという出題者からのメッセージ**だと思います。

補足ですが，選択肢②はＢ－Ｃ－Ｄ－Ｅ－Ａで，一応Ｂの後ろにＤがきています。こういう場合も正解の可能性はありますが，今回はＢとＤがmindの話にもかかわらずＣはPTSDの話なので，Ｃが割り込むのは変ですね（そもそもＢがAnotherで始まる時点でアウトではありますが）。

■ Ｄ → Ａ

ちなみに今回は最初から考えてうまくいきましたが，必ずしも最初から決まるとは限らないのは最初に触れた通りです（***Rule 63*** の ii ⇒ p.203）。ぜひ今回の解き方を参考にしてください。また，この問題で実力をつけるために，最後のつながりも確認しておきましょう。

ＢとＤでは主に「瞑想の概要・やり方」が説明されていました。この時点でまだＡの各文の順番は確定していませんが，ザッと読むと「瞑想の特徴」や「なぜ瞑想が効果的か」が書かれていることがわかります。よって，Ｄ「瞑想のやり方」→Ａ「瞑想の詳しい特徴」という自然な流れになると考えられますね。

設問文の訳

下記のもののうち，本文を完成させるのに最も適切な（最も論理が一貫した）段落の順番はどれですか。

1 難易度 ★★☆

先に2を解くことで，本文全体の並びがわかりました。それも A の内容を考えるうえでヒントになるかもしれませんね。

さて，2と同じく，**選択肢の始まり方はバラバラ**です。英文を（1）から順番に見ていきましょう。

■各英文をチェック

（1）This means that we're accepting anxiety into our world, not turning it away.

前の段落 D とのつながりは，悪くはなさそうです。キープしつつ，ほかの選択肢を吟味します。

（2）What is interesting about this approach is that one doesn't suppress the anxiety, or try to turn it into something else.

（1）のあとに（2）を読んだとき，ボクは「（1）のほうが（2）よりもまとまっている」と感じました。つまり（2）**のほうが先にきて，（1）がまとめになりそうだな**ということです。そのため，この時点でボクは「**（1）が最初にくることはない**」と判断しました。

また，（2）にはthis approachが出てきますが，ここまでにたくさんのapproachについて説明されているので，どのapproachのことかハッキリとわかりません。今回は残念ながらスルーしたほうがいいでしょう。

さらに先を読むと，（2）には否定文（that one doesn't suppress the anxiety, or try to turn it into something else）が見つかります。ここで考えたいことは「否定文がきたら，**『消えるbut』『butのバリエーション』**がくるのでは？」ということです（***Rule 1*** ⇒p.60）。「消えたbut」では肯定文しか手がかりになりませんが（大抵の文章は肯定文なので，それだけをヒントにするのは危険です），「butのバリエーション」ならIndeed，Instead，In fact，Ratherが大きな目印になります。その視点で（3），（4），（5）をチェックしてみてください。

すると，（5）**がRatherで始まっている**のをすぐに見つけることができるはずです。ルールを知らなければ，ratherは「かなり，むしろ」といった「意味」を理解するだけでしょうが，この問題では明らかにratherの「使い方・役割」が問われています。

以上から，（2）のnotと（5）のRatherがつながっていると当たりをつけて，読み進めましょう。次は（5）を解説します。

(5) Rather, one simply notices the anxiety, acknowledges it, labels it, and then turns the focus elsewhere.

　「（抑え込むのではなく）むしろ認識する」という自然な流れになりますね。ここから (2)→(5) が決定します。このつながりに注目して選択肢を見れば，(2)→(5) を含むものが③しかないので，③が正解だとわかります。

　問2と同じく，本番では次の問題へ行ってOKですが，時間がある場合や，今ここでは勉強のために，選択肢③ (3) − (2) − (5) − (1) − (4) に従って残りの英文も確認しましょう。

(3) A number of studies have shown mindfulness meditation to be an effective treatment for anxiety disorders.

　ここでmindfulness meditationが紹介されています。これがan effective treatment for anxiety disordersだといい，それを (2) でWhat is interesting about this approachと受けたことがわかります。(3) − (2) − (5) のつながりはこれでOKなので，次は最初にキープしていた (1) へ戻ってみましょう。

(1) This means that we're accepting anxiety into our world, not turning it away.

　A, not Bの形になっています。ここで否定している部分（not B）は，(2) のnot以下の内容を受けていて，主張部分（A）は，(5) の主張部分Rather以下をまとめています。直前の2文を，This means that〜という1文でまとめているわけです。

(4) The key to these forms of assistive technologies seems to be then to allow ourselves to experience a certain amount of anxiety without it becoming debilitating.

　そして最後の (4) で，〈**these** ＋ 名詞〉を使ってまとめています。今回の問題では，〈these ＋ 名詞〉のルールは積極的に解くために使うというより，自分の出した答えを確認するために役立つというものでした。

設問文の訳

　下記のもののうち，段落 A を完成させるのに最も適切な（最も論理が一貫した）文章の順番はどれですか。

文構造の分析

C ¹There is a range of assistive technologies [that can help people cope with
〔v〕〔s〕 ┗ help 人 原形 ┛
anxiety]. ²One form of assistive technology is available (to help individuals
〔s〕 〔v〕〔c〕
[with specific phobia or post-traumatic stress disorder (PTSD)]). ³This
technology uses virtual-reality computer hardware and software (to help
〔s〕 〔v〕 〔o〕 ┗ help {to}原形「〜するのに役立つ」┛
desensitize users to their fears (by providing them with a gradual exposure to the
feared object)).

訳 ¹人々が不安に対処するのを手助けする支援技術にはさまざまなものがある。²支援
技術の一態として，特定恐怖症や心的外傷後ストレス障害（PTSD）を抱えている人を
手助けするのに役立つものがある。³この技術はVRコンピューター・ハードウェアおよび
ソフトウェアを使い，利用者を彼らが恐れている対象に徐々にさらすことによって，彼ら
の恐怖心を和らげていくというものだ。

語句 ¹a range of 〜 さまざまな〜／assistive 形 支援の／〈help 人 原形〉 人 が〜する
ことを助ける／cope with 〜 〜に対処する／²specific phobia 特定恐怖症（特定の状況下
や対象物に強い恐怖や不安を感じる疾患のこと）※〜 phobia は「〜恐怖症」の意味。／post-
traumatic stress disorder 心的外傷後ストレス障害（大きなショックを受けたあとに起こる
憂鬱・恐怖・悪夢などの一連の障害のこと）／³virtual-reality 名 仮想現実，バーチャル・リ
アリティ（VR）／desensitize 動 感覚を鈍らせる／gradual 形 段階的な, 徐々の／exposure
to 〜 〜にさらされること，〜に触れさせること

文法・構文 ²help individuals with 〜は，〈help 人 with 物〉「人 の 物 を手伝う」の形で
はなく，with 〜がindividualsにかかっているだけなので注意しましょう。³a gradual
exposure to 〜は名詞構文です。名詞exposure「さらされること，触れさせること」は動
詞expose「さらす,触れさせる」を名詞化した表現だと考え，それに合わせて形容詞gradual
「段階的な，徐々の」→副詞gradually「段階的に，徐々に」と読み換えることで，「徐々に
触れさせること，徐々に見せること」と理解しやすくなります。

E ¹(Using a platform and a headset), the person is immersed in a computer-
〔s〕 〔v〕
generated environment (both audio and visual) [designed to reproduce the real-
world setting] (e.g., an airplane for fear of flying, an elevator for fear of heights,
a combat situation for a person [with PTSD]). ²Then the individual is
〔s〕 〔v〕
gradually exposed to stimuli [from the setting] (until they get used to that
〔o〕 〔s'〕 〔they〕 〔v'〕 〔o'〕
level of stimulation, [after which the level is increased in a series of steps]).
〔s'〕 〔v'〕
³(Eventually), the user becomes habituated to the stimuli (so that they can
〔s〕 〔v〕 〔o〕 〔s'〕〔v'〕

Lesson 11

take <u>a plane flight</u> <u>or</u> <u>maintain</u> their calm (in a hectic environment) without <u>triggering PTSD symptoms</u>).

因果表現

訳 ¹患者は，プラットフォームとヘッドセットを使い，実世界の環境（例えば，飛行恐怖症には飛行機，高所恐怖症にはエレベーター，PTSD患者には戦闘状態）を再現するように（音響と映像の両方で）作られたCG環境に没入する。²その後，その人がそのレベルの刺激に慣れるまで徐々にその環境からの刺激にさらされ，慣れたら，一連の段階に沿って刺激のレベルが上がっていく。³最終的に，利用者はその刺激に慣れ，飛行機に乗ったり，めまぐるしい状況でもPTSDの症状を引き起こすことなく平静を保ったりすることができるようになるのだ。

語句 ¹headset 名 ヘッドセット（マイク付きのヘッドホン）／immerse 動 没頭させる／〈名詞-generated〉 名詞 によって生み出された／reproduce 動 再現する／setting 名 環境／e.g. 例えば ※ラテン語exempli gratiaの略。／combat 名 戦闘／²stimuli 名 刺激 ※stimulusの複数形・発音は [stímjυlài]。／get used to ～ ～に慣れる／stimulation 名 刺激／³be habituated to ～ ～に慣れている（≒ be used to ～）／calm 名 冷静／hectic 形 大忙しの／trigger 動 引き起こす／symptom 名 症状

B ¹<u>Another powerful technology</u>, (this one using only breath <u>and</u> awareness), <u>is</u> <u>mindfulness meditation practice</u> (also useful for depression). ²<u>The practitioner</u> <u>sits</u> (in a comfortable position) (in a chair <u>or</u> on a pillow) (with feet flat on the floor <u>and</u> back straight). ³Then, (for a period of twenty to thirty minutes <u>or</u> more), <u>she</u> <u>trains</u> her attention (on the breath). ⁴(Perhaps focusing on the rising <u>or</u> falling of the belly, <u>or</u> on the rush of air [through the nostrils]), <u>she</u> <u>stays</u> in the "now" (with the incoming <u>and</u> outgoing of breath).

訳 ¹よく効く手法がもう1つあるのだが，呼吸と意識のみを使うこの手法は，マインドフルネス瞑想というものである（うつ病にも効果的）。²実践者は，椅子や座蒲に座りやすい姿勢で座り，足裏を床にぴったりつけ，背筋を伸ばす。³それから，20〜30分あるいはそれ以上の間，意識を呼吸に向ける。⁴例えば，お腹が膨らんだりへこんだりする様子や空気が鼻孔を通って流れる様子に集中しながら，息の出入りと共に「今」にとどまるのだ。

語句 ¹awareness 名 意識／mindfulness 名 （邪念がなく行っていることに自然に）心を集中すること，心の状態に気づくこと／meditation 名 瞑想／practice 名 行為／depression 名 うつ病／²practitioner 名 実践者／pillow 名 座蒲（座禅に使用する小さな座布団）／with (one's) feet flat on the floor 足を床にぴったりつけて／with (one's) back straight 背筋を伸ばして／³train 動 向ける／⁴belly 名 腹／rush 名 （風などが）勢いよく流れること／nostril 名 鼻孔

文法・構文 ¹this one using ～は，this one を意味上のSとする独立分詞構文です。 ²andは〈with O C〉のOC2つ（feet flat／back straight）を結び，「付帯状況」を表しています。 ⁴the rising or falling of the belly は名詞構文です。名詞 rising「上昇」→ 動詞 rise「上がる」，

名詞 falling「下降」→ 動詞 fall「下がる」と読み換え，さらに the belly がこれらの動詞の主語に当たる意味になると考えることで，「お腹が上がったり下がったりする[お腹が上下する]」と理解しやすくなります。

D ¹（If the mind should wander），the practitioner simply notices 〈what she
　　　　　　　　［未来を表す仮定法］
is experiencing φ〉and then returns her attention（to the breath）. ²（For
example），（if her mind thinks about some shopping [she needs to do φ
later]），she would simply notice 〈what she is thinking φ〉and perhaps say（to
herself）,"planning, planning," and then return her focus（to the breath）. ³（For
people [who are highly anxious]），using this technique gives them an
opportunity [to gain some distance（from their experience）]. ⁴（If they start
to worry about some future event），they can simply label what they're
experiencing φ（"worrying, worrying"），and then go back（to being aware of
their breathing）. ⁵The breath serves（as an anchor for awareness），and pure
awareness is ultimately free of anxiety.

> **訳** ¹注意がそれたら，実践者はただ，自分の意識が何に向いているのかを自覚し，それから再び意識を呼吸に向ける。²例えば，あとでしないといけない買い物のことが頭に浮かんでいたら，彼女はただ自分が考えている内容を自覚し，例えば「計画，計画」と心の中で唱え，それから意識を呼吸に戻す。³重度の不安を抱えている人は，このテクニックを利用することで，自分が経験している感情から一定の距離をとる機会が得られる。⁴もしこれからの何らかの出来事に対しての不安が芽生え始めたら，彼らはただ自分の感情を「不安，不安」と分類し，それから自分の呼吸を意識している状態に戻ることができる。⁵呼吸は意識を引き留める役割を果たしており，純然たる意識とは突き詰めると，不安がない状態なのだ。

> **語句** ¹wander 图 横道にそれる／⁴label 動 分類する／be aware of ～ ～を自覚している／⁵serve as ～ ～として役立つ／anchor 图 頼みの綱，よりどころ，支え ※本来は船の「錨」＝「船を支えるもの」や，リレーの「アンカー」＝「最後の頼みの綱の人」。／be free of ～ ～がない

A ¹A number of studies have shown mindfulness meditation to be an effective
treatment [for anxiety disorders]. ²What is interesting about this approach is
〈that one doesn't suppress the anxiety, or try to turn it（into something
else）〉. ³Rather, one simply notices the anxiety, acknowledges it, labels it,
and then turns the focus elsewhere. ⁴This means 〈that we 're accepting
　　　　　　　　　　　　　　［B, not A の形］　　　　［イコール表現］
anxiety（into our world），not turning it away〉. ⁵The key [to these forms of

assistive technologies] seems to be then to allow ourselves to experience a
certain amount of anxiety [without it becoming debilitating].

訳 ¹多くの研究により，マインドフルネス瞑想は不安障害に効果のある治療法であることが証明されている。²この手法で興味深いのは，患者が不安を抑えつけたり，あるいは何か別のものに変えようとしたりしない点だ。³それどころか，患者はただ不安に気づき，それを認め，分類し，それから意識を別のところに向けるだけである。⁴これは，不安を拒むのではなく，不安を自分の世界に受け入れているということだ。⁵以上のことを踏まえると，こういった形態の支援技術のカギは，気の滅入らない程度の不安を自分が感じることを許すことであるようだ。

語句 ¹⟨show O {to be} C⟩ OがCであると示す／treatment 图 治療／disorder 图 障害／²suppress 動 抑圧する／turn A into B AをBに変える／³acknowledge 動 認める／⁴turn away 断る[受け付けない]／⁵key 图 カギ, 秘訣／debilitating 形 (身体や精神を) 消耗させるような

文法・構文 ⁵allow ourselves 〜 debilitatingは，直訳「(身体や精神を) 消耗させるようにはならない程度の，ある一定量の不安を経験することを許す」→「気の滅入らない範囲で自分がある程度の不安を感じることを許す」と訳してあります。

There is a range of assistive technologies that can help people cope with anxiety. // One form of assistive technology is available to help individuals / with specific phobia or post-traumatic stress disorder // (PTSD) . // This technology uses virtual-reality computer hardware and software / to help desensitize users to their fears // by providing them with a gradual exposure to the feared object. //

Using a platform and a headset, // the person is immersed in a computer-generated environment // (both audio and visual) // designed to reproduce the real-world setting // (e.g., an airplane for fear of flying, // an elevator for fear of heights, // a combat situation for a person with PTSD) . // Then the individual is gradually exposed to stimuli from the setting / until they get used to that level of stimulation, // after which the level is increased in a series of steps. // Eventually, // the user becomes habituated to the stimuli / so that they can take a plane flight / or maintain their calm in a hectic environment / without triggering PTSD symptoms. //

Another powerful technology, // this one using only breath and awareness, // is mindfulness meditation practice // (also useful for depression) . // The practitioner sits in a comfortable position in a chair / or on a pillow / with feet flat on the floor and back straight. // Then, // for a period of twenty to thirty minutes or more, // she trains her attention on the breath. // Perhaps focusing on the rising or falling of the belly, // or on the rush of air through the nostrils, // she stays in the "now" with the incoming and outgoing of breath. //

If the mind should wander, // the practitioner simply notices what she is experiencing / and then returns her attention to the breath. // For example, // if her mind thinks about some shopping she needs to do later, // she would simply notice what she is thinking / and perhaps say to herself, // "planning, planning," // and then return her focus to the breath. // For people who are highly anxious, // using this technique gives them an opportunity / to gain some distance from their experience. // If they start to worry about some future event, / they can simply label what they're experiencing // ("worrying, worrying") , // and then go back to being aware of their breathing. // The breath serves as an anchor for awareness, // and pure awareness is ultimately free of anxiety. //

A number of studies have shown mindfulness meditation / to be an effective treatment for anxiety disorders. // What is interesting about this approach is that one doesn't suppress the anxiety, // or try to turn it into something else. // Rather, // one simply notices the anxiety, // acknowledges it, // labels it, // and then turns the focus elsewhere. // This means that we're accepting anxiety into our world, // not turning it away. // The key to these forms of assistive technologies / seems to be then to allow ourselves to experience a certain amount of anxiety / without it becoming debilitating. //

Lesson 11

Lesson 12 解答・解説

▶問題 別冊 p.51

このLessonで出てくるルール

Rule 64 解法 要約問題の取り組み方
Rule 74 構文 「強制倒置」のパターン
Rule 24 読解 過去と現在の「対比」を予測する！（traditional・conventional）
Rule 84 構文 特殊なSVMに注意！
Rule 35 読解 長文単語・語句をマスターする！（replace）

解答

解答例1 Printed books replaced manuscripts, and now printed books are themselves being replaced by e-books, which include some features of paper books, just as the first printed books included features of manuscripts. (31 words)

解答例1の訳 印刷された紙の本は手書きの本に取って代わり，今では紙の本自体が電子書籍に取って代わられつつある。電子書籍は紙の本が持ついくつかの特徴を取り入れており，それはちょうど最初の印刷された本が手書きの本の特徴を取り入れたのと同じだ。

解答例2 In books' 21st century transition from paper to e-books, publishers are trying to make the new format familiar to readers, just like printed books were made to imitate hand-written manuscripts when they were first invented in the 15th century. (39 words)

解答例2の訳 紙の本から電子書籍へと本が移り変わる21世紀の過渡期において，出版社は新しいフォーマット［形式］を読者になじみがあるものにしようとしている。それはちょうど，15世紀に初めて印刷された紙の本が発明されたとき，手書きの本を真似するように作られたのと同じだ。

解答例3 New book technologies, such as e-books in the 21st century and printing in the 15th century, have advantages, but producers also mimic [imitate / copy] old technology to make the new books feel familiar to readers. (33 words)

解答例3の訳 21世紀における電子書籍や15世紀における印刷術といった，新しい本にまつわる技術に利点はあるが，製作者は読者になじみがあるものにするため，古い技術を真似してもいる。

早稲田大学の**1文要約問題**は独特な形式ですが，まずはここで一般的な要約問題の解法を確認しておきましょう。

>>> *Rule 64* 解法 要約問題の取り組み方

■ **要約問題の大前提**

　要約は，本文全体を「圧縮するもの」だと思っている受験生がたくさんいます。確かに，昔の入試問題や中堅大学の入試問題であれば，英文全体から少しずつ内容を拾った答案で正解できるパターンが多いです。

　しかし，最近の入試問題や難関大学以上の入試問題では，そのパターンが通じないことが多々あります。**今必要とされているのは「圧縮」ではなく「切り捨て」の発想**です。本文の中から「この文は採用，この文は不採用」と，必要な英文を取捨選択していくイメージです。

　要約問題は「**書き手の言いたいことを見抜き，その主張を補強する内容に優先順位をつけ，指定語数の範囲内で解答をまとめる**」作業なのです。

■ **解答に採用するもの・しないもの**

　指定語数が少なければ，当然書くべきことを絞らないといけません。一方，指定語数が多ければ，あれこれ書くことができるので（もちろん本文に書いてあることだけですが），点数をもらいやすいのです。

　また要約問題は，原則的に「本文の誤訳・本文に書かれていない内容」を書けば減点ですが，本文にある内容を書く分には減点されません。つまり，**「解答に入れるかどうか迷った内容」は書いたほうがいい**のです。

採用	不採用
●対比（一般論 vs. 主張） ●因果表現	▲具体例 ▲反復表現

　よくあるパターンでは，まずは英文中の**対比**事項を読み取るようにしてください。往々にして「**一般論と筆者の主張**」という対比がなされます。まずはそれを見つけることに努めてください。

　さらには**主張**が一番大事なので，これを解答に含めるのは当然ですが，**一般論**も忘れないようにしてください。この一般論を入れない人がかなり多いのです（指導者が作った答案にも一般論のないものが散見されます）。**一般論と主張は常にセット**で考えてください。

早稲田大学の1文要約問題は，まさに「切り捨て」の真骨頂とも言える問題です。年度によっては，「ズバリここが大事！」という文を1〜3つくらい見つけて，そこを言い換えるだけで解答になってしまうこともあります。さすがにそのような問題は本書では採用していませんが，今回も**1文ずつしっかり読みながら，「ここが大事！」という箇所を探そうとする姿勢が求められる**のは同じです。このLessonでは，まずは英文全体を解説して，最後に答案作成を行います。

■ 1文目

We are in the middle of a revolution.

　いきなり「革命の真っただ中にいる」，つまり「変化の真っ最中だ」と言っています。revolution「革命」やchange「変化」を表す表現がきたら，「何から何に変わるのか？」を意識することが大事です。**変化の前後は対比関係になる可能性が高いからです。**

■ 2文目

Not （since the invention of typography, or letterpress printing technique, by
M
否定語　　　　　　　　　　　　　　　　　　　　　　　　　　　　　倒置
Johannes Gutenberg in the 15th century) have there been 〈so many changes
[in the way we read]〉.

　ここでは**強制倒置**という倒置のパターンが使われています。構文と「ルール」をそれぞれ確認しましょう。

>>> *Rule 74* 構文 「強制倒置」のパターン

　「倒置」には強制倒置（文頭に否定語）と任意倒置（文型ごとに形が決まっている）の2種類があることはLesson 1で学びましたね（***Rule 73***⇒p.16）。これらは考え方が異なるので，きちんと別々に考えなければいけません。このルールでは，**強制倒置**について説明します。

強制倒置の形
文頭の否定語＋倒置
　　　　　└──▶疑問文と同じ語順（do / does / didを使うこともある）

　強制倒置は，**文頭に否定語がきたら倒置が起きる（疑問文の語順になる）**というものです。否定語は以下のものをチェックしておきましょう。

（1）**完全否定　Not / Never / Little**（倒置で使うLittleは「完全否定」の意味）
（2）**準否定語　Hardly / Scarcely　ほとんど～ない**　※「数量・程度」を表す
　　　　　　　　Rarely / Seldom　めったに～ない　※「頻度」を表す
（3）**要注意の否定語　Only**　※「～しかない」という否定語

　この英文では，**文頭Notのあとに副詞句（since ～）が割り込み，その後ろの have there beenで倒置**が起きています。内容的には，１文目で「変化の最中」と言ったにもかかわらず，この２文目では「読み方は変わっていない」と言っています。ここから，「読書の方法は変わらないけど（＝２文目の内容），ほかに変わったものがある（＝１文目の内容）」ということが予測できます（余談ですが，Gutenberg（グーテンベルク）は活版印刷術を改良・考案した人として長文でたまに登場するので，常識として知っておいたほうがいいですよ）。

■ 3文目

In the 21st century, electronic books, or 'e-books' as they are commonly known, have become increasingly popular.

　「electronic booksが人気になってきている」とあるので，これは「変わったものがある」という１文目の内容を引き継ぐものと考えられます。「何かからelectronic booksに移行している最中」なのではないかということです（「紙の本からの移行」だと想像できる人も多いと思いますが）。

■ 4文目（前半）

There is no doubt that they have certain advantages over conventional books

　overとconventionalに注目してください。overは「～に対して」なので，「対比」を示唆しています。advantage over ～「～に勝る有利な点」は大事な表現です。

　さらに**conventional**という単語から，それは「**過去（それ以前）との対比**」だとわかります。**Rule 24**（⇒p.86）で「過去と現在の対比」を扱いましたが，ここで改めて勘違いの多いtraditional・conventionalを確認しておきましょう。

⟫⟫⟫ *Rule 24* 読解 過去と現在の「対比」を予測する！（traditional・conventional）

□ **traditional　伝統的な，従来の，古くさい**
　「伝統的な」の意味でばかり訳されますが，長文中では必ずしもプラスの意味とは限らず，「**従来の，古くさい**」という意味で使われることが多いです。

□ conventional　慣習的な，伝統的な，従来の，古くさい

　単語集には「慣習的な」の意味で載っていることも多いのですが，これも traditional と同じく，長文中では「**従来の，古くさい**」という意味でよく使われます。このあとには「従来の常識は覆された」「でも今は違う」といった流れで，筆者の主張がくることが多いのです。

　conventional books は「従来の本（紙の本）」です。ここからも「『紙の書籍』→『電子書籍』という変化」が語られているとわかります。

■ 4文目（コロン以下）

　コロンのあとは certain advantages の具体例を出しているだけなので，要約に含める必要はありません。そもそも本文全体は「本の過渡期」についての話ですから，電子書籍の長所は重要度が低いと判断するわけです。このように「**テーマにかかわるかどうか？**」を常に意識して，解答の候補を絞っていきます。

■ 5文目

However, despite their current popularity, the fact remains that many people prefer the reading experience that real books provide.

　1つ目の that は**同格の that** で，主語の the fact を説明するものです。つまり，本来は the fact that ～ remains. という形なのです。

≫≫ *Rule 84* 構文 特殊な SVM に注意！

　仮主語 it の説明で，To read this book is difficult. → It is difficult to read this book. のように，「長い主語は後ろまわしにする」という発想は必ず習います。主語が丸ごと後ろに移動するわけですが，実はもう1つ重要な発想として「**（主語丸ごとではなく）主語を説明する部分だけを後ろまわしにする**」というものがあります。この発想は，法則としてきちんと習うことはほとんどないのですが，実は関係副詞で出てくる例文で頻繁に見かけます。

例文 The time will come when you will travel to the moon.
　　「月へ旅行する時がくるでしょう」

　この文に関しては，「関係副詞 when の先行詞は少し離れた The time で，これを修飾している」と教えられると思いますが，ここで大事なのが，**主語が長い第1文型（もしくは第1文型に相当する受動態の文など）のとき，主語を説明する部分だけを後ろまわしにできる**という発想なのです。本来は The time when you will travel to the moon will come.だったものが, 主語の説明部分だけが後ろまわしにされたわけです。

　ちなみに「説明部分」は, 関係副詞以外にも色々なパターン（関係代名詞／同格のthat／不定詞／前置詞句など）があるので, 関係副詞だけにはこだわらないでください。

　さて, 5文目の内容に戻りましょう。ここでは「人気にもかかわらず」, つまり「変化しているにもかかわらず」と前置きしてから, 「リアルの本（紙の本）の読書体験を好む人が多い」と言っています。**「紙の本の体験のほうが好き」とは, つまり「読書の方法が変わらない」（2文目）ことだとわかりますね。**

■ 6文目

In recognition of this, electronic books have been developed to imitate 'real' books as closely as possible: they have 'turnable' pages, front covers, bookmarks and even virtual bookcases.

　10行目 In recognition of this「これを踏まえて」とは, つまり前文の「紙の本の体験のほうが好きだということを受けて」ということです。紙の本の体験を電子書籍でどう工夫するかが述べられています。

　工夫の具体例はあとで確認しますが, それよりも大事なことを先に解説すると, 単に工夫を追うのではなく, 「前のもの（今から見れば紙の本）を追体験する」ことであり, それは「15世紀のときと同じ現象だ」ととらえることが大事です（ここでそのことに気づかなくても大丈夫です。次の文で決定的な内容が出てくるので）。

　具体的な真似（工夫）は to imitate 'real' books as closely as possible: they have 'turnable' pages, front covers, bookmarks and even virtual bookcasesとあり, **'real' books**がクオーテーションマークで強調され, **e-books**と対比されています。'turnable' pagesでは, 実際に電子書籍をめくることはできないので, 「（実際には違うけど）ある意味」という意味合いを出すクオーテーションマークです（**Rule 7**⇒p.25）。こういったことが, 「（紙の本の）読書体験」だと言っているわけです。

■ 7文目

This imitation is similar to the way that the first printed books mirrored the format style of manuscript books written by monastic scholars in the Middle Ages.

　6文目の to imitate ～の内容を This imitation でまとめています（**Rule 4**⇒p.17）。〈this ＋ 名詞〉でまとめたあとは, そこから新たな展開や情報が付け足されるこ

Lesson 12

219

とが多いわけですが，ここでは is similar to the way that 〜と続いています。「この模倣は，最初の印刷された本が手書きの本の書式を真似ていたのと似ている」とあります。つまり「**手書きの本→印刷された紙の本**」と「**紙の本→電子書籍**」の**過渡期の変遷が似ている**ということです。

■ 8文目〜最終文

Think about it for a while. Perhaps you are the last generation who will encounter paper books except in museums, and tomorrow's classics will never have to be printed on paper. Their existence will only be virtual.

　まとめると，「紙の本が消えるよ」と言っているだけです。**たいした情報ではないと考えて要約に入れない**という判断ができれば十分です。ちなみに，1行目の「過渡期にある」と同じことを言い換えていると考えられます。

答案作成 難易度 ★★★　思考力

　「**今は過渡期である（変化している）**」と「**読書の方法はあまり変化していない**」という対比を軸にまとめます。

　これを踏まえてポイントをまとめると，次の3点を入れるのが望ましいでしょう。

解答のポイント
① **過渡期である**（本の形式は変わっている）
② **読書の方法はあまり変わらない**　※電子書籍の特徴でもある
③ **前の時代の特徴を引きずる**（傾向がある）　※「歴史は繰り返す」

　解答の大枠は，①「変わっている」と②「変わらない」という対比を軸に，さらに③を付け足すイメージです。みなさんの答案にこの3つの要素があるかをチェックしてください。

　また，設問文には in your own words とあります。解説の冒頭で述べたとおり，早稲田大学の1文要約問題は「ズバリここ！」という箇所を見つけるだけで解けることもあります。そういったときにその英文をコピペする技を封じるために，in your own words と但し書きしていると思われます。つまり，**本文をそのまま流用しなければ大丈夫**ということです。とはいえ，その境界線は微妙ですから（明確な採点基準は非公表ですし，英文のキーワードはそのまま使うべきなので），**できる範囲内で語句を置き換えましょう**。例えば，revolution（1行目の We are in the middle of a revolution. から）を使いたいとすれば，「過渡期」と言い換えて

transition, 単に「代わっている」という意味にして replace と言い換えるなどの置き換えです（「ますます popular になっている」といった発想で十分です）。

では，解答例を見ていきましょう。①～③は前述の「解答のポイント」を示しています（1文に3つの要素を込めるためにポイントをキレイに示すことはできませんが，参考にしてください）。

解答例1 replace を使ったパターン

①Printed books replaced manuscripts, and now printed books are themselves being replaced by e-books, ②which include some features of paper books, ③just as the first printed books included features of manuscripts.

1文にする工夫として，ここでは関係詞（非制限用法 "～, which ..."）や接続詞（just as ～「～とちょうど同じように」）を使っています。

ポイント①「**過渡期**」は **replace** を使って表しています。この単語は長文でもとても大切です。

>>> *Rule 35* 読解 長文単語・語句をマスターする！（replace）

> 意味：「取り換える，取って代わる」※「再び (re) 置く (place)」
> よく取る形：replace *A* with *B*　*A* を *B* に置き換える，*A* の代わりに *B* を使う
> 注意点：訳語を覚えるだけでなく，*A*・*B* の「新・旧」を意識する（「どちらが取り換えて新しくなったものなのか，なくなったものなのか」を理解する）。
> 覚えるコツ：〈**replace ≒ lose**（なくす）〉のイメージを持つといいでしょう。**replace** の直後の名詞がなくなるわけです。そうすると，replace *A* with *B* は「*A* をなくして (lose)，*B* を持つ (with)」と一瞬で判断できます。〈replace 旧 with 新〉と考えてもいいでしょう。

解答例2 transition を使ったパターン

①In books' 21st century transition from paper to e-books, ②publishers are trying to make the new format familiar to readers, ③just like printed books were made to imitate hand-written manuscripts when they were first invented in the 15th century.

これは，ポイント①「**過渡期**」を **transition**（名詞・動詞両方アリ）で表したものです（代わりに change を使っても OK）。今回は，解答例1 の just as ～のバリエーションとして just like ～を使っています。like は前置詞ですが，もはや直後

にS'V'を伴う接続詞として使われています。無理に自分で使う必要はありませんが，会話表現やリスニングの英文でもよく出てくるので，チェックしておきましょう。

[解答例3] **ポイント③を強調したパターン**

①New book technologies, such as e-books in the 21st century and printing in the 15th century, have advantages, ②③but producers also mimic [imitate / copy] old technology to make the new books feel familiar to readers.

これはかなりレベルの高い解答例なので，参考程度に確認しておいてもらえれば十分です。advantageを使うことで，「（前の形式の本よりも）優れている」ことを表しています。but以降はポイント③を示す内容ですが，この中にポイント②が含まれています。

> ここが [思考力] ▶ **英文を読み込む深さ**

多くの大学では，「将来，電子書籍が広まりますよ」というだけの英文が多い中，早稲田大学の入試レベルとなるとそこで終わらず，+αの要素を付け加えてきます。各所で一般に公開されたこの問題の解答例は，[解答例1]で言えばjust as 〜のような③の要素がないものがほとんどでした。しかし今回，解答のポイントとして示した，①「変わっている」と②「変わらない」の対比で終わらず，③「前の時代の特徴を引きずる」という「広い視点」まで読み取る力が求められているのが，この問題のポイントです。

実際に本番の入試で受験生がそこまで書けたかは疑問ですが（おそらくは誰もできずに結局は差のつかない問題となったのではと予想しています），今こうして「実力をつける段階」では，こういった難問もじっくりと考える作業が必要です。大変ですが，しっかり取り組み，復習もがんばって，確固たる英語力・入試の解答力をつけていってください。

また，解説とは関係ありませんが，最後まで本書に取り組んでくれて，ありがとうございます。この本で勉強したみなさんの合格を切に祈っています。

文構造の分析

1 ¹We are in the middle of a revolution. ²Not (since the invention of typography, or letterpress printing technique, [by Johannes Gutenberg in the

〔同格の or〕

15th century]) have there been so many changes [in the way [we read]]. ³(In

〔文頭の否定語による倒置〕

the 21st century), electronic books, or 'e-books' [as they are commonly known], have become increasingly popular. ⁴There is no doubt ⟨that they have certain advantages [over conventional books]⟩: they are cheap to produce, and easy to store (on a computer or electronic reading platforms); the font size can be changed; and (above all), they do not deteriorate (like paper books). ⁵(However), (despite their current popularity), the fact remains ⟨that many people prefer the reading experience [that real books provide φ]⟩. ⁶(In recognition of this), electronic books have been developed (to imitate 'real' books (as closely as possible)): they have 'turnable' pages, front covers, bookmarks and even virtual bookcases. ⁷This imitation is similar to the way [that the first printed books mirrored the format style of manuscript books [written by monastic scholars in the Middle Ages]]. ⁸Think about it (for a while). ⁹Perhaps you are the last generation [who will encounter paper books (except in museums)], and tomorrow's classics will never have to be printed (on paper). ¹⁰Their existence will only be virtual.

訳 ¹現代は革命のさなかにある。²15世紀におけるヨハネス・グーテンベルクによるタイポグラフィー，つまり活版印刷術の考案以来，読書の方法に今ほど多くの変化が起きたことはなかった。³21世紀になって，電子書籍，通称「Eブック」の人気が急速に高まってきた。⁴電子書籍に，従来の紙の本に勝るいくつかの利点があることは疑いようもない。製作費は安いし，コンピューターや電子読書用プラットフォームに簡単に保存できる。フォントサイズも変更できるし，何よりも，紙の本のように劣化しない。⁵しかし，現在の人気にもかかわらず，多くの人々が紙の本によってもたらされる読書体験のほうを好んでいるという事実は変わらない。⁶これを踏まえて，電子書籍はできるだけ綿密に「本物の」本に似せて発展してきた。電子書籍には「めくれる」ページや，表紙，しおり，仮想本棚まである。⁷この模倣は，最初の印刷された本が中世の修道士による手書きの本の書式を真似ていたのと似ている。⁸ちょっと考えてみてほしい。⁹おそらく現代人は博物館以外で紙の本を目にする最後の世代であり，未来における名作はもう紙の印刷を必要としない。¹⁰それらの存在は，ネットワーク上にしかなくなるのだ。

語句 ¹in the middle of 〜 〜のさなかに／²typography 图 タイポグラフィー（活字・活

版印刷技術のこと）／letterpress printing technique 活版印刷術（活字を並べて作った印刷用の版を用いて印刷する技術のこと）／³electronic book 電子書籍／⁴advantage over 〜 〜より有利な点／conventional 形 従来の／store 動 保存する／platform 名 プラットフォーム（アプリケーションを動作させるための基本的な環境）／above all 何よりも／deteriorate 動 悪化する，劣化する／⁵current 形 現在の／⁶in recognition of 〜 〜に鑑みて／imitate 動 模倣する／closely 副 入念に，綿密に／turnable 形 めくることが可能な（turn＋able）／front cover 表紙／bookmark 名 しおり／virtual 形 仮想の，コンピューターソフトによって作り出される／bookcase 名 本棚／⁷mirror 動 真似る／manuscript 名 手書き／monastic scholar 修道士／Middle Age 中世（西洋史で6〜15世紀ごろのこと）／⁹encounter 動 出くわす／classic 名 古典，名著

文法・構文 ²この文は「15世紀〜現在までに大して変化がなかった」，「読書の方法にこれほど多くの変化が起きているのは，15世紀の活版印刷術の考案ぶりだ」ということです。³as they are commonly known は「名詞限定の as」で，直前の'e-books'を修飾しています（本書では，名詞限定の as が導く節を形容詞節として扱っています）。 ⁷that は「関係副詞」で，the way を修飾しています（that は関係副詞として用いられることがあります）。

音読をしよう！　🔊)) 12

We are in the middle of a revolution. // Not since the invention of typography, // or letterpress printing technique, // by Johannes Gutenberg in the 15th century // have there been so many changes in the way we read. // In the 21st century, // electronic books, / or 'e-books' as they are commonly known, // have become increasingly popular. // There is no doubt that they have certain advantages over conventional books: // they are cheap to produce, / and easy to store on a computer / or electronic reading platforms; // the font size can be changed; // and above all, // they do not deteriorate like paper books. // However, // despite their current popularity, // the fact remains that many people prefer the reading experience that real books provide. // In recognition of this, // electronic books have been developed to imitate 'real' books / as closely as possible: // they have 'turnable' pages, // front covers, // bookmarks // and even virtual bookcases. // This imitation is similar to the way that the first printed books / mirrored the format style of manuscript books / written by monastic scholars in the Middle Ages. // Think about it for a while. // Perhaps you are the last generation who will encounter paper books / except in museums, // and tomorrow's classics will never have to be printed on paper. // Their existence will only be virtual. //